汉尼拔军队过河

想象另一种可能

理
想
国

imaginist

讲谈社 兴亡的世界史 02 ▶ 09 WHAT IS HUMAN HISTORY?

地中海世界与罗马帝国

【编集委员】 青柳正规
　　　　　　阵内秀信
　　　　　　杉山正明
　　　　　　福井宪彦

【推荐学者】 刘津瑜

奥古斯都像 1863年,在罗马近郊第一门的莉薇娅(皇帝奥古斯都的妻子)的别墅发现的全身像。奥古斯都穿着传统的军用外套。根据第一门残留的颜料,制作的彩色复原石膏像。梵蒂冈美术馆藏。Bridgeman/Uni Photo Press

君士坦丁凯旋门　312年，为祝贺君士坦丁大帝从马克森提乌斯手中夺取罗马而修建的，建在圆形竞技场附近，高21米

讲谈社
兴亡的世界史 02▶09 WHAT IS HUMAN HISTORY?

地中海世界与罗马帝国

[日]本村凌二 著
庞宝庆 译

北京日报出版社

KOUBOU NO SEKAISHI DAI 4 KAN CHICHUUKAI SEKAI TO ROOMA TEIKOKU
© Ryoji Motomura 2007
All rights reserved.
Original Japanese edition published by KODANSHA LTD.
Publication rights for this Simplified Chinese character edition arranged with KODANSHA LTD.
through KODANSHA BEIJING CULTURE LTD. Beijing, China.

北京出版外国图书合同登记号：01-2019-5333

图书在版编目(CIP)数据

地中海世界与罗马帝国 /（日）本村凌二著；庞宝庆译.
——北京：北京日报出版社，2020.1
（讲谈社·兴亡的世界史）
ISBN 978-7-5477-3495-7

Ⅰ.①地… Ⅱ.①本… ②庞… Ⅲ.①罗马帝国－历史－研究 Ⅳ.①K126

中国版本图书馆CIP数据核字(2019)第212825号

地图审图号：GS（2018）6159号

责任编辑：许庆元
特邀编辑：马希哲
封面设计：艾　藤
内文排版：李丹华

出版发行：北京日报出版社
地　　址：北京市东城区东单三条8-16号东方广场东配楼四层
邮　　编：100005
电　　话：发行部：（010）65255876
　　　　　总编室：（010）65252135
印　　刷：山东鸿君杰文化发展有限公司
经　　销：各地新华书店
版　　次：2020年1月第1版　2020年1月第1次印刷
开　　本：787毫米 × 1092毫米　1/32
印　　张：11
字　　数：221千字
图　　片：95幅
定　　价：80.00元

版权所有，侵权必究，未经许可，不得转载

如发现印装质量问题，影响阅读，请与印刷厂联系调换

推荐序

一个饱满完整的历史世界

2016年我在法国驻罗马学院（L'École française de Rome）开会时，遇见川本悠纪子博士，一见如故。那时她刚从英国伦敦国王学院获得博士学位不久，正在不列颠驻罗马学院访问，博士论文题为《维苏威地区的绕柱回廊：文本与考古研究》，她的导师亨里克·穆瑞森（Henrik Mouritsen）是丹麦旅居英国的著名罗马史学家。我和川本博士2017年相约在慕尼黑再次见面。从她那里，我对日本的古典学界多了许多感性认知，更让我感叹全球化在古典学这个领域越来越深的印记。那时我还完全不曾预见到我会受"理想国"之邀为本村凌二教授的这本《地中海世界与罗马帝国》作导言，而本村教授曾是川本悠纪子在东京大学求学期间的指导教授之一。2012年本村教授从东京大学退休之后，曾在早稻田大学任教直至2018年3月再次退休。川本悠纪子博士在谈到本村教授时，充满敬意与感情。这也让我想到曾经短暂接触和合作过的一些日本古典学学者，特别是庆应义塾大学的纳福信留教授（剑桥大学博士、柏拉图研究专家）和京都大学的高桥宏幸教授（奥维德《变形记》新日译本译者、日本西洋古典学会的会刊《日本古典古代研究》[*Japan Studies in Classical Antiquity*] 的主编），也都是恭谦守信，从学问到为人都让人心生敬意。

无论在中国还是在日本，古代希腊罗马研究（统称"古典学"）都是小领域。但在日本，这个领域的系统化比在我国起步更早，与欧美，特别是欧洲，有着相对密切的学术交流。欧洲—日本古代地中海世界会议已经举办了四届。专业期刊《古代》（*Kodai*）创刊于 1990 年，已有一定国际名声，一方面发表日本学者在古希腊罗马研究方面的英文学术文章，向英美读者推广日本学者的成果，另一方面也发表欧美著名学者的文章。剑桥大学已故的 Keith Hopkins、圣安德鲁大学的 Greg Woolf 等有影响力的罗马史学家都曾在《古代》发文。本书的作者本村凌二就曾任《古代》的主编。然而本村教授的学院背景并没有将他囿于象牙塔中。近年来，他为报刊撰写书评和短文，并致力于编撰面向大众或初学者的通俗书籍。他曾为高中撰写世界史教材，出版多部有关罗马史的入门或初阶读物，包括本书和《初学者的罗马史1200年》（2014年）、《罗马帝国人物列传》（2016年）、《一本书读懂罗马帝国》（2016年），等等。本村教授的兴趣也不仅仅限于西方古代史，他热爱马，曾撰写过《马的世界史》（2001年初版）以及《赛马的世界史》（2016年）。本村教授还将对演员石原裕次郎的喜爱转化成传记《裕次郎》（2017年）。博物馆中的古代视觉艺术让本村教授着迷，他常常在9月份时在伦敦住上一个月，本书提到他曾造访大英博物馆超过百次，这绝非虚言。大英博物馆的亚述回廊直接影响了本村教授对亚述帝国冷酷无情的印象，并将其定性为"高压帝国"。

本村凌二是一位为兴趣所驱使的学者，也是一位不愿在历史书写中放弃想象力的作家。他的《让帝国着迷的角斗士：血与汗的罗马社会史》（2011年）一书在日本学术界颇具争议。这部著作的第一部分以第一人称虚构了角斗士的"手记"，第二部分叙述角斗士的历史、经济，等等。但这也就不难理解，为什么本村凌二教授与盐野七生以及漫画家山崎麻里都是好友。后两位对于中文读者来说应该都不陌生。盐野七生15卷本的《罗马人的故事》在日本和中国都是畅销书，并都得到商界的加持，尽管日本学术界对《罗马人的故事》中对史料的轻信及历史事件的简单化处理有颇多批评。而山崎麻里的漫画作品《罗马浴场》则以罗马皇帝哈德良统治时期为背景，讲述一位浴场设计师穿越到现代日本又重返古罗马的经历。整部漫画在轻松幽默中不但探讨了古今、东西之间的误解、对话和借鉴，而且重新构想了哈德良皇帝的政治斗争史。曾获多个漫画大奖，包括2010年手塚治虫文化奖短篇奖，而据漫画所改编的动画和电影也相当成功。如果说山崎麻里的漫画作为虚构作品很容易归类，《罗马人的故事》这样介于纯学术作品与"物语"之间、接受度极高的作品却对学院背景下和在学术体制中的写作者提出了一系列问题：学者为谁著书作文？假如面向大众，历史书写应该采用何种风格？严谨的历史著作与想象力能否共存？历史著作中"当下"是否可以高调登场？对这些问题的回答自然不会单一，也不会有终极答案，却是不能不正视的问题。从这个角度而言，本村凌二这本面向公众并可用作历史专业学生入门读物的《地中海世界与罗马帝国》，提供了一个或许可供参考的样例。本村无疑受到莫米利亚诺《医学与修辞学之间的历史》(History between Medicine and Rhetoric) 一文的影响，《地中海世界与罗马帝国》的开篇直接切入历史学、医学以及修辞学之间的关系：历史学虽然没有医学（救治）的急迫感，但和医学一样，需要精确；历史学家还需要"具备说服、劝导别人的智慧"(修辞学)。那么在医学与修辞学之间的历史应该是怎样的呢？

《地中海世界与罗马帝国》是一部问题意识很强烈的著作，有浓郁的日本情怀，比较视角散布全书，频繁将罗马与其他帝国或族群历史进行比照，构建"古代史与现代史的对话"。本村教授特别提到了"进入21世纪，对罗马史感兴趣的人越来越多，作家盐野七生写成的全15卷本《罗马人的故事》在日本很受欢迎，这一现象背后，或许隐藏了现代日本所面临的问题"。至于这些"问题"是什么，本村认为是"日本人两度以欧美社会为榜样，但两次都遭到挫折。所以，欧美国家不再值得仿效，古罗马或许就是作为替代品而登场的"。以学术的方式用西方古典来抗议社会在日本学术界是有其传统的。比如田中美知太郎（1902—1985）曾拷问1942年的日本，是修昔底德米洛斯对话中傲慢的雅典还是自欺欺人的米洛斯。他也用柏拉图哲学批判二战期间所谓的"大日本帝国""大东亚共荣圈"等等都是"名"而已，并非"真相"。人们所经历的无异于柏拉图笔下的"洞穴"，只有追索绝对的真相和标准，才能摆脱"洞穴"的不真实。然而这部《地中海世界与罗马帝国》却非针砭时弊的社会批判之作，它总体的基调是乐观的。本村教授把罗马史定位为"跌宕起伏、饱满完整的历史世界","承载了人类全部的经验"(语出丸山真男)。但本村并没有将它简单设定成一部兴亡史。正相反,受到彼得·布朗"晚期古代"学派的影响,本村对于"衰退、没落史观"并不以为然,在他看来,"3世纪到7世纪不仅仅是'古典时代的黄昏',也是一个产生新秩序、萌发前所未有的观点和感觉的时代","是人类为了生活而奋斗的时代。我们应该重新认识那个时代,将其看做人类不断挑战新事物的时代"。

正如本村凌二在"序言"中所指出的那样,没有人能够在300多页的篇幅中尽述罗马史。但在有限的篇幅中,本村教授用饱满的人物、丰富的原始资料、生动的历史瞬间以及点缀全书的理性评论与比较视角交织出了一部鲜活的历史。正文中配有大量地图和插图(钱币、古迹、人物塑像、浮雕、壁画、石碑、镶嵌画、后世的绘画、铜版画,等等),文后附有"人物小传"及年代表,共同增强这本书的亲和力。人物刻画在书中占据了大量的篇幅。本村笔下的历史人物,无论是罗马人还是罗马的敌人,全部个性鲜明,形象丰满:"性格坚韧、头脑灵活的领导人"卡米卢斯,"令人敬仰的英雄人物"哈米尔卡,"保守派大佬"加图,"救国英雄"大西庇阿,高贵沉着但又朝气蓬勃、富于情感的小西庇阿,政治上平庸而又嫉妒心强的马略,"决断利落"的苏拉,贪婪但在平民中有人气的克拉苏，"荣誉心和自负心"和"人格魅力"爆棚、洞察力敏锐、"宽严相济的野心家"恺撒，"好男色的女装皇帝"埃拉伽巴路等等，无不跃然纸上。然而，历史书写中的人物刻画常常是件风险颇大之事，尤其是因为在史料中，历史人物常常被赋予"角色"性质，承载道德训谕或舆论构建，使后世的人难以清晰地复原人物的"真相"。本村十分清楚史料的陷阱。比如恺撒曾遭海盗俘虏，他威胁海盗说"一定要绞死你们"，本村指出除了恺撒本人外，这句话应该不会有其他人知道。他更倾向于把它看成恺撒本人宣扬出来用以巧妙塑造自己形象的传说。本村也提醒读者，卡里努斯皇帝那些令人不齿的丑闻是对手戴克里先的支持者散布出来的。但在有些人物的描述方面，本村似乎恰恰落入了史料的陷阱，比如"屋大维的姐姐屋大维娅嫁给安东尼，她是一位值得赞扬的坚强女性，迷恋克里奥帕特拉、任性妄为的安东尼的声誉一落千丈"，这似乎正是屋大维阵营所要看到的人物形象，这三个人物的历史肖像有多少是屋大维贬低对手安东尼、抬高己方的宣传战的产物？

但与其说本村关注的是人物的（真实）性格与德行对历史的影响，不如说他更注重探讨领袖人物或统治者所应具备的能力与品质。比如在评论苏拉将自己数次化险为夷归功于"幸运"时，本村写道："如果一个人把胜利都归功于自己才智，说明这个人的器量还小。深信有超自然的力量在保护自己，这也许是历史上杰出人物的能力。"

本村将罗马之前的帝国分为"高压"帝国（亚述）、"宽容"帝国（波斯）和"野心"帝国（亚历山大）三种类型，他认为罗马帝国集这三类于一身，而罗马帝国最出色的英雄之一恺撒也具有集"高压、宽容和野心"于一身的人格。在本村看来，奥古斯都同样具有这种双重人格：作为个人，宽容和善；作为统治者，无情冷酷。本村摈弃以"善恶"作为衡量统治者的标准，而更多地将尼采式超人投射到达到权力顶峰的人物身上，他们"不少人必须要成为跨越善恶的超人"。对于带领罗马走出3世纪的戴克里先，本村先是设问他究竟是织田信长类型、丰臣秀吉类型，还是德川家康类型，但最后的分析却落脚在"与其说他属于哪种类型，还不如说他兼具他们所有的特点，是一个随机应变的人物。如果没有那样的自制力，就不能使地中海世界帝国度过前所未有的危机"。

然而，对人物的关注并不代表本村把历史发展的重担全部都压在所谓杰出人物或统治者身上，他甚至写道："我们把目光都集中在了皇帝身上，就关注不到民众生活了。皇帝的更换速度让人目不暇接，不过对广大民众来说，皇帝是谁都无所谓吧。普通人身上发生了什么事情？不知道答案，我们就不能了解历史的真实面目。但挖掘这些也不是简单的事情。"在这本书中，平民的生活确实只占据了极小的空间，在多神教时代非军政人物中出镜最高的只有2世纪时的名医盖伦。社会的转型带来史料和书写重点的转型，基督教合法化之后的历史人物相对更多元，包括"富于理性和洞察力的"基督教父奥古斯丁、被虐杀的异教女哲学家希帕提娅、隐修士安东尼、"柱顶圣人"西缅等等。

这本书和玛丽·比尔德的《罗马元老院与人民》（SPQR）一样，在叙事上并没有完全按时间顺序进行，而选择了罗马史上的某个关键节点切入。比尔德选取了公元前63年的喀提林阴谋，原因之一是因为那段时间也是罗马人自己系统思考罗马史的开端。而本村凌二则选择了罗马成为地中海霸主的节点，即公元前146年。那一年，罗马摧毁北非的迦太基和希腊的科林斯，马其顿也成为罗马行省，拉开了"帝国的古典时代"的序幕，罗马和汉这两个世界帝国在亚欧两端并存。而其后的各章用来铺陈罗马之前的地中海世界及帝国类型、罗马的对外战争以及内部改革，如何从意大利霸主晋级为地中海霸主，罗马帝国从和平走向动荡，多神教让位于一神教，以及罗马帝国的终结。在本村看来，罗马上升阶段的制胜法宝大约有四个：对法制的重视、在挫败中学习的能力、分而治之的管理方式，以及重荣誉的"祖先遗风"。本村凌二对"祖先遗风"（也常译为"祖制"）十分推崇，反复提及，并将其定义为"这是过去的祖先和未来的子孙在理想上的竞逐。这种生活方式的确是'为了永恒的名誉'而不辞劳苦"。这或许听起来很浪漫，但本村教授却给了罗马共和国的国家形态一个十分不浪漫却又直指要害的名称，即"共和政体法西斯主义国家"。但这里的"法西斯主义"并不等同于20世纪的法西斯主义，本村给出的基本定义是"结合国家主义和军国主义的大众运动"，如果说迦太基是"商人军国主义国家"，那么罗马便是"农民军国主义社会"。至于代表罗马国家的缩写SPQR，本村则如此阐释："S是元老院（Senatus），是共和国的基础。在元老院里富于经验与才智的贵族们一边讨论，一边决定国家大事。尽管有权威人物主导这些讨论，但始终要与他人进行合议。P是民众（Populus），是法西斯主义的温床。具有威信的元老院元老的发言使这些民众充满好战气氛，而培养这种精神的则是祖先的故事。"这应该说是对SPQR一个相对狭窄的解读，因为元老院和民众大会上讨论的远不止战争，元老院与民众之间也存在着纠缠不断的博弈，而培养好战气氛的究竟是荣誉感还是对物质利益的期盼,则是罗马史学家争论已久的问题。然而,本村对罗马共和国的犀利概括却是一语中的:"如果说法西斯主义国家的真实面貌是什么,那一定是对军队和国家的赞美。"这本书中最后一次谈及"祖先遗风"是在第六章讨论罗马的第一位皇帝奥古斯都统治时。奥古斯都所宣称的"威望"(拉丁文为 auctoritas,也常译为"威权")取代了"祖先遗风"。但本村对罗马皇帝的权力基础没有任何玫瑰色的幻想。他用极其直接了当的语言指出:"皇帝权力的支柱是军事实力……但是权力不喜欢以那样露骨的形式暴露在外,最好用类似面纱这样的东西掩盖一下。这种'面纱',我们可以称作'威望'。"

在本村凌二看来,与亚述帝国、波斯帝国和亚历山大的帝国相比,"罗马人所构筑的世界帝国在疆域、时间及稳定性等各方面,都超越了这些帝国的统治"。但既然这部丛书的主题是"兴亡",一个不能回避的核心问题便是罗马帝国的"盛衰"。前文已经提到,本村凌二并不认同"兴亡"这种思维路线,但还是以生动的方式总结了一些流传较广的描绘"罗马衰退的脚本",比如:"他杀论":日耳曼人被指认为谋杀帝国者;病死论:假如将"帝国的衰亡比作人的生老病死",病因又可分为"癌症"或"中风","如果是癌症,癌细胞就是基督教",而中风导致半身不遂论,"也就是说,东部、西部的发展差异显著,由于这种紧张状态导致的动脉硬化,引起半身不遂";人口减少、地力枯竭,等等。但假如说让本村教授来下一个诊断书的话,他会更倾向于罗马帝国自然死亡的"寿终正寝"论。

彼得·布朗的《古代晚期的世界》(*The World of Late Antiquity*)直接影响了本村对后期罗马帝国的理解,提倡转换角度来看待古代末期的地中海世界:"如果反过来看,这个时代开启了一个显著的全新局面。在欧洲,基督教合法化并广泛传播。在西亚,伊斯兰教在7世纪产生。我们应该更积极地重新审视这个时代,也就是说,这是一个在新的基础上形成的时代。"本村也愿意相信在政治、经济层面也已经产生新的秩序,"再臻繁荣",不过他在这方面的论据相对薄弱,依据主要是北非和西西里的镶嵌画(马赛克画)所体现的大地主的丰富生活。

在这本书的第一章,本村曾定格公元前146年一片火海中的迦太基,胜利的罗马主将小西庇阿却悲从中来,心里想到了"罗马繁华过后的暗淡命运"。荣耀或许与悲愁共生,但本村在为罗马帝国史画上句号时,他做了一个对比,"这时不会再有迦太基灭亡时小西庇阿流出悲伤的眼泪的场面了。可是,阅读历史的乐趣就在于重新认识历史"。罗马帝国或许终结了,可这并不是个悲剧或代表文明的终结，更不是伤春悲秋的由头。

在结束这篇导言之前，有必要说几句关于史料的话。史作基于史料，而史料本身是复杂的。它体现的是谁的声音？为谁而作？是否具有代表性？它掩盖了什么？是否重构了记忆？它是如何保留下来的？每一则史料都要经历如是的拷问才能全面释放能量。本书在叙述中穿插了相当多的古代资料，包括来自《十二铜表法》、波里比阿《历史》、撒路斯提乌斯《喀提林阴谋》、恺撒《高卢战记》、李维《罗马史》、《圣奥古斯都行述》、普鲁塔克《英雄传》（也常称为《平行传记》）、弗龙蒂努斯《谋略》、《圣经》、东罗马军人"手记"等等的引文。这是一种增加生动性、亲和力与说服力的做法。对史料本身的剖析让这些引文具有更强的力量，也更有兴味。本村在引用了撒路斯提乌斯一段充满抱怨、愤愤不平的引文之后，及时提醒读者不能只从引文字面上来理解罗马社会，而要从撒路斯提乌斯遭遇排挤来看待他文字中的焦躁。本村对传说的态度也体现了他的科学性。罗马建城之战神双生子与母狼的故事，抑或罗马人派遣学识渊博的人到雅典向梭伦学习，他认为去考察这样的故事是否是历史事实并没有太大意义，因为这些故事的价值在于它们的"流传"。这一点确实非常重要。然而我们还可以继续追问：这些传说最初是在何种语境下、如何形成的呢？当然，这些问题是这本书的篇幅难以容纳的。另外，还有一些传说并非来自罗马时代，比如本村提到"罗马人还在迦太基的土地上撒盐，诅咒这里永远寸草不生。这种灭顶之灾，史所罕见"。这个耳熟能详的撒盐故事并无罗马时代的佐证，而是19世纪以后广泛流行的说法，或许是与中世纪城市被摧毁的惯常书写桥段（犁地、撒盐）相混淆，或许也受《圣经》中一些故事的影响，比如《士师记》9：45。

需要提醒读者的是，书中有一些古代史料的"翻译"其实已经是改写。本村教授自己在书后所附的文献部分的提法是"史料"（笔者在引用时，部分进行了意译）。"改写"最明显的例子是《圣奥古斯都行述》（也常译为奥古斯都《自传》《业绩录》《功德碑》）。其正文的第一句可直译为："余十九岁自发并自承开支组织了一支军队，我用这支军队使得遭受一个小集团暴政压迫的共和国重获自由。"而本村译文的头几句为："余十九岁被指定为伟大的神之子恺撒的养子，但前途多难。反恺撒势力还没有被完全消灭，恺撒派也并非团结一致。特别是恺撒亲信安东尼的专横跋扈，让人难以忍受。尽管余多次要求，他都没有放手恺撒的遗产和图书。因此，我无法向士兵们发放恺撒曾经答应过的酬金，只能自掏腰包来支付。"本村出于"以便读者能简明易懂地理解奥古斯都要表达的思想"的考量进行了这样的改写。然而需要指出的是,《圣奥古斯都行述》的一个很大特点是它并不醒目地招摇过往对手的名字,安东尼这个名字在全文中从来没有出现过,只是被轻蔑地归入"一个派系"、"小集团"(factio)中。而奥古斯都所用的核心政治术语"使共和国重获自由"(*rem publicam in libertatem vindicavi*)在这个扩充版的改写中消失了。这很难说符合奥古斯都的原意。

罗马史的书写方式不是只有一种,本村凌二教授这部来自邻国的罗马史著作有相当多的独特之处,也是一部生动之作。一篇简短的导言无法覆盖书中俯拾皆是的见地与既不自卑也不自大的家国情怀,读者自会寻到珍宝。

刘津瑜

德堡大学古典学教授

上海师范大学特聘教授

目 录

序 言 1
  在医学和修辞学的夹缝中 / 承载人类全部经验的罗马史 / 日本人关注的兴衰

第一章 公元前146年的地中海世界 5
焚毁迦太基 5
  强敌灭亡在即,忧虑祖国命运 / 拯救罗马的两个英雄 / 历史学家波里比阿的影响 / 巨龙罗马的威势 / 从希斯帕尼亚战线到北非战争 / 第三次布匿战争与小西庇阿的毁灭战

开启地中海帝国的帷幕 15
  消灭"伪腓力",吞并马其顿 / 炫耀罗马霸权,破坏科林斯 / 同时代出现的东西方世界帝国

第二章 追寻世界帝国的原貌 25
高压帝国——亚述 25
  悬挂在枝头的国王首级 / 犹太人的屈辱 / 与游牧民族接触,学会战术 / 东方霸权国家——亚述 / 写在誓约文书里的诅咒 / 令人反感的强制移民政策

宽容的帝国——波斯阿契美尼德王朝 37
  教育的核心:骑马、射箭、正直 / 居鲁士战死,大流士即位 / 二十个行省的总督、民族的年贡 / 被国王的耳目监视 / 壮丽的仪仗、绚丽的飨宴 / 借御道之便,昼夜执行命令 / 阿拉姆语成为广大文化圈的通用语言

亚历山大大帝的野心帝国 49
  以武力和外交战略统一希腊 / 从马其顿到阿富汗的霸权 / 波斯帝国的后继者——亚历山大

第三章　意大利霸主——罗马S.P.Q.R 59

解读建国神话 59

母狼养育的双胞胎兄弟 / 掠夺妇女引起的战争 / 被驱逐的伊达拉里亚人国王 / 元老院与共和国的诞生 / 被派遣到先进国家的要人 / 连孩子都要背诵的最早成文法

共和制法西斯国家 73

坚不可摧的城市沦陷了 / 令敌人感激、铭记的高傲将军 / 高卢人的掠夺与罗马重建 / 第一次萨莫奈战争的胜利 / 从屈辱的生还到暴风雨般的反击 / 吹走和平方案的古老演说 / 最终统治意大利半岛

第四章　被汉尼拔锤炼的罗马人 87

海上霸主迦太基的攻势 87

第一次布匿战争的发端 / 总司令哈米尔卡的活跃 / 镇压雇佣兵的叛乱 / 远征新天地——伊比利亚半岛 / 置罗马于亡国边缘的汉尼拔 / 拉拢高卢人，越过阿尔卑斯山 / 汉尼拔军队过河 / 用伏击战术全歼罗马军队 / 攻击后勤点的"拖延战术" / 步兵被孤立，亡兵七万的惨败 / 被派遣到伊比利亚半岛的两兄弟

罗马人传统是走向胜利的向导 108

在挫败中学习 / 罗马的盾与剑 / 信义的纽带，起用青年大西庇阿 / 众神的宠爱和幸运 / 把汉尼拔的战术刻在心里的大胜利 / 勇将的改革与逃离迦太基 / 分裂的公民大会 / 墨守成规的正义之士，检举救国英雄

第五章　地中海霸主 127

百年内乱的开始 127

处于两极的卓越民族——犹太和罗马 / 重视名誉，敬畏众神 / 改革领袖格拉古兄弟和他们的父母 / 名门中的名门决心掀起风暴 / 力排众议的土地改革 / 被血祭的格拉古派 / 远超哥哥的改革 / 扩大公民权还为时尚早

热衷于党派斗争的群像 142

募兵制与马略的野心 / 第三建国者从荣誉之巅跌落 / 控制罗马的阀族派苏拉 / 寿终正寝的独裁官 / 金钱横行的社会与空虚的生活 / 用清洗和没收财产来增加财富 / 镇压奴隶起义引起的不和 / 俘虏两万海盗，获得巨额财富

三头同盟与恺撒的野心 161

权力、人脉、资金的联合 / 为名誉和利益而战 / 彻底击溃全高卢蜂起的反抗 / 三头同盟的解体 / 野心家恺撒的传说 / 凭借过人的洞察力和子弟兵扩大势力 / 一决雌雄的法萨卢斯之战 / 消灭庞培余党，结束内乱 / 招致反感的终身独裁官之死

第六章　罗马帝国的和平　175

元首奥古斯都的权威与权力 175

恺撒的后继者 / 强调以威望来统治 / 支持病弱总司令的亲信 / 披着共和政治外衣的帝政 / 敦厚的个人，冷酷的统治者 / 血缘继承失败 / 发现悲惨的战场遗址 / 在妻子臂弯中去世

理想的当政者：日耳曼尼库斯的幻影 190

娶奥古斯都外孙女为妻 / 令民众悲痛的暴亡 / 与亚历山大相似的命运 / 被拆散的第一次婚姻 / 猖獗的告密者 / 归隐皇帝掀起的清洗风暴 / 滥用大逆罪引起的暗杀 / 日耳曼尼库斯的弟弟被拥戴为帝 / 对女性情爱的渴望 / 在行政上启用家养的被释奴 / 弑母杀妻的尼禄 / 尤利乌斯·克劳狄王朝的终结

第七章　多神教世界帝国的出现　211

严肃风纪的恢复 211

出身乡村贵族的皇帝 / 唯一的奢侈行为：建造罗马圆形竞技场 / 服务民众的统治者 / 恐怖政治后期的暗杀 / "最佳元首"图拉真 / 通过远征，版图扩张到最大

虔诚罗马人的本色 223

　　威望的核心是众神的威力 / 重建万神殿 / 爱好艺术和狩猎的人 / 孝子的政治手腕 / 最早的共治皇帝时代 / 哲人的期待被辜负

第八章　混乱与不安的世纪　235
　　军队拥护的皇帝们 235

　　被拍卖的帝位 / "让士兵发财"的遗言 / 好男色的女装皇帝 / 减薪的谎言成为致命一击

　　3 世纪的危机与混乱 243

　　老迈皇帝的悲剧 / 建国千年庆典与哥特人的入侵 / 波斯猛攻东部、异族入侵西部 / 统一罗马的"世界复兴者" / 半个世纪里出现了七十个皇帝 / 在社会危机中萌芽的基督教

第九章　转向一神教世界　255
　　给动乱时代带来秩序 255

　　策略家戴克里先 / 最高神朱庇特之子 / 君士坦丁承认基督教合法 / 超越民族和阶层局限，基督教扩张 / 作为牺牲仪式的耶稣之死 / 禁欲意识的土壤 / 保值七百年之久的金币

　　从叛教者的异说到全面禁止基督教 269

　　声望提高的副帝 / 信奉罗马诸神的尤利安 / 禁止异教，定基督教为国教

第十章　文明的改变与帝国的终结　275
　　巨大的变动与民众的心声 275

　　奥古斯丁的洞察 / 被虐杀的女哲学家 / 反映民众信仰的圣者传 / 修道院的诞生与修行传说

罗马帝国灭亡了吗？ 282
杀死罗马帝国的凶手 / 最后的西罗马帝国皇帝 / 探索别样命运的东罗马帝 / 死因是癌症还是中风 / 生产力枯竭与自然死亡说 / 传统世界的复活 / 古代晚期的同时代性

主要人物小传 299
参考文献 315
历史年表 323

序 言

在医学和修辞学的夹缝中

历史学与医学相伴而生。西方"历史学之父"希罗多德和"医学之父"希波克拉底都是公元前5世纪的希腊人,他们都从过去发生的事件、现象中学习了很多。历史学家是对往昔的事件展开考量,医生则是对曾经鲜活的人进行解剖,根据尸体情况做进一步的判断。

但历史学家和医生又有很大的不同。首先,医学会面临非常急切的情况。当病人在医生眼前痛苦挣扎的时候,医生没有时间过多思考,必须迅速做出正确的判断,采取适当的措施。所以,对医学最基本的要求是正确。

与医学相比,历史学没有这种急迫感。比如,我们试想一下最近引起争论的日本"宪法第九条"问题。人类的历史已经明确告诉我们诉诸武力解决争端的愚蠢,这样的事例不胜枚举。甚至可以说,"放弃战争"业已成为必然的选择。但是否应该坚持"放弃自卫权",则需回顾历史,即人类的经验,来仔细思考。而当我们重新审视历史时,就会遇到这样一个问题:"国家",或者说"祖国",是无可替代、至关重要的吗?

此时,历史学就会需要另一个伙伴。这位伙伴关系着解释事态的方式。诚然,如果是面对一个患者的话,医生肯定要迅速做出正确的判断,但是对于生活在现实世界中的大多数民众,他们必须要做的,则是根据人类的经验和世界形势,做出无悔的判断。

人们这时如果要倾听历史学家的意见,就需要历史学家具备说服、劝导别人的智慧。所以,历史学家应该再有一个伙伴,这就是修辞学。因此,20世纪古代史学家代表人物莫米利亚诺说:"历史学是在医学和修辞学的夹缝中诞生的。"

承载人类全部经验的罗马史

在这部"兴亡的世界史"系列中,罗马帝国是我最关心的国家或文明。战后日本知识分子的代表、政治思想史学家丸山真男在某次对谈时跟我说:"罗马帝国的历史承载了人类全部的经验。"

公元前8世纪中叶的罗马,只是一个小村落,后来却迅速发展成一座城邦,进而并吞邻国,成为意大利的霸主。此后,罗马又进一步把势力向地中海东、西两边扩张。公元前2世纪中叶,罗马已是地中海一带无可匹敌的世界性帝国。罗马是如何取得这般成就的？即便是生活在同时代的古人，对此也非常惊异。

不仅如此，如此庞大的霸权还维持了数个世纪之久，"罗马和平"（Pax Romana）时期的罗马，更是享受着安宁与繁荣。不知能否这样比较，但20世纪诞生的社会主义国家苏联仅存在了七十年，还没到下个世纪就消失了。标榜"自由"的罗马人可以保持其势力达数百年之久，而高举"平等"旗帜的社会主义国家仅存在数十年就瓦解了。这里面的"自由"和"平等"引人遐想，其中可用来思考人类前途命运的素材数不胜数。换句话说，这是古代史与现代史的对话。

尽管如此，盛极一时的罗马帝国也难逃衰落的命运。近来围绕古代末期展开的争论，迫使我们重新思考世界史，但关于罗马这个国家或这个文明的形态，我们并没有改变原来的看法。人们会从罗马人一千两百年的兴亡史中，生发出什么感想呢？罗马史恢宏绵延，这本书只有区区三百多页，自然难以尽述，很多事情都未能言及，更别说引导读者了。史料的取舍、抉择，全凭执笔者的意图和喜好。不过，关于这一点，也不该辩解吧。

日本人关注的兴衰　　进入21世纪，对罗马史感兴趣的人越来越多，作家盐野七生写成的全15卷本《罗马人的故事》在日本很受欢迎，这一现象背后，或许隐藏了现代日本所面临的问题。

战后六十多年来，日本人历经了各种况味。且让我们梳理一下记忆，战败以后，日本备尝艰辛，之后迎来经济的高速增长，但这个泡沫经济很快就崩溃了，现在的日本身处经济全球化过程中，却面临国际竞争力不足的问题，未来充满了不确定性。

从幕府时代末期、明治维新开始，日本一直在追赶并试图超越欧美列强，然而在第二次世界大战时，这个理想遭受严重挫折。其后，为了再次追欧赶美，日本拼命发展，到昭和末期，这个国家几乎站在了世界的顶峰。只是这次，世间的和平还在，可繁荣景象还是如肥皂泡般破灭了。

日本人两度以欧美社会为榜样，但两次都遭到挫折。所以，欧美国家不再值得仿效，古罗马或许就是作为替代品而登场的。罗马历史，有兴盛时，有衰落时，经历过战争，也享有过和平，遭受过苦难，也拥有过繁荣。哪里还有如此跌宕起伏、饱满完整的历史世界呢？当我们怀着这样的感慨回顾过去时，大概会觉得，罗马帝国兴亡史这个热门题材，其实跟我们是切身相关的。

一个纯粹的写作者，或许就不必对历史深入思考到那种程度了吧？无论怎样，倘若这个罗马人的历史故事能让读者感到愉悦——尽管只是些小趣味——对于历史学家来说，可没有比这更幸福的事了。

第一章

公元前146年的地中海世界

焚毁迦太基

强敌灭亡在即，忧虑祖国命运

男子的眼神坚毅，高贵的脸庞棱角分明、充满力量，全身散发着庄重气息。就连后世大雄辩家西塞罗都感叹："除了永恒的生命，人类所期望的一切，都能在他身上找到。"他就是还不到四十岁、朝气蓬勃的小西庇阿，罗马军队的统帅。

小西庇阿眼前的迦太基城已成一片火海。这座创建七百余年，极尽繁荣的大国首都烧成了灰烬。虽说海洋国家迦太基是令罗马头疼的宿敌，但看着这火焰翻飞的光景，小西庇阿还是不禁流出热泪，甚至忘记擦拭。他茫然地伫立在那里，不顾时间流逝，陷入了沉思。抚今追昔，历史上赫赫有名的国家的命运在他脑海中浮现。在遥想这些的时候，小西庇阿不由吟出希腊"诗圣"荷马的诗篇：

> 无论如何，那一天总会来到，那是我们圣城伊利昂、国王普里阿摩斯及所有国民全部毁灭的日子。(《伊利亚特》)

伊利昂是距此一千年前消失的大国特洛伊的别称，传说建立罗马的正是特洛伊人的后裔。上面的诗句，正是诗人预测到特洛伊即将毁灭而发出的悲叹。然而，小西庇阿知道，并不是只有特洛伊受命运摆布，祖国罗马有朝一日也许会遭遇相同命运。罗马刚刚摧毁最大的劲敌迦太基，地中海世界里无可匹敌的霸主地位已经清晰可见。就在这个最辉煌的时候，小西庇阿心里却想到了罗马繁华过后的暗淡命运。

小西庇阿不但沉着、冷静，还是个感情丰富的男人。在如此耀眼的荣耀中，他却陷入悲愁的情绪，这一情形，不正充分说明了他的性格吗？

拯救罗马的两个英雄　西庇阿·埃米利安努斯是埃米利安努斯·保卢斯的次子。生父保卢斯在婚后育有两子，长子成为法比乌斯家族的养子，次子成为西庇阿家族的养子。因此，次子以生父的名字命名为西庇阿·埃米利安努斯。在罗马贵族中，收养养子是很普遍的事情，这和日本战前的习俗很相似。保卢斯被公认为"罗马最慈爱"的父亲，但他却毫不犹豫地把两个儿子送给别人为养子。

据说，收养小西庇阿的西庇阿·阿非利加努斯与其生父保卢斯是结拜兄弟。这个西庇阿·阿非利加努斯就是击败名将汉尼拔、迫使迦太基投降，受全民崇拜、敬仰的英雄。罗马人重名的很多，因此，世人为了区别，把阿非利加努斯称为大西庇阿，把埃米利安努斯称为小西庇阿。保卢斯的妹妹嫁给了大西庇阿，他们把小西庇阿收为养子。

小西庇阿（埃米利安努斯） 公元前146年消灭迦太基的罗马将领。出自 Philip Matys zak, *Chronicle of the Roman Republic*

小西庇阿的生父保卢斯，在公元前168年取得彼得那战役的胜利，常胜将军的威名响彻四方。他击败马其顿军队，让罗马人安下心来。早在公元前2世纪初的战争中，马其顿军队就被罗马军队击败过。此后，马其顿军队一直虎视眈眈，寻找报复的机会。这对罗马构成了严重威胁。而保卢斯的胜利化解了这个威胁。

保卢斯以清廉著称，由于马其顿战争缴获大量战利品，他宣布对罗马公民免税。但他自己只是拿走马其顿国王的藏书，觉得这样就满足了。

年轻的小西庇阿在生父的指挥下参加了这场战争，可当战斗结束时，罗马军营一阵骚动——小西庇阿失踪了，生死未卜。原来，小西庇阿与几名将士因追击马其顿溃兵，跑到了很远的地方，与自己的阵营失去了联系。所幸，傍晚时分他们终于安全返回，周围将士悬着的心这才放下来。

历史学家波里比阿的影响 在马其顿战争中，很多希腊人支持马其顿与罗马为敌。战后，这些希腊人中大约有一千名才干之士被扣留在意大利，其中就有著名历史学家波里比阿。保卢斯注意到了波里比阿的非凡才能，希望自己的孩子能向他求教。虽然希腊人不敌罗马军团，但他们的文化与教养水平远高于罗马。

继承保卢斯家族和西庇阿家族血脉与传统的小西庇阿，极其注重罗马自古以来的严格秩序。但同时，他也特别关心繁荣的希腊文化。这与波里比阿的教化应该有很大关系。

波里比阿此时已届中年，被人称为思想通达的贤人。他看到年轻人因战利品而穷奢极欲，在外来文化影响下变得性格脆弱，这都是摧毁罗马社会的暗礁。在这些年轻人喧闹声中，潜心学习希腊文化，同时也重视罗马古老传统的小西庇阿，显得格外与众不同。这个年轻人必将成为文武兼备、德高望重的领袖。这或许也是后世历史学家对他的期待吧。

波里比阿一生都是小西庇阿的崇拜者和朋友。实际上，迦太基毁灭时，波里比阿就在小西庇阿身边。正是有波里比阿这样有教养的人同行,小西庇阿才会在那样的场景中,自然而然地吟出荷马那句预见特洛伊毁灭的诗句。

巨龙罗马的威势

那么,波里比阿为什么要书写历史呢?他虽然身为扣留的人质,但不仅没有被幽禁在恶劣的环境中,反而居住在繁华的罗马城里,和有势力的名门贵族结下了深厚友谊。尽管如此,他毕竟是异邦人。而且希腊曾给地中海世界带来辉煌文化,这份荣耀仍在他心中。

波里比阿的浮雕 波里比阿虽然是人质,但作为希腊的历史学家,受到西庇阿家族欢迎。这尊浮雕出土于希腊阿卡迪亚。出自长谷川博隆《汉尼拔》

在无法丢弃这份自豪的波里比阿眼中,罗马是什么形象呢?他一定会考虑这样的问题:

> 人们所知的全部世界能被一个国家征服吗?不同政体的国家单靠罗马来统治,这可能吗?仅仅过了五十三年,这些都变成了现实。(《历史》)

这里记录的"所知的全部世界"应该称为地中海世界吧。超越这个世界的广大空间，无论对希腊人还是对罗马人来说，都只是朦胧的未知世界。"五十三年"是指公元前220年到公元前167年，即从第二次布匿战争之前到马其顿王朝灭亡。波里比阿要叙述的，则是这之后至公元前146年迦太基毁灭这一段历史。

的确，地中海世界里国家众多，但大多数是城邦。能建立霸权的，也就只有亚述帝国、波斯帝国、亚历山大帝国，但是这些帝国对于地中海世界的人们来说，也并不是笼罩一切的巨大霸权。因此，那时的历史都只是针对某段特定的时间，不过是战争史、王朝史、国别史或者伟人传记而已。波里比阿认为自己的历史叙述和过去作家的历史叙述有所不同，因为他要达到的历史叙述是"普世史"或"世界史"。

在波里比阿眼中，世界上发生的事都是由命运主导的，向着同一个方向发展。看似凌乱的事物，背后其实都有命运这个导演在安排，结成因果的锁链，把它带向结局。通过宛如命运剧的形式，将事情的条理阐释清楚，这是历史学家波里比阿撰写"普世史"或"世界史"时面对的课题。所以，那本书不仅仅是消遣读物，其中陈述的每个人的所作所为，还能给读者提供许多真实的历史案例和经验教训。这样考虑的话，对叙述者波里比阿来说，历史不单是故事，还是对实践有益的范例。

波里比阿之所以能这样自负，无非是因为罗马已经建立起无可匹敌的伟大霸权，宛如巨龙横空出世。有教养、有洞察力的学者若目睹这般威势，一定会不假思索地拿起笔记录下来。在异邦人心中，罗马的崛起具有巨大冲击力。

从希斯帕尼亚战线到北非战争

本书从迦太基陷落写起，是因为要追寻小西庇阿的足迹。

让我们回到马其顿战争结束时。率军征服的正是小西庇阿的生父保卢斯，所以不久之后，当小西庇阿要去外地赴任时，希腊本是理所应当的地点，但他却选择了伊比利亚半岛。

罗马人称为"希斯帕尼亚"的伊比利亚半岛，曾臣服于迦太基的霸权之下，第二次布匿战争也就是汉尼拔战争时，伊比利亚半岛是受战火蹂躏最为惨烈的地区之一。到小西庇阿赴任时，当地战火虽已平息了几十年，但仍有重燃的危险。当地土著是凯尔特人与伊比利亚人混血后代的一支，对罗马霸权极为不满。他们不愿意服从，不屈不挠地反抗。对罗马统治者来说，这真是愚蠢之极的抵抗运动，只有不懂文明的蛮族才会这样做。对于希斯帕尼亚的战况，波里比阿形容为"火的战争"——这个火，是大火熄灭后还冒着烟的余火。

果然，这场战争成了难以逃脱的泥沼。在希斯帕尼亚战线，敌兵神出鬼没，行军时若遭到其袭击，那将是极其危险的。而且这些敌兵可是出了名的大胆。每次听到有关敌兵的消息，罗马民众就感到厌烦，不知不觉地，形成了一股厌战的氛围。真正是有人反抗征兵。就在躲避战争的风潮弥漫时，三十四岁的小西庇阿参加了希斯帕尼亚战线的军队。小西庇阿决心要让野蛮人见识文明国家的威力，因而奋起参战，他这一献身祖国的壮举，极大地鼓舞了软弱青年的士气。

战争期间，小西庇阿有时会身先士卒。他还第一个登上敌人的城头竖起军旗，由此获得了第一登城勇士的荣誉。但好的士兵不一定会遇到好的指挥者。很快，卢库勒斯来到前线担任司令官，指挥罗马军队。卢库勒斯这个人假公济私，毫不掩饰自己对权力、财富的欲望。因此，罗马军队发动这场战争，本身就不是什么值得赞颂之举。公元前151年卢库勒斯当选执政官，他不仅渴望立下赫赫军功，还期待能谋取利益来中饱私囊。他要求土著民提供数量惊人的金银和牲畜，违抗者会遭到攻击。

卢库勒斯决定派小西庇阿横穿北非的努米底亚（今阿尔及利亚），表面上是要他筹措大象和兵源。为了祖国的战事，小西庇阿这个人必然会雷厉风行地完成任务。这种坚定的姿态一定让卢库勒斯及其一派的人感到不快。小西庇阿想必也觉得自己怎么都无法融入他们。

小西庇阿被派遣时，努米底亚国王是马西尼萨。他是个性格爽朗的人物，虽上了年纪，但却和"非洲征服者"大西庇阿交情深厚。也许正是利用这个关系，卢库勒斯才会采用这种策略来疏远小西庇阿。

努米底亚和迦太基（今突尼斯）国境接壤，各种纷争不断。小西庇阿也考虑过充当两者的仲裁人。罗马元老院对迦太基的反感不仅没有消失，反而日渐升级，满是敌意。他们借口努米底亚是罗马同盟国，毫不顾忌地进行支援。有罗马做后盾，马西尼萨多次越过国境侵扰，终于激怒了迦太基。

迦太基遗址 罗马时代重建的城市遗址，位于突尼斯共和国的突尼斯市。后方是阳光明媚的地中海

第三次布匿战争与小西庇阿的毁灭战

迦太基不想招惹罗马，但在努米底亚多次入侵下，终于失去耐心，开始对努米底亚展开反击。很早以前，罗马就有不少人敌视迦太基的复兴，主张开战，对他们来说，这正是进攻迦太基、将其灭亡的绝好时机。

罗马元老院想要尽快解决这一长时间困扰罗马的难题，命令迦太基放弃现居的城市、港口，迁往内陆。对于迦太基来说，罗马的命令毫无道理可言。迦太基虽处弱势，但也不可能答应这样无理的要求。除了反抗，迦太基没有其他选择。第三次布匿战争就这样爆发了。时值公元前149年。

尽管迦太基在军队数量上处于劣势，但有誓死保卫家园的决心。罗马军队持续发动攻击，迦太基防守出色，坚决抵抗到底。罗马只好构筑对迦太基的包围圈，但这个包围圈首尾难顾。

而且，罗马军队也没能击破支援迦太基的同盟军。

虽说战况并不顺利，但小西庇阿在战场上的表现却很英勇，在一次战斗中成功使一位迦太基将军投降，这件事使小西庇阿在罗马民众心中成了响当当的名字。

迦太基不屈不挠地拼死抵抗，使战争处于胶着状态。公元前147年，小西庇阿暂时归国，这时他还不到四十岁。罗马城传言他要竞选执政官。一般情况下，执政官的年龄必须要在四十岁以上，但小西庇阿身上有众多光辉业绩，在罗马社会享有很高的声望。实际上，现在他确实想得到执政官的宝座吧。只要小西庇阿一出现在民众面前，民众就会狂热地鼓掌喝彩。小西庇阿高涨的人气使顽固的元老院不得不改变态度，同意小西庇阿破例就任执政官，给予他迦太基战线的军事指挥权。

小西庇阿重回战场，作为新的司令官重新组织牢固的包围圈。尽管遭围困的迦太基死守阵地，但不敌罗马军队，包围圈越缩越小。罗马军队加强攻击，巷战越发激烈。早已绝望的迦太基只能拼死顽抗，罗马军队也一再强攻。公元前146年春，小西庇阿发起最后攻势。迦太基军队殊死抵抗了六天，那些顽抗的士兵最后战死在神殿的废墟中。

迦太基城还是陷落了。城市被洗劫一空，战争中幸存下来的居民沦为奴隶，受人买卖。罗马军队放火烧毁了迦太基这座城市，甚至连石基石础都不放过。罗马人还在迦太基的土地上撒盐，诅咒这里永远寸草不生。这种灭顶之灾，史所罕见。迦太基完全从世界上消失了。罗马对迦太基竟畏惧到了如此地步。它害怕迦太基会崛起，毕竟曾是海上霸主的迦太基，即使一时战败，也会有复兴、繁荣的可能。大国迦太基的幻影，想必令罗马担忧不已。

望着迦太基的熊熊烈焰，小西庇阿凄然泪下，不禁吟出荷马的悲歌。也许有那么一天，罗马也会落得个在冲天大火中毁灭的下场。命运这东西，是逃脱不了的。正是担忧罗马未来会重蹈迦太基的覆辙，小西庇阿才下令把迦太基破坏得干干净净，一丝不留。

这次毁灭行动力度之大，绝无仅有。但小西庇阿身为司令官，只不过忠实履行了元老院的命令而已，这并不能反映一个人的无情和冷酷。

罗马之所以取得地中海世界空前大霸权，是因为有了国家体制这样的东西吗？关于这一点，本书会逐步呈现给读者。

开启地中海帝国的帷幕

消灭"伪腓力"，吞并马其顿

我们再把目光转向东方世界，那里也留下了罗马绝对霸权的痕迹。这也不是一两句话能讲明白的事情。

公元前168年，罗马与马其顿发生彼得那战争，马其顿国王珀尔修斯被俘。珀尔修斯是一位有作为的君主，本不希望同罗马

珀尔修斯国王 马其顿最后一位国王，成为罗马俘虏后死去

发生战争。或许可以说，他是一个没有受到时代眷顾的不幸之人。

对于统率罗马军队的将领来说，没有什么比凯旋仪式更崇高的荣誉了。在保卢斯凯旋仪式的队伍中，珀尔修斯在罗马市中心游街示众，之后在幽禁中死去。马其顿王朝灭亡了，但又出现一个要中兴马其顿王室的男人，他自称为腓力，是国王珀尔修斯的儿子。无论什么社会都有这样的人，实际上腓力早就死了，这个人只是和他容貌相似而已。如果只是这些倒没什么，问题是他呼吁与罗马战斗到底，再次统一国家。

当然，一开始周围的人们没被蛊惑，都把这个男人称为"伪腓力"。但他信念坚定，不知从哪里筹到了一笔钱，并拉拢希求改变现状的底层民众。很快，众多城市都站到了他那一边。随着势力扩展，伪腓力进入色雷斯（现在的保加利亚），罗马在这里的霸权还不稳固，很多部族都敌视罗马。

不久，伪腓力率领一支军队进入马其顿，利用民众反罗马情绪获得支持，很快僭称为马其顿国王。伪腓力本名为安德里斯库斯，出生于小亚细亚西北海岸城市，原本是一个身份卑微的人。

正因如此，罗马人根本不把这个伪国王放在眼里，但看到希腊的骚动没有平息的迹象，便慢腾腾地派遣军队前去镇压。结果，罗马非但没有解决叛乱，反而在公元前149年吃了个大败仗，差点全军覆没。

此时，罗马才意识到事情的严重性。随着势力的增长，伪腓力的军队攻入希腊北部，开始侵扰各地。在地中海西部，迦太基和罗马激战正酣。迦太基与伪腓力遥相呼应，甚至相约提供资金和军舰。摆出大霸主架势的人常常专横跋扈、不择手段，伪腓力就是这样。众多富人死于伪腓力军队的刀下，其中就包括波里比阿的朋友。

罗马必须要动用大批军队和迦太基作战，同时也不得不派军队到马其顿平叛。即使在两线作战情况下，罗马军队还是击溃了伪腓力的军队。伪腓力逃到色雷斯，但很快就被叛将逮捕，交给罗马军队。

我们不能把这一连串事件看作是狂热分子偶然发起的叛乱，这其中隐藏着更深刻的问题，即当地民众的反罗马情绪。这一点我们已经毫无疑问。特别是底层民众把罗马人视为破坏者，对其充满了憎恨。这些民众期望伪腓力能带来些什么呢？也许就是马其顿王室曾给民众带来的那些好处吧。

马其顿王室灭亡后，罗马尽夺其地。但是，战争造成的破坏极大，人口减少，田地荒芜，民众贫苦。但仍有极少数富人中饱私囊，大发战争横财。确实，没有战乱的平稳生活对拥有资产的人更有利。但整个社会到处都是苦于生计的民众，特别是奴隶、无产者和负债者，他们内心越来越不满，不稳定的迹象也蔓延开来。正是在此背景下，伪腓力这样的人出现了，他煽动民众，举兵叛乱。

马其顿陷入了无秩序或无政府的状态，很多民众认为，这种混乱局面之所以出现，是因为马其顿王室那样的霸权消失了。所以，罗马必须要发挥马其顿王室过去的作用。面对这种情况，罗马并非没有先例可循。如第一次布匿战争后的西西里岛，第二次布匿战争后的伊比利亚半岛，这些罗马占领地被设立为行省，受罗马统治。既然作为行省，中央就要派遣官员或有行政经验的人前往当地，进行持续稳定的管辖。公元前146年，马其顿成为罗马的一个行省。

炫耀罗马霸权，破坏科林斯

马其顿王朝没落了，罗马的势力越来越大，面对这般威胁，那些怀念昔日辉煌的希腊人都害怕极了。本来希腊城邦就有强烈的独立倾向，只是在罗马强大霸权前无能为力而已。因此，这些城邦组成亚该亚同盟，共同对抗罗马的霸权。然而同盟内的城邦行动并不一致，内乱纷呈。

人们都痛心同盟的这种局面。公元前167年，包括波里比阿在内的一千人被带到罗马，长期扣留。同盟多次向罗马交涉，要求返还这些要人，但遭到罗马元老院的强硬驳回。

亚该亚同盟中并不是没有亲罗马派。实际上，在公元前167

年扣留事件发生后，只有亲罗马派才有资格存在。但是，现实之中反罗马的感情根深蒂固且不断扩大。而且，越来越多人将亲罗马派看作叛徒。反罗马的暗潮涌动，但那些要人尚未返回，他们还不能对亲罗马派有一丝怒容。

公元前150年，罗马元老院终于准许这些被扣留的要人回国。这时正值罗马与迦太基的关系越发紧张，因此，罗马希望与希腊保持平稳关系，但前提是，马其顿必须承认罗马权威、服从罗马霸权。这一点，至少要在亚该亚同盟中达成共识，但同盟内部亲罗马与反罗马两派的矛盾日益加深。虽说被带走的人中只有一半不到回到了自己的祖国，但这些被扣留在罗马十七年的贵族，不少是持亲罗马派立场的，他们回国后加入同盟，使同盟内部乱上加乱。

罗马深知希腊的混乱局面，在公元前147年夏，下达了令同盟难以接受的命令：让斯巴达、科林斯等势力雄厚的城邦脱离同盟。亚该亚同盟中的希腊人不禁仰天长叹，痛恨罗马没有任何情由、完全不讲道理，恣意介入同盟内务。

留给同盟的只有两条道路，要么屈从罗马，解散同盟；要么点燃起义之火，同罗马抗争到底。为债务所苦的民众原本就对罗马恨之入骨，因此，没过多长时间，社会上就形成了一股敌视罗马的舆论氛围。罗马蛮横的命令也使贵族、富裕阶层离去，反罗马情绪蔓延到整个社会。

而且，还有北非战场上的迦太基人，希斯帕尼亚战场上的

罗马时代的科林斯遗址 该遗址在公元前146年被破坏后，公元前44年被恺撒作为殖民地加以重建

凯尔特-伊比利亚人，他们都在顽强抵抗，与希腊遥相呼应。希腊人深知，镇压这两个地方的反抗早就让罗马人焦头烂额。因此，公元前146年春，亚该亚同盟决议开战。

驻扎在马其顿的罗马军队立刻采取军事行动，直接南下。不管怎么说，罗马军队拥有压倒性的军事力量。对此，亚该亚同盟军队毫无反抗之力，罗马军队轻轻松松就击破了同盟军队，溃败之际，有的士兵甚至从战线逃跑了。兵败如山倒，亚该亚同盟瓦解了。

罗马军队占领同盟的核心城市科林斯，并实施了骇人听闻的杀戮和掠夺。城里的男人遭杀害，女人和孩子则售卖为奴。据说元老院决定破坏科林斯。一般认为，科林斯应该就在熊熊大火中毁灭了。但是，和迦太基的彻底毁灭不同，考古发掘显示，科林斯的很多公共建筑都未曾遭到焚烧。

希腊文化远优于罗马，或许正因为存在差距，罗马要彻底破坏希腊文化。一个国家竟恃着自己的先进文化，如此傲慢，不服从罗马权威，这令人气愤。罗马人一定想让他们见识一下自己的权威。科林斯的毁坏惨状，似乎在向傲慢的希腊人显示罗马的强大霸权。

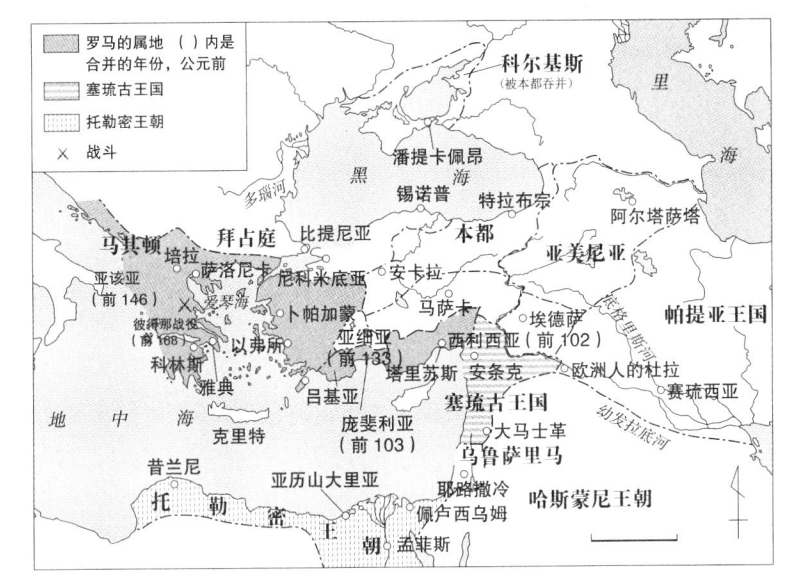

公元前100年的东地中海世界

同时代出现的东西方世界帝国

公元前146年，对罗马人来说是不能忘却的一年。这一年相继发生了毁灭迦太基、马其顿行省化、破坏科林斯等一系列事件。之前，以意大利为基点，西部是迦太基势力范围，东部是马其顿、希腊势力范围。如今，这些势力范围都在罗马的掌握之中，这是偶然的吗？

我们把目光转到亚欧大陆的东部，在公元前3世纪后期的东亚，战国群雄割据的混乱局面结束，统一的大秦帝国出现。嬴政称皇帝，采用郡县制，统一度量衡、文字、货币。秦国诞生了前所未有的中央集权政治，出现完全新型的君主政体。但秦始皇死后，秦帝国陷入内乱，很快就灭亡了。

在混乱中，楚王项羽和汉王刘邦争夺天下，最后刘邦获胜，建立汉帝国。公元前202年，这场决定中国命运的战争进入最后阶段，著名的"四面楚歌"的故事就在这一年发生。也恰是在这一年，地中海世界发生了扎马决战，大西庇阿率领罗马军队，打败了汉尼拔率领的迦太基军队。

公元前3世纪末，汉帝国在亚欧大陆东端建立了大霸权，罗马在西端建立了大霸权。虽说是霸权，却并没有扫除周边的全部威胁，汉帝国的北方有骑马游牧民族匈奴的威胁。在意大利半岛周边，马其顿、希腊都还保持一定势力，复兴中的迦太基也不能麻痹大意。

但到公元前2世纪后半期，东西方都表现出名副其实的世界帝国的形象。汉武帝驱逐匈奴，扩大霸权，而罗马早在公元前146年就率先发起攻势。

世界史有时会把事物处理得合情合理。如果真是这样的话，那事情也许就简单了。但这只是偶然出现的类似事件吗？其实，世界上不存在纯粹的必然或纯粹的偶然。

农耕与畜牧出现后，历经数千年，才产生了文明。在从青铜时代向铁器时代转变过程中，古代国家之间战争不断。在亚欧大陆东端有春秋战国时代的乱世，西端的城邦世界也屡屡被描写成长期处于战争状态。在各种势力纷争的状态中，总会有一股大势力崭露头角。

我们回顾一下历史就可以知道,在东方,秦帝国流产,西方的亚历山大帝国结束了短暂的生涯。汉帝国快速崛起,罗马构筑了霸权,它们都不约而同出现在公元前 2 世纪后期,它们都统治着广阔地域上的多个民族、多个国家。意想不到的世界帝国时代来临了。

位于亚欧大陆两端几乎毫无联系的两个文明世界,在古代史的长河中重合了,各自演奏出惊人相似的主旋律。中国文明圈和地中海文明圈发挥了最重要且独特的作用,而且,他们在对周边区域和后世都产生了莫大的影响。

在世界史的浪潮中,汉帝国和罗马帝国在古代的最后阶段几乎同时期出现。通过政治权力整合各自的文明圈,将不同文明汇集成同一个历史世界。从这个意义上来说,的确可称为"帝国的古典时代"。公元前 146 年,亚欧大陆西端的地中海世界,拉开了这个时代的序幕。

那么,这个"世界帝国"是从这时开始出现的吗?在下一章,我们将尝试探讨罗马帝国诞生之前、在各方面给罗马带来巨大影响的帝国"原貌"。

第二章

追寻世界帝国的原貌

高压帝国——亚述

悬挂在枝头的国王首级

我访问伦敦时,其中一个乐趣当然就是参观大英博物馆。因为是私事出访,我去大英博物馆大多是在夏天休假的时候。尽管参观了一百多次,但仍感到还没看完,而且每次去都有新的惊喜。

在大英博物馆,有一个被称为亚述回廊的角落。亚述曾在尼姆鲁德和尼尼微建有王宫,这些王宫的墙壁用石板浮雕来装饰。大英博物馆就展示了很多这样的浮雕,这些浮雕展示了亚述强大的力量、豪华绚烂的生活,其造型表现之完美,无与伦比。如卷轴般展开的浮雕不只展示远征和战斗场面,也有王宫的日常生活、礼仪祭祀、狩猎等场面。君临西亚的亚述王不仅满载被征服土地

阿舒尔·巴尼帕尔国王的庆功宴 在举杯畅饮的国王和王后旁边的侧柏上悬挂着埃兰国王的首级（左边）。大英博物馆藏

的金银财宝归来，还把具备工艺美术技能的工匠带回了首都。

这些浮雕中有描绘亚述王在庭院召开庆祝胜利宴会的场面，在枣椰树和侧柏的环绕下，亚述王阿舒尔·巴尼帕尔和王后在一起畅饮，二人举着酒杯，侍者在他们背后侍奉。如果仔细观察的话，就会发现在侍者旁边的侧柏枝头悬挂着一颗人头，这个被枭首的人是埃兰王泰乌曼。埃兰位于亚述东南部，泰乌曼统一全埃兰，对亚述造成了威胁。雄才大略的阿舒尔·巴尼帕尔决定远征埃兰，两军交战的情形被雕刻成浮雕。亚述军队打败埃兰军队，追击残兵，俘虏了躲在树林中的泰乌曼和他的儿子。二人被杀，首级被割下，这件事发生在公元前653年。

犹太人的屈辱

凝视亚述回廊的浮雕，我脑海中不断浮现那些热衷战争的亚述人的形象，给我留下了亚述人好战、残酷的印象。亚述每次派遣远征军，都会有无数的城市、乡村被破坏，大量居民被虐杀，大量物资、财物被掠夺，幸存的居民作为俘虏被带回亚述。俘虏们的脖子上拴着绳子，手被绑到后面，还有细绳穿过嘴唇紧紧系住。作为奴隶难逃被虐待的命运，其可怜无助的场景，形象地刻画出那些胜利姿态的亚述人残忍、无情的一面。

但对亚述人的这些印象是真实的吗？征服者往往为讴歌作为强者的自己，特别突出被征服居民的惨状。在庄严的王宫里，所有墙壁上都描绘了强者的荣华富贵与弱者的悲惨景象。每当参观这里，探访者一定预感到了反抗亚述者的命运。

对亚述这种残酷无比的印象，在"启典之民"的经典中被特别强调，这里所谓的"启典之民"是指犹太教徒、基督教徒、伊斯兰教徒。尤其是犹太人，他们在亚述高压苛刻的统治下生活过，所以特别憎恶亚述。

犹太人赞美那些报复敌人的神灵，希望得到神的救赎。预言尼尼微陷落的《那鸿书》就把这个愿望明确说了出来：

亚述王啊！
你的牧人在睡觉，你的贵胄在安歇；
你的士兵们散在山间，无人招聚；
你的损伤无法医治，被打的伤痕极其严重；
凡听你消息的，都因此向你拍掌；
你所行的恶，谁没时常遭遇呢？

从公元前 9 世纪中期的"黑色方尖碑"浮雕上，可以看到以

"黑色方尖碑"上的浮雕 亚述国王在首都尼姆罗德(Nimrud)所立的纪念柱。在下半段能看到以色列王跪拜在地、进行朝贡的场面。大英博物馆藏

色列王耶夫的屈辱图像。在以色列国内建立霸权的耶夫只有向亚述进贡、跪拜,才能保住自己的地位。在这幅图像中,耶夫像自己的随从们一样戴着尖尖的帽子,脱掉上衣,只穿着流苏装饰的汗衫,紧勒着腰带。

以国王为首,如奴隶般屈受压迫的以色列人,对征服者抱着巨大仇恨。何况他们大多被强迫离开世代居住的土地,迁往他乡。这种情况在《旧约》中随处可见。

公元前722年,亚述军队包围并攻陷了以色列的首都撒玛利亚。亚述王"将以色列人掳到亚述,把他们安置在哈腊与歌散的哈博河边,并玛代人的城邑"(《列王记下》17:6)。这种强制性移民不断在进行。

也有很多居民留在成了亚述属地的撒玛利亚,但从别处迁来的人口不断涌来,"亚述王从巴比伦、古他、亚瓦、哈马和西法瓦音迁移人来,安置在撒玛利亚的城邑,代替以色列人。他们就得了撒玛利亚,住在其中"(《列王记下》17:24)。很快,从东方迁来的殖民者们和住在撒玛利亚的人相融合,生出混血的后代。尽管幸存下来,但很多人却只能背井离乡。即使留在故乡,却又不知被来自何处的外来者侵扰。对以色列来说,这种令

人战栗不安的日子完全看不到尽头。

亚述这种不断强制移民的政策，使原来居住在以色列王国土地上的各部落离散、消融了。亚述作为高压政策的实施者，其形象之所以被后人铭记，是因为其事迹大多保留在《旧约》的记述中。虽然这只是犹太人单方面的控诉，但即使客观地看，也推翻不了人们对亚述残酷无比的第一印象。

与游牧民族接触，学会战术

亚述原本以底格里斯河中游西岸的城邦阿舒尔为据点，公元前三千纪中期左右就有人居住在这里，作为贸易中转站的阿舒尔逐渐繁荣起来。到公元前二千纪，亚述虽受到巴比伦王国、米坦尼王国等霸权的压力，历经沧桑，几度盛衰，但还是保住了命脉。

亚述势力重新崛起的时间是公元前10世纪左右，那时的东地中海及其以东地区是什么样子呢？

巴比伦王国、赫梯王国、米坦尼王国等霸权国家已经消失很久。另外，统称为"海上民族"的难民集团出没在地中海东部沿岸一带，长时间以来给这里造成了很多混乱。希腊的迈锡尼文明也毁灭了，小亚细亚的特洛伊王国、叙利亚的乌加里特等城邦国家也都早已被毁。

各民族或部落本就处于散乱状态，加上外来民族侵入，这一地区就更加混乱了。阿姆人入侵叙利亚，特别是美索不达米亚一带。随"海上民族"浪潮而来的腓力斯丁人,定居在巴勒斯坦。在希伯来人的统一国家以色列,所罗门王时期的繁荣已经过去,现在又濒于分裂的危险。众多语言、宗教、习俗各异的小国出现,各城邦和部落王国交替不断。

加之,美索不达米亚北部游牧民族的活动也日益活跃。游牧民族是以放牧家畜获取生活资源的民族,人们把其中善于骑马的游牧民族称为骑马游牧民族。这些骑马游牧民族中,最早登上历史舞台的是属于印欧语系的辛梅里安人。

辛梅里安人在美索不达米亚北部以勇猛著称,对定居部落构成威胁。关于辛梅里安人的情况只有一些零散的二手史料,模糊不明,难以使用。尽管如此,我们了解到他们和骑马游牧民族斯泰基人关系密切。由于他们自由驰骋、神出鬼没、行动灵活,农耕民族感到无望的恐惧。

公元前一千纪初的世界,在地中海东部以东的地区,各种势力群雄割据,特别是受到来路不明的骑马游牧民族的威胁。亚述就在此地蓄积国力,发展成强大的势力。

纵观整个世界史,经过长期混乱后,往往会有大霸权产生。在东亚,经过五百年群雄割据的春秋战国时期,有了秦帝国,很快又建立了汉帝国。在地中海东部以东地区,霸权的产生比东亚大约早了五百年。

某个势力的快速发展,其背后必定隐藏着技术革新。我们应该留意亚述和骑马游牧民族的交往。亚述并不是骑马游牧民族，但由于频繁受到骑马游牧民族的威胁，亚述人也学会了有关马匹和骑乘的知识。

亚述地区没有天然的地理障碍，土地肥沃，周边部落要迁徙和入侵这里都非常容易。面对外敌入侵，不断的战斗磨炼出亚述人强大的实战能力。在外敌入侵的威胁下，亚述有时会表现出骑马游牧民族的特点。尽管亚述在东方，但因其位置偏北，与北方的骑马游牧民族一定很早就有交往。

米吉多要塞马厩遗址 巴勒斯坦北部。青铜时代

在亚述以南希伯来人生活的地区，当地民众与骑马游牧民族交往的机会就少了。尽管如此，传说公元前10世纪达到鼎盛的所罗门王"有套车的马四万，还有马兵一万二千"（《列王记上》4：26）。如果传说属实，所罗门就是历史上拥有马匹数量最多的人。这个数字应该是被夸大了。在米吉多要塞遗址中就有马厩遗迹，可见，就连希伯来人的国家都拥有数量众多的马匹，位于北部的亚述应该以更大的规模引进了马匹和骑乘技术。

在楔形文字的泥板文书上，关于野驴和马匹、战车，特别是马的饲养和调教方法，都有所记载。其中，最引人注目的是关于战争军备的文书，该文书记录了公元前9世纪的乌拉尔图战役，亚述在该战役出动战车106辆、骑兵9374名、步兵20 000人。

亚述与北方的乌拉尔图交战，目的是争夺位于其东南部的曼奈国，那里盛产马匹。

亚述帝国初期拥有骑兵近万人，可见战斗力强的骑兵部队受到何等重视。亚述人在接触外族骑马风俗过程中，很早就把骑马技术作为军事技术来组织。从描绘战争和狩猎的浮雕上，我们能看到骑手拉弓射箭的形象。从中可知，亚述人掌握骑乘技术的同时，也一定学会了射箭技术。

亚述马肌肉发达、身躯伟岸，而且马腿笔直伸展，跑起来非常引人注目。一般认为，这是与其他品种的马杂交，改良饲料，培育技术提高的结果。马的饲养、调教对于强化骑兵兵团战斗力非常重要，如果军事力量增强，在与各邻国的战争中就会占据极大优势。

东方霸权国家——亚述

公元前 10 世纪，亚述受阿拉姆人侵扰，失去大半领土。前 10 世纪末，亚述力量增强，开始了收复国土运动。它不断进行军事远征，扩大征服地区，大多数亚述人迁入新建立的村落。其后，由于国内政治没有出现大的疏失，亚述通过不断进行的军事征服，终于建立起大国霸权。

尽管如此，亚述在公元前 8 世纪中期左右，特别是在消灭了西方的阿拉姆语系各国以及赫梯的霸权之后，才开始掌握"帝国"霸权。在南方，亚述掌握了巴比伦的王权，进而兼任巴比

伦国王。亚述在东方土地上发展成一个前所未有的巨大霸权国家——世界帝国。尤其是从公元前8世纪末开始，

阿舒尔·巴尼帕尔国王猎狮图　描绘了捕获狮子的勇敢形象。公元前7世纪，尼尼微出土。大英博物馆藏

萨尔贡二世开创的萨尔贡王朝延续了一个世纪，这个王朝历经四代，是亚述帝国最鼎盛的时期。大英博物馆浮雕所描绘的勇将阿舒尔·巴尼帕尔就是萨尔贡王朝第四代国王。

亚述帝国定都尼尼微，把征服的土地作为行省直接进行统治，把臣服的土地作为属国间接进行统治。这种统治方法被后来的波斯帝国和罗马帝国沿用，亚述成为世界帝国的典范。

亚述的王宫设有官僚机构，光官职名称就有两百个。这种以国王为顶点的金字塔形统治机构符合东方专制政治的形式，但在规模上不断膨胀。

一百多个行省都有自己的中心城市，都有以长官官邸为中心的官僚组织。官员们征收农作物、麦秆作为税收，公民要服一定期限的劳役，并有服兵役的义务。应国王的要求，行省应该提供士兵、赋役、军马、武器、手工业品，以及粮食。宫廷官吏和地方官吏拥有大规模私有土地，从自耕农的耕地上征收来的财富，集中到城市里的统治阶级手中。

当然，属国要承认亚述的宗主权，并有协助及纳贡的义务。

而且，有时属国的王室和实权人物或他们的儿子、女儿等，也会被派到亚述王宫。

写在誓约文书里的诅咒 无论在哪里，关于古代的史料都是极少的。由王宫和官僚阶级书写的文书保存下来，某种程度上成了我们能掌握的资料。这些资料中较为特别的是为遵守王位继承规范而举行誓约仪式，并向每个起誓的人发放誓约文书。

阿舒尔·巴尼帕尔的祖父辛那赫里布指定小儿子阿萨尔哈东为继承人，但遭到其他儿子的反对而被杀害。身处险境的阿萨尔哈东逃往他处，并很快镇压了反对势力，就任国王。他指定不是长子的阿舒尔·巴尼帕尔为继承人，并召开誓约仪式，颁布誓约文书。

亚述王阿萨尔哈东、皇太子阿舒尔·巴尼帕尔及其兄弟，如果我们和子孙对皇太子企图叛逆和实施阴谋，使其成不了国王，拥戴别的王子，请神明追究我们和子孙的责任。（根据《世界历史1·人类的起源和古代东方》所收，略有缩减，以下同）

这些第一人称誓言前后，以第二人称列举威吓和诅咒之词。

万一对皇太子阿舒尔·巴尼帕尔做出邪恶阴险之事，逮捕他、杀害他、把他交给敌人，使他远离王位。如向别的王、别的主人起誓……诸神之王阿舒尔、主宰天命者将降下灾难与疾病。你们的寿命即使可活到老迈，也不给你们充实的一生。（以下略）

这些诅咒来源广泛，有的诅咒来自巴比伦文化圈，有的源自赫梯文化圈，有的属于阿拉姆文化圈。但无论来自什么民族，誓约文书都表达了如何尽力效劳亚述之意。亚述成为名副其实的世界帝国。

对于亚述，人们往往只强调其建立在压倒性军事力量上的霸权。但阿舒尔·巴尼帕尔夸耀自己能读懂文字，还对收集文书显示出极大兴趣，并为此建造了收集古代文献的尼尼微图书馆。尼尼微图书馆遗址现在还能看到，这个图书馆出土了很多泥板文书，并在此基础上形成"亚述学"。通过这些文书的记录，我们可以研究以亚述为中心的整个美索不达米亚地区的历史。

在这些文书记录中，最令人关注的是几乎没有发现有关商业贸易的资料。尽管亚述统治疆域扩大，但远距离贸易却一点都没有兴盛的痕迹，很令人奇怪。这也许是其生活必需品大多通过贡品、租税或战利品的方式流入，从而阻碍了远距离贸易的发展。例如，腓尼基人作为当时地中海东部世界的商人非常活跃，但他们从港口贸易中获得的利润却被亚述攫取。征税机构的扩大与强化，很大程度上限制了自由商业贸易的发展。

令人反感的强制移民政策　　亚述在东方世界构筑了一个前所未有的大霸权，统治各地不同的民族，这是没有哪个国家曾经体验过的。对此学界有必要进行整体研究。但这里仅就亚述臭名昭著的强制移民政策产生的背景展开阐述。

强行迁移被征服地区居民的例子，在亚述之前就有过，不仅在美索不达米亚，埃及、赫梯等地也都曾出现过，可以说是东方世界惯用的政策。但亚述在强制移民方面规模之大、持续时间之长，已远远超过这些例子。

这一捕捉大量俘虏的强硬政策，首先把被征服地区的统治阶层全部迁往他处，铲除叛乱的萌芽。为保证帝国统治机构正常运转，还要在重要地区确保一定数量的士兵、官员和劳动者。而且，为了不使俘虏迁出地区土地荒芜，会把其他国家的俘虏强行迁到那里。

这样一来，强行迁移的俘虏人数众多，特别容易给世人留下亚述实行高压统治的印象。亚述帝国灭亡之后，还有著名的"巴比伦之囚"，那只不过是仿效亚述帝国统治的强硬政策而已。

亚述帝国的高压政策越来越强硬，必然会招致被征服地区居民的反抗。阿舒尔·巴尼帕尔死后，帝国内外各种势力蠢蠢欲动，企图反叛或独立。而且亚述帝国无力压制新兴势力抬头。公元前609年，亚述帝国顷刻瓦解了。

亚述帝国统治疆域之广阔、民族之众多，是任何一个国家都未曾经历过的。它实行了很多错误甚至残暴粗野的政策。不过，从某种意义上来说，这是亚述作为世界帝国初次登上历史舞台的一大缺陷。只要维持这种"高压的帝国"，亚述的霸权就难以持续。

宽容的帝国——波斯阿契美尼德王朝

教育的核心：骑马、射箭、正直

希腊历史学家希罗多德说："世界上没有哪个民族能像波斯人那样学习外国风俗。"（《历史》）米底人的服装比波斯绮丽，那就穿米底人的衣装，战斗时则披挂埃及式的护胸甲。希罗多德还说道："（波斯）男人的美德除了在战场上勇敢外，还有就是拥有更多的孩子。对于拥有最多孩子的人，国王每年要赐给礼物，波斯人认为人多力量大。"

该如何理解波斯人的异国情趣和多子多福现象呢？这些现象与波斯成为世界帝国有紧密的联系。要知道，波斯人原初也是中亚的一分子，落后于东方的先进文明。波斯虽然是少数民族，但却有成为统治民族的雄心。

波斯人不属于塞姆语系，而属于印欧语系。不用说最古老的苏美尔人，美索不达米亚文明中塞姆语系的要素比比皆是。生活在伊朗高原的波斯人位于美索不达米亚文明的东端，该地区被称为帕尔萨，这也是波斯名称的由来，最早出现在公元前8世纪

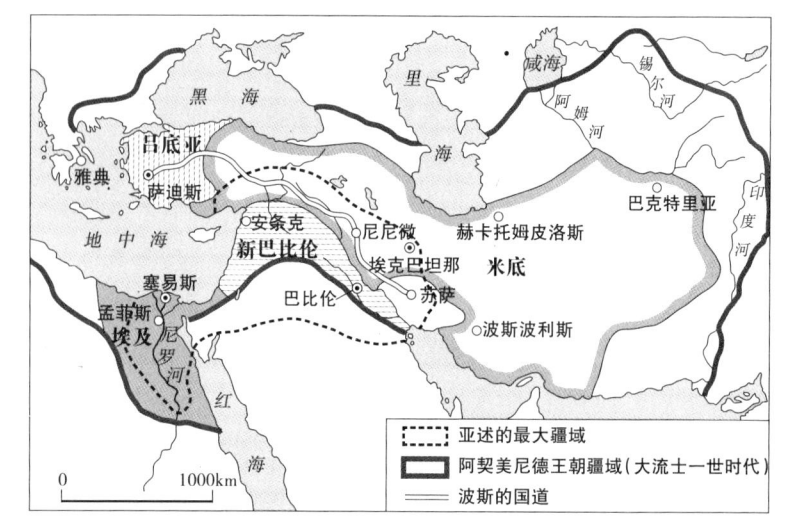

公元前一千纪前期的东方世界

末的文书中。

在亚述灭亡后的混乱时代,波斯还只是米底王国统治下的一股弱小势力。或许波斯人从斯基泰人那里学会了骑兵战术,并熟练掌握军事技术和情报传送。古代最优良的尼萨马就是在米底和亚美尼亚培育的,正因如此,波斯人非常想将这些地区纳入统治之下,不过这是阿契美尼德王朝统治时期居鲁士二世以后的事情。

阿契美尼德王朝的发祥地是帕尔萨地区,据希罗多德记载,是"富有良马和人才"的地方。波斯人教育孩子的核心只有三点:骑马、射箭、正直。希腊人色诺芬认为,波斯人对马术有超乎寻常的热情。大流士一世就曾格外自豪自己是个出色的骑兵。

居鲁士战死，大流士即位

阿契美尼德王朝创始人居鲁士二世被后人赞为国王的典范，就连异邦人色诺芬都惊叹居鲁士是非常了不起的统治者，不免思索他的成长及行为。对于牧人来说，家畜容易驯服，而人类却天生反抗统治者。因此，较之管理其他人，管理动物容易得多。不过，色诺芬说："如果我们留意波斯人中有居鲁士这样的人，有这么多人口、这么多城市、这么多种族隶属于他，那么，我们大概要重新想想，其实以贤明的方法统治天下，既非不可能，也非难事。"（《居鲁士的教育》）

在《旧约圣经》中，居鲁士解放了那些被巴比伦俘虏的犹太人，所以赞美他是救世主。正因为如此，很多传说说居鲁士生于王族，但被遗弃了。

实际上，战争每天都在发生，消灭各地对抗势力实际上耗费了居鲁士大半的统治时间。作为国王，他身先士卒，最终在与骑马游牧民族马萨革泰人的激战中战死。希罗多德说，居鲁士的头被心中充满复仇怒火的敌人砍下。但两百年后，亚历山大大帝拜访居鲁士的墓地，看到了他的遗体，并没有提及遗体有损伤。

居鲁士的死没有动摇波斯的霸权，大概这时对居鲁士统治的反抗非常少。长子冈比西斯继承王位，也没有发生什么混乱。

根据希罗多德的说法，冈比西斯是一个缺乏理性、离经叛道的人。例如，在远征埃及的孟菲斯时，他突然扑向圣牛阿匹斯，用剑杀死圣牛。但发掘圣牛阿匹斯的埋葬之地时，人们没有发现在公元前525年8月死去的圣牛遗体上有被刺杀的痕迹，判断圣牛是自然死亡。而且，装殓圣牛遗骸的棺木还是冈比西斯捐赠的。近年来，学者推断，冈比西斯作为居鲁士继承者，非常尊重异国、异族的传统和宗教。

冈比西斯死后，大流士一世继任王位。他的继位过程错综复杂，伊朗贝希斯敦断崖上所刻的铭文，就是他自己对这一过程的说明：

大流士王告曰：祭司高墨达篡冈比西斯而得之王国，古来即属于余之家族。后祭司高墨达篡冈比西斯而得波斯、米底、他省。彼之所为顺其心意，遂僭王号。

大流士王告曰：无论波斯、米底抑或余之族人，无人可从祭司高墨达之手夺回此国。盖祭司高墨达诛杀熟识真巴尔迪亚者甚众，国人尤惧之。彼以下列之故诛之："如此，则人将不知吾实非居鲁士之子巴尔迪亚也。"

高墨达之行事，国人三缄其口，直至余之来也。其时，余祷于阿胡拉马兹达，获阿胡拉马兹达之神助。维巴卡亚基什月10日（公元前522年9月29日）余领从者数人诛除祭司高墨达及其协从之谋主。余诛此贼于米底的尼赛亚之西卡亚乌瓦提什之城塞。余为国诛此奸贼。赖阿胡拉马兹达之恩宠，余践王祚，阿胡拉马兹达赐国予余。

大流士王告曰：下列诸人，当余诛除自称巴尔迪亚之祭司高墨达之时，襄助余，为余之追随者——瓦亚斯帕拉之子印达弗莱涅斯，波斯人也；图哈拉之子欧塔涅斯，波斯人也；玛尔多纽斯之子戈布里亚斯，波斯人也；巴加比格纳之子叙达尔涅斯，波斯人也；达图瓦希亚之子美伽比佐斯，波斯人也；瓦卡乌卡之子阿尔杜马尼什，波斯人也。

大流士王告曰：后世为王者，应善待上述诸人之族哉！

（根据 P. 白里安《波斯帝国》所收录的小川英雄《资料篇》）

这毕竟是作为统治者的大流士自己的解释，一定做了诸多粉饰。以希罗多德为代表的很多历史学家都谈到这个问题，有各种各样的说法。事件的真实动机及其背后关系暂且不论，前后顺序大概是下面这样。

冈比西斯在秘密杀死弟弟巴尔迪亚后，开始远征埃及。了解这个秘密的祭司高墨达自称巴尔迪亚，宣布继承王位。不久，觉察真相的大流士和六个志同道合的人一起袭击、杀死了高墨达，自己登上王位。这时，远征中的冈比西斯已经死去。

事情的真相也许更为复杂。例如，冈比西斯死后，弟弟巴尔迪亚继位，对此不满的大流士杀死巴尔迪亚。但杀害王位继承人，不方便向外公开，所以谎称巴尔迪亚已经被杀，是祭司高墨达冒称巴尔迪亚。

不管怎样，这件事反映出对王权的不满加强了。在居鲁士、

贝希斯敦铭文 大流士一世所刻碑文，雕在高90米的绝壁之上

冈比西斯不足四十年的统治时间里，波斯只注重军事扩张。过去，波斯仅要求臣服的百姓遵守服军役和纳贡的义务就可以了。当时波斯其实是以国王为盟主的贵族联盟。但随着统治地域的不断扩大，强化王权开始提上议事议程。征服具有专制传统的巴比伦，成为重要的转折点。很多被压制的波斯贵族流露出对王权的不满，是大流士将他们联合了起来。

二十个行省的总督、民族的年贡

但是，没有居鲁士血统的大流士登上王位后，压上心头的便是统治体制的动摇。当然，无论是谁即位都会面临同样的问题。坐上国王宝座的人都会引起波斯同胞的关注。

从前文提到的贝希斯敦铭文可知，大流士是波斯贵族之一，他是"从遥远粟特的塞加到埃塞俄比亚，从印度河流域到萨迪斯"的帝国版图的"皇帝、诸王之王、波斯之王、诸国之王"。尽管如此，波斯同胞特别在意的还是大流士如何优待波斯人自己。作为统治民族的波斯人获得了免税的特权。

但只有这些还不够，作为一个庞大帝国的皇帝，比起自己周

42　　　　　　　　　　　　　　　　　　　地中海世界与罗马帝国

围的波斯同胞，他必须是极其优秀的。为此，至关重要的是要让波斯人以外的民族热切崇拜他的王权。

王被尊称为大帝，强大的王权牢牢控制着帝国疆域内的一切。这不是通过军事征服扩大领土、建立强有力霸权就能完成的，最重要的是，要从根本上建立能够稳定征服地区的行政体系。

纳贡队伍的浮雕 献上圣牛、布匹和酒杯的巴比伦尼亚人（中段）。波斯波利斯觐见殿。出自 Werner Felix Dutz & Sylvia A.Matheson, *Persepolis*

据希罗多德记载，"大流士把波斯帝国划分为二十个行政区，任命总督，并给各民族确定年贡的数量"（《历史》）。大流士或许是想松散地统治各民族。波斯波利斯一个觐见宫殿上刻着纳贡队伍的浮雕，上面刻有穿着各自民族服装的代表，他们正携带自己地区的特产前来觐见。从中我们可以看到年贡的具体内容。

例如巴比伦人献上圣牛、布匹和酒杯，骑马游牧民族塞卡人（斯基泰人）献上种马、布匹和装饰用品。此外，还有埃及人、吕底亚人、帕提亚人、亚美尼亚人，就连巴克特里亚人、犍陀罗人、印度人，全都献上各自的特产。

当然，如果这里描绘的纳贡队伍的年供量就是实际年贡量的话，那真是少得不能再少了。不管怎么说，波斯帝国统治下有五千万人口，只有波斯人免税。所以，波斯的收入应该是巨大的。例如，对于安纳托利亚半岛东南部的西里西亚，希罗多德有这样的记载："西里西亚人按一天一匹的比例献纳360匹白马以及500塔兰特白银。其中，140塔兰特白银作为骑兵部队防卫西里西亚的费用，余下的360塔兰特白银送给大流士。这是第四征税区。"(《历史》)

被国王的耳目监视

只要征收的年贡不超过中央规定的额度，就不会发生什么问题。这也是大流士所希望的稳定的统治局面，但在实际操作中，地方征收的年贡数量远远超过中央规定的额度，原因在于很多地方总督借征收巨额年贡来中饱私囊。各地不时发生叛乱，背后就有各民族对这一难以承受的重担的反对。

波斯帝国规定，缴纳一定数量的年贡、承担赋役和军役是被征服民众的义务。只要完成这些义务，帝国就不会限制他们的文化、习惯、语言和宗教等。这是宽容的帝国统治理念。

比如，在居鲁士时代，波斯解放了作为"巴比伦之囚"的犹太人。犹太人得到居鲁士的允许，重返耶路撒冷，重建耶和华神殿。但建造神殿的规模巨大，迟迟没有进展，给附近民族带来不信任与不安的情绪。为此，大流士派直属官员来视察，犹太人拿不出居鲁士允许建造神殿的敕令，眼看工程就要停工时，在王宫的书记室发现了敕令的副本。大流失不仅命令"当地长官及其同僚"让犹太人继续建造神殿,还资助白银和物资,鼓励犹太人。

像这样的宽容措施还有很多,但在征税问题上,地方却不一定能遵照执行。

地方对年贡的过度征收,必然造成民众负担过重,引起他们对帝国统治的反感。所以,为了避免地方政策变成扰民的"恶政",中央就要不断进行监察。国王向全国各地派遣被称为"国王之眼"的监视官,他们直属国王,权力很大。他们可以对为所欲为的总督进行训诫,要求其节制。如果有总督在国家税收、保护居民、土地耕作等方面玩忽职守,并无视国王命令,监视官有权要求全部恢复原状,确保社会秩序的公正。如果总督拒不听从,监视官直接报告国王。

尽管有这样的监视制度,但依然存在一些目所不及的地方。因此,一群被称为"国王之耳"的密探在暗中活动,打探消息。他们不仅探听行省百姓的不满情绪和动向,也收集总督甚至监视官的所作所为,防止总督和监视官联手营私舞弊。不管怎样,中央政府非常注意地方行政,防止行省征收过重税负,使老百姓受苦。

壮丽的仪式、绚丽的飨宴　　游览波斯王宫,就好像在你面前展开一幅极其豪华绚烂的画卷。波斯王宫不止一处,苏萨、巴比伦、埃克巴塔那、波斯波利斯等地都有。

波斯波利斯王宫集合了整个帝国的工匠之力建造而成。波斯帝国从叙利亚、埃及、爱奥尼亚、卡里亚，召集石匠、木匠、雕刻师、金银工匠等熟练工匠，他们不仅投身工程建设中，似乎还在城市的手工作坊制造羊皮纸和纺织品等。此外，根据王宫建造情况，这些工匠还辗转帝国各地进行劳作。

王宫里，国王除了接见身边亲信，还会接受高级官吏和外国使节的谒见。这些会面是在可容纳一万人的建筑物内进行的。能在波斯王驾前露面是莫大的荣誉，这些官员往往要等待数月才能出现在波斯王面前。他们以跪拜礼进谒国王，即把上半身弯下来，跪拜在地上，向国王献吻。国王威风凛凛地坐在宝座上傲视一切，仪式的壮丽程度令人瞠目结舌。

一旦举行宴会，王宫的餐桌上就要准备总计多达一万五千人的饮食，用金银器餐具来盛放精美的菜肴。国王用餐的地方被隔开，参加宴会的人看不到国王，但国王却能看到整个宴会的全貌。此外，主人还会把食物和餐具作为礼物送给来宾。这样绚丽的飨宴是为了夸耀王权，国王也借此机会进行财富的再分配。能有机会参加这样的宴会是莫大的荣誉。但这种极度的奢侈常被希腊人批评，形成"波斯人颓废"这类刻板印象。

借御道之便，昼夜执行命令

要建立一个庞大的帝国，最重要的是建立连接中央和地方的交通网络。军队的迅速移动，以及信息的迅速收集，是维持

治安稳定的执政者肩上的两个要务。中央权力斗争引起的混乱招致地方叛乱，大流士即位后一直忙于镇压。这些痛苦的经验，使得波

波斯波利斯鸟瞰图　　出自 Ch.Chipiez 的铜版画

斯帝国的皇帝比谁都能认识到建设交通网络的紧迫性。为此，修筑主要道路，联系各地，建立信息通信网络势在必行。

其中较为著名的是被称为"御道"的主干道，而又以从小亚细亚西端的萨迪斯到波斯湾附近首都苏萨的这条道路最广为人知。这条道路设立了驿传制，徒步111天走完的行程，骑快马只需一周时间就能到达。驿站修筑有住宿设施，配备谷物仓库以供应粮食、马粮，还有驿马、马厩。另外，要害地区还设有关口和哨所，驿道的警卫也极其严格，治安很好。同样的干线道路在首都苏萨和波斯波利斯之间也有修筑。这条驿道上可以确认的驿站至少有十个。

古代各方面的交流非常缓慢，但因为有这样的道路网络，信息传递有了飞跃的发展。希罗多德惊叹："世间大概没有别的生物能比波斯使者更快到达目的地。"如果单是为了缩短时间，也可以用狼烟等手段，但这样的手段不能准确传达复杂的内容。这也是为什么大流士可以夸下豪言："无论白天黑夜，我的命令

《伊苏斯之战》马赛克画　左边是亚历山大大帝，右边是乘着战车的大流士三世。庞贝古城出土。那不勒斯国立博物馆藏

皆可执行。"

阿拉姆语成为广大文化圈的通用语言

为了改变原来具有地区局限性的经济，建立跨区域的商业贸易，还必须确立通货制度，统一度量衡。大流士发行金币和银币作为帝国通用货币，其纯度金币达到98%，银币达到90%，货币铸造之精良令人吃惊。这是极为重要的划时代政策，但却带来了令人意想不到的讽刺后果。这些优质货币往往被作为蓄财的手段囤积起来。从货币出土状况来看，这些货币只在使用铸币较普遍的小亚细亚西部一小部分地区流通。

另外，波斯帝国没有干涉各地区的日常语言。作为行政上沟通的国家通用语言也并不只是波斯语。在帝国境内，塞姆语系的阿拉姆商人自古就很活跃，因此，根据商业贸易的实际情况，帝国把阿拉姆语和阿拉姆文字作为国际通用语言来使用，尽管不像今天英语那样普及，但借助这种语言，原本难以沟通的各民族，彼此间的信息传递、思想表达、相互了解等文化交流活动得到了加强。

就这样，波斯帝国大约维持了两百年的稳定。我们不否认，宫廷政治的弊端、中央统治松弛等问题不久便出现了，但在帝国庞大疆域内，在宽容的统治体制下，新的世界秩序产生了。最典型的一点是波斯语以及阿拉姆语被当作通用语言来使用，以沟通不同民族之间的思想。新的世界文化从此形成，在这个大文化圈里，奠定了开展国际交流的基础。至少在亚欧大陆西部，在波斯帝国确立的世界秩序下，新的文明诞生了。

波斯帝国统治体制的建立，使我们相信古人能够统治、管理庞大的疆域。后来的罗马帝国一定从波斯的尝试中学到很多经验教训。如果没有公元前3世纪后期野心勃勃的亚历山大大帝东征，波斯帝国还能延续下去吗？或许，虽然波斯帝国面临分裂危机，但通过王朝更替，帝国的命祚依然能延续吧。作为宽容的世界帝国的楷模，波斯帝国既有它的长处，也有它的弱点。

亚历山大大帝的野心帝国

以武力和外交战略统一希腊

意大利古城庞贝遗址中规模最大的宅邸是"农牧神之家"，走过玄关就会看到，前面水槽的中央有一座举起双手跳舞的农牧神青铜像。再往里走是中庭回廊，对面是会客室。地板上有一幅用一百万块马赛克镶嵌而成的壁画，内容是"伊苏斯之战"，这是亚历山大大帝远征东方途中发生的一次战役，这幅壁画生动表现了骑马的亚历山大大帝和乘战车的大流士三世对决的战斗场面。

率领数万大军的统帅亲自在战场上征战，这种情况在现实中应该不会出现吧。但古代人绝不会这样想，亚历山大大帝的故事经过数百年流传，在异邦人的罗马人口中简直就像神话一样。

对于自己，亚历山大曾这样说："生我者父亲，育我者亚里士多德。"亚历山大的父亲是马其顿国王腓力二世，亚里士多德是众所周知的大哲学家。

马其顿人原本也是希腊人的一支，但马其顿处在希腊世界的北部，当时希腊的城邦极其繁华，在希腊本土人看来，马其顿人和野蛮人没什么区别。的确，对于处在希腊世界中心的雅典、斯巴达、科林斯等城邦来说，马其顿人就好像异族一样。马其顿地区没有形成城邦国家，而是以部族联合的方式来组织国家。

所谓希腊人的城邦国家，其实是一个公民共同体，公民平时从事农耕、商贸活动，有事则作为士兵奔赴战场。但在伯罗奔尼撒战争后的公元前4世纪，城邦公民几乎不再团结。分裂的各势力相互混战，连接希腊世界的纽带开始松动，在这样的背景下，有实力的霸权国家向外扩展也并非不可思议。

马其顿国王腓力最关注的问题是自己国家的统一，人们说"马其顿人不缺勇气，缺的是国王"，而他就是名副其实的国王。腓力相继吞并盛产金银的邻近地区。不久，马其顿王国成为希腊北部的强国。

为增强国力，腓力首先强化军事力量。他充实骑兵军团，编成使用长矛的步兵方阵，威力非常大。但他并没有因此满足，而是进一步通过巧妙的外交战略，介入希腊世界政治问题。腓力始终以维护希腊世界和平为借口，努力阻止希腊世界分崩离析，同时夸示马其顿的地位。但和平交涉最终决裂，公元前338年，与雅典、底比斯联军在喀罗尼亚决战的时刻到来了。

当时只有十八岁的亚历山大参加了这场战争，率领马其顿军队左翼的骑兵部队。虽然敌方希腊联军也很善战，但远不如训练有素、经验丰富的马其顿军队。腓力击败联军，确立了自己在广大希腊世界的霸权。他把各城邦代表召集到科林斯，结成希腊联盟，马其顿成为盟主。远征波斯的野心就是从这时开始萌发的，因为要建立全希腊的同盟，没有比远征波斯更能达到目的的了。率领马其顿、希腊联军远征波斯，自然而然就被提上了议程。但在远征准备过程中，腓力二世不幸被身边的亲信暗杀。

上图 **亚历山大大帝像** 4德拉克马银币。出自Otto MØrkholm, *Early Hellenistic Coinage*

下图 **腓力二世像** 4德拉克马银币。出自René Ginouvès, *La Macédoine*

从马其顿到阿富汗的霸权

腓力二世为了让亚历山大受到良好教育，把哲学家亚里士多德召到马其顿。从十三岁开始，三年间，亚历山大深受亚里士多德的熏陶。在这段最为多愁善感的时期,在大哲学家的教育下,亚历山大努力学习,掌握了希腊文化的精髓。或许是这一缘故,亚历山大一生都酷爱读书。

公元前336年,刚满二十岁的亚历山大继任国王。不过,即位之初,他就必须着手镇压父王死后各地发生的叛乱。

即位两年后,亚历山大继承亡父的遗志,踏上了远征东方的道路。马其顿军队和希腊军队合在一起,人数已超过四万,亚历山大率领这支联军渡海到达小亚细亚,在格拉尼库斯河战役中取得胜利,首战告捷。之后,在伊苏斯战役中,联军打败大流士三世率领的波斯军队。波斯提出议和,但被亚历山大拒绝了。这场胜利加强了亚历山大对这次远征的自信,再次坚定了他要控制全部波斯土地的决心。

其后,亚历山大率军南下,控制奇里乞亚各个城市,把埃及也收入囊中,在埃及建立亚历山大城。不久,他进军波斯帝国中心地带,在高加米拉战役中大胜波斯军队。公元前330年,阿契美尼德王朝瓦解。

占领波斯波利斯期间最令人关注的事件是,无比豪奢的波斯王宫发生了大火。根据古代传说,在庆祝胜利的宴会上,酩酊大醉的亚历山大被妓女诱骗而放火。而根据其他传说,这是为了报复一百五十年前希波战争时波斯人侵略雅典、烧毁神殿的举动。是出于冲动,还是有计划的行动,这个问题令现代研究者头疼。也有研究者认为,受人唆使纵火听起来有损亚历山大的声

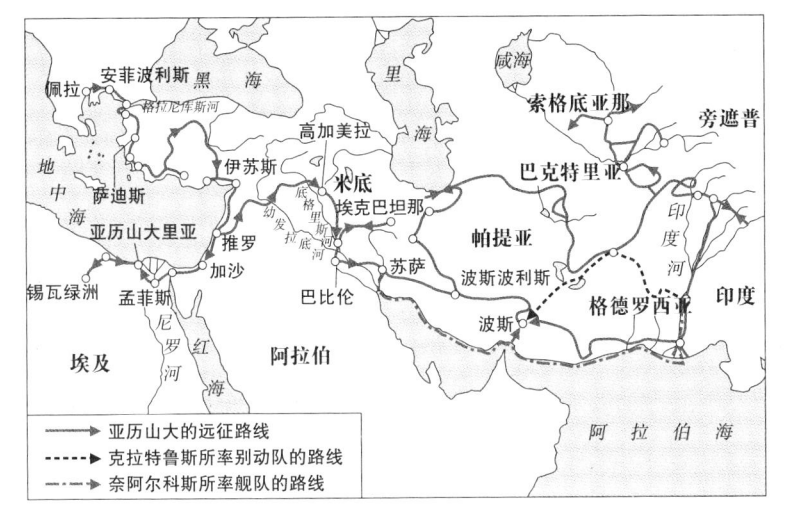

亚历山大远征路线图

誉，所以就有了出于复仇信念的传说。

还有，根据古代传说，亚历山大原本就酗酒，和部下交往又格外亲密。不管怎样，要解开传说之谜，探寻亚历山大的性格，烧毁波斯波利斯王宫是一条非常好的线索。

其后，亚历山大大帝率军从中亚进攻印度西北部，途中在各地修建了很多亚历山大城，把希腊人迁到这些地方进行殖民。但经过长年远征，士兵们都疲惫不堪，士气低下。亚历山大注意到这个问题，最终打消继续征服印度的念头，踏上了归途。

公元前323年，亚历山大回到巴比伦，但半年后不幸的事突然降临，他患上热性病，早早地离世。关于他的死亡原因，有传言说不是因为热性病，而是由于饮酒过度导致的。亚历山大享年三十二岁，他的霸权从马其顿远及阿富汗。这个青年把广大地区纳入他的掌握之中，不愧是一个与大帝称号名实相符的人物。

波斯帝国的后继者——亚历山大

亚历山大帝国这个巨大霸权，有大部分领土属于曾经的波斯帝国，甚至可以说，亚历山大是阿契美尼德王朝的后继者。亚历山大烧毁了波斯波利斯的王宫，但他也尊重波斯的礼仪和习惯，任用波斯人担任公职，不过居于帝国统治中枢的还是马其顿人和希腊人。

亚历山大大帝常被赞为融合希腊与东方世界的英雄。确实，亚历山大鼓励希腊人和波斯人通婚，自己也娶波斯贵族之女罗克珊娜为妻。另外，亚历山大还原封不动地沿袭了支撑波斯君主专制体制的官僚统治机构，不过居于行政中枢的是希腊人，波斯人作为下属负责具体事务。在军队中，马其顿人与希腊人编成混合部队。这样一来，在继承旧的统治体制过程中，新的国际关系也准备诞生。

亚历山大为什么能在广阔世界构筑起这样的霸权呢？远征波斯是其父王腓力二世的愿望，全希腊的联盟建立以后，向曾经给希腊带来痛苦的波斯帝国报一箭之仇，也就成为强者的梦想。但亚历山大并没有在波斯停留，而是像着了迷一样继续向东进军，即便他要越过沙漠，要与神出鬼没的骑马游牧民族进行艰苦战斗。

如果亚历山大大帝的霸权称得上是世界帝国的话，那大概可以称为"野心帝国"。亚历山大具有这样的野心，一定是受他的老师亚里士多德的影响。这并不是说亚里士多德点燃了亚历山大的野心。毋庸置疑，亚里士多德是古代最伟大的知识分子，希腊文化的智慧无论在任何世界都通用，他一定把这些道理言传身教给了亚历山大。亚历山大在前线时，一直随身携带老师亚里士多德校订并赠送给他的叙事史诗《伊利亚特》，他尤其崇拜毁灭特洛伊的希腊英雄阿喀琉斯。

年轻的亚历山大是天才的君主，无论哪方面都无可挑剔，他人格高尚，有直面危险的勇气，能快速实现计划，真诚对待臣服者，对俘虏怀有宽大之心，对享乐又有自制力。但从烧毁波斯波利斯开始，他日益狂妄。因为轻信身边人而杀死了重要的大臣及其儿子，因为在宴会上的争吵，他甚至亲手杀死了童年的伙伴。

确实，希望融合希腊和东方的亚历山大被周围亲信称为"波斯迷"，也许他们已经不能理解亚历山大无尽的野心了。

与其统治的广阔帝国疆域相比，他的人生实在过于短暂。应该如何在这个统治区域中建立秩序和安定呢？这是亚历山大留给继任者的艰巨任务。尽管如此，以商人为首，各地之间的交往日益活跃，商业贸易的繁荣刺激了各种经济活动的发展。这些扩大经济的活动，进一步刺激了东西方文化的交流。这为希腊语成为这片广阔地域上的通用语言奠定了基础，在世界史上具有重大意义。

阿富汗位于亚历山大所征服的世界的最东端，这里曾出土刻有希腊文的箴言碑文。尽管亚历山大已死去数十年,希腊语仍顽强地扎根在最边远之地。

在希腊,古代圣贤或著名人物的诗句一般都敬献给神圣的皮同神庙(译注:皮同是希腊神话中居住于德尔斐的巨蟒。在希腊神话中,阿波罗杀死皮同,并在其占据的地方建起神庙),一个叫克利尔库斯的希腊人把这些诗句仔细抄录下来,使它在遥远的凯尼阿斯神庙闪耀光辉。

> 少年时,举止得当
> 年轻时,学会自制
> 中年时,正义行事
> 老年时,良言善诱
> 临终时,死而无憾!
> (《西洋古代史料集》)

所谓皮同神庙无非是指希腊北部的德尔斐神庙,所有希腊人都非常崇信德尔斐的神谕。

以上是关于"高压帝国"亚述、"宽容帝国"波斯、"野心帝国"亚历山大帝国的叙述。当然,如果罗列出世界帝国的统治内容,又涉及各种复杂的势力和利益关系,难以把握全部。但罗马人所构筑的世界帝国在疆域、时间及稳定性等各方面,都超越了这些帝国的统治。罗马人从这些往昔的帝国那里,究竟学到些什么呢？抑或他们是一边接受新的考验，一边创建起地中海世界帝国的？下一章，我将尝试对此进行阐释。

第三章

意大利霸主——罗马 S.P.Q.R

解读建国神话

母狼养育的双胞胎兄弟　罗马是如何建国的？一寻求答案，历史学家的心情马上阴郁起来，因为可以作为史实的可信史料几乎没有。当然，那些像神话一样的传说被旁人大谈特谈。罗马建国七百年后，历史学家李维告诉我们大量奇妙的故事时，他自己当时对这些传说也都抱着慎重和怀疑的态度，即便他并没有忘记作为罗马人的自豪。

关于罗马建城之前或萌发建城意图之前的历史，可靠的历史记录被充满诗意的神话所取代。所以，我不想肯定或否定这些神话。传说虽然混淆了人之所为与神之所为，但如果能使各

喂养罗慕路斯和雷慕斯的母狼像 罗马建国神话中的兄弟和母狼。卡比托利欧美术馆藏

城市的起源更加有尊严的话,那也会被远古的人们所许可。此外,把自己的起源视为神圣,把城市创建者归为神的话,所有民众都会认可。因为罗马民众最看重战争荣誉,所以安排战神马尔斯作为罗马创建者的父亲,也是全体罗马民众的父亲。所有民族都会衷心认可这种说法,唯有如此,才会服从罗马伟大的统治。(《罗马史》)

建国故事充满奇幻传说的,不只是罗马。它源自何处是无法确定的,不过即然是伟大罗马,把战神马尔斯作为祖先并无不妥。李维大概就是这样想的吧。

众所周知,罗马建国故事之初有一对双胞胎兄弟罗慕路斯和雷慕斯。如果向上追溯的话,可追寻到邻近的阿尔巴隆加城。阿尔巴隆加国王努米托尔的王位被弟弟阿穆留斯夺走,儿子被杀,女儿被强迫成为侍奉维斯塔女神的贞女,贞女一生都要保持处女之身。但这个贞女在森林的河边睡觉的时候,被战神马尔斯看到并侵犯了,不久她怀孕产下一对双胞胎兄弟。阿穆留斯暴怒,把这两个孩子扔入台伯河。河水把装孩子的篮子推向岸边,被一

匹母狼发现，母狼用自己的乳汁喂养两个孩子。其后，一对牧羊人夫妇发现这两个孩子，收养了他们，取名罗慕路斯和雷慕斯。两个孩子长大成人，知道了自己的身世，率领一群年轻人进攻阿尔巴隆加，杀死阿穆留斯，使外祖父重归王位。

但两个孩子野心远不止于此，他们决定在当初被捡到的地方建一座新城。罗慕路斯选择帕拉丁山丘，雷慕斯选择阿文丁山丘。谁应该成为新城的统治者呢？他们决定用飞鸟占卜，由神意决定。在黎明的曙光映衬下，雄鹰出现了，阿文丁山丘停留六只，帕拉丁山丘停留十二只，神意指定罗慕路斯作为新城统治者。罗慕路斯确定禁区，并在四周修筑城墙。对神意不满的雷慕斯破坏并越过城墙，愤怒之下的罗慕路斯杀死雷慕斯，宣布凡侵犯禁区者皆处以死刑。成为此地之王的罗慕路斯，便把新城命名为罗马。传说这件事发生在公元前753年4月21日，罗马人一直把这一天当作开国纪念日。

掠夺妇女引起的战争

在另一个建国故事中，有"掠夺萨宾妇女"的传说。成为国王的罗慕路斯看到城里聚集大量年轻人，但街道上一点都不热闹，很煞风景。城里只有男人，没有女人。罗慕路斯心生一计，邀请附近萨宾人来庆祝建城。当萨宾人在市场上欣赏豪华的物品时，罗马年轻人拔剑袭击，抢掠年轻妇女。萨宾的男人们在武力威吓下只能仓皇逃走。被劫持的姑娘们最初还悲叹命运的不幸，但在罗马年轻人的温柔爱抚和昂贵礼物的攻势下，她们很快就转悲为喜。

任何社会，男人都可以为了女人反目成仇。就连特洛伊战争，也是因为斯巴达公主海伦被诱拐而引发的。况且还是众多姑娘被抢，萨宾男人们的怒火被点燃了。很快，武装起来的萨宾人开始进攻在卡庇托山丘四周建起栅栏工事的罗马人。两军展开激烈的攻防战，战争陷入胶着状态。这时被抢掠来的姑娘们冲入阵中，隔开两军，哭诉："无论哪方得胜都是我们的不幸，如果萨宾人得胜，我们失去的是丈夫，如果罗马人得胜，我们失去的是亲兄弟。"无论什么时候，什么社会，男人都难以抵挡女人的眼泪。萨宾人同意了她们的请求，罗马人和萨宾人之间恢复了和平。

这两个故事是完全编出来的吗？对于这些故事，和古代的历史学家一样，现代人既不能肯定又没法否定。但把这些故事完全看作虚假的话，大概也非常可惜。莫不如认为，这些故事虽进行了添枝加叶的粉饰，但内核中是存在一些事实的。

这种推测是成立的。公元前8世纪左右，拉丁人部族集团分散在台伯河周边。这些村落中，有一些年轻人没有分得家族财产，也有一些年轻人原本就出生在贫穷的家庭中，自己也没有一技之长。其中或许也有很多罪犯、失势者等等，脱离了原来的部族集团。

这些年轻人从各地自然而然地聚集在一起，形成一个新的群体。随着这个群体不断壮大，少数能力出众的年轻人脱颖而出，成为领导者。这个群体很快在台伯河畔的七个山丘，特别是以帕拉丁山丘为中心定居下来。在那些领导者中，有像罗慕路斯一样的年轻人，击败其他竞争者，成为群体的领袖。

可是，从这些群体的性质来看，女性非常少，经常发生血气方刚、精力旺盛的年轻人掠夺临近部族女性的事件，也理所当然。这些个人或者群团常常用甜言蜜语引诱或用暴力劫走女性。发生绑架萨宾族妇女的事件也未可知。如果这种事频频发生，罗马人和萨宾人之间必然会发生战争。尽管两者纷争不断，但最终走向了和平。

实际上，帕拉丁山丘曾发掘出被认为是公元前8世纪小房子的遗迹。尽管罗慕路斯这样的人物是否真实存在仍有怀疑，但可以确定，罗马所在的山丘上大约在公元前8世纪左右形成了大型村落。考古学家还确认该地还出现了大规模的墓地。传说罗马建国时间是公元前753年，这和考古发掘调查的结果差别不大。

被驱逐的伊达拉里亚人国王

根据传说，罗马此后成为罗马人和萨宾人共同统治的国家。建国之王罗慕路斯在位三十七年，然后被上天召唤去了战神马尔斯的领地。按照约定，萨宾贤人努玛被选为国王。努玛在位四十年，天下太平，为民众所敬慕。第三代国王是罗马人图鲁斯·霍斯提里乌斯，他血气方刚，攻打并消灭了母国阿尔巴隆加。他最后被雷电击毙身亡，民众认为这是他触怒了神灵的后果。第

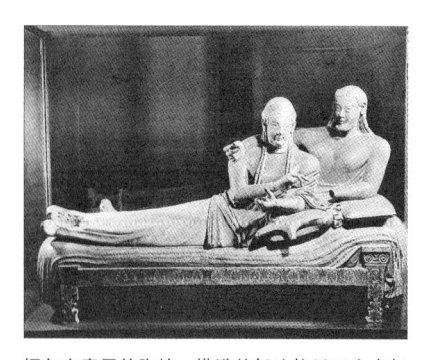

切尔韦泰里的陶棺　横卧的伊达拉里亚人夫妇像。公元前500年左右。卢浮宫美术馆藏

四代国王是萨宾人安库斯·玛尔提乌斯，他虽有很强的敬神之心，但和上任相似，奉行扩张主义，不断威胁周边城邦。

公元前6世纪的意大利是伊达拉里亚人的时代。托斯卡纳气候温和，物产丰富，是意大利最适宜居住的地区。所以，伊达拉里亚人很早就在此居住。以托斯卡纳为中心，伊达拉里亚人把势力扩展到意大利中部。伊达拉里亚人技术先进，尤其是土木建筑才能出类拔萃。他们进入意大利各地，其中一部分人融入了罗马。

在这样的背景下，大富翁塔克文·布里斯库斯通过耍手段，登上了罗马的王位。他的母亲可能是伊达拉里亚人，妻子也是伊达拉里亚人。他不惜向穷人慷慨解囊，还排干沼泽的水，拓展耕地，注意城市卫生。此外，他还修整城市广场与道路，建造战车竞技场，用娱乐笼络人心。罗马的外观和生活设施焕然一新，令他在平民中享有很高的声望，但也引起贵族的嫉妒心，最终被杀害。

不管怎样，在此之前，罗马国王都是由民众选举的。但塔克文的王后把一名叫塞尔维乌斯的聪慧少年作为继承人来培养，为此，王后死守国王宝座。因为塞尔维乌斯（Servius）这个名字有女奴隶（Servile）之子的意思，所以塞尔维乌斯的身世成了一个谜。

尽管如此，塞尔维乌斯·图里乌斯在管理国家方面非常出色，和邻国的战争获得全面胜利，更为重要的是，他在位四十四年从未被外敌入侵过。为了抵御外辱，他加强内政建设，环以城墙，并有计划地实施土木工程。实际上，考古学家确认，在这一时期，坚固的道路、广场、神殿、城堡、排水设施、城墙等都有修筑过的痕迹。

李维像 历经四十年，写成142卷《罗马建国史》的历史学家。出自《汉尼拔》

他还成立新的公民大会，加强国政与军制的基础。他还照顾到贫穷阶级的利益。塞尔维乌斯的声望不断提高。不过，无论在什么样的时代，都有嫉妒的贵族。在他们的唆使下，塞尔维乌斯被他的女婿塔克文杀死。

这个暗杀者通过不光彩的手段登上王位。他傲慢且残暴，所以人们给他起了个绰号——"傲慢者"。哗众取宠的征服战争和建筑工程夜以继日，引起民众极大反感。不久，他的儿子犯下了强奸他人妻子的恶行，罗马公民对塔克文高压政策向来有怨气，此时积压的怒火终于被点燃了。公元前509年，罗马公民驱逐了身为伊达拉里亚人的傲慢国王，决定由自己来管理这个国家。

元老院与共和国的诞生

当然,这些不过是流传下来的传说。但这些传说表明,罗马一定深受伊达拉里亚的影响。甚至还有学者认为罗马人被伊达拉里亚人势力统治,处于从属地位。正因为如此,驱逐伊达拉里亚人国王后,罗马人从心底憎恶王政。国王不仅傲慢、自私,还是外来者。

没有比伤害自尊心更能让人产生敌意的了。服从伊达拉里亚人统治的罗马人也许对王政憎恶到了极点,再也忍受不了。至少对罗马贵族来说,王政体制不能重来。

困难的是,罗马人如实记述历史的时间相当晚,大约在公元前3世纪末才有。在此之前,尽管有记录宗教礼仪的石板、碑文,但其余大多只是口口相传的传说。

建国以来的传说通过很多作家的作品流传了下来。他们的作品现在几乎全都散佚了。但幸运的是,有参考这些传说和作品写成的宏大史书。这就是之前提到过的历史学家李维的作品。他在奥古斯都时代完成142卷史书,但只保留下来了四分之一,况且对李维自己来说,建国以来的历史已十分古远。所以,不用说王政时期,就是其后三百年的历史能否作为史实来讲述,都是有疑问的。

但历史事实本身真的那样重要吗?如果是过于认真、严谨的历史学家,也许会皱起眉头,表示赞同。即便我知道,我也不愿意回答这是否是历史事实。因为我关注的是"罗马人的故事"的流传。

罗马人从孩提时代就对祖先的故事耳熟能详。这些故事刻在了他们心里，塑造了他们的精神。随着罗马人这个群体形成，罗马帝国也构建完毕。从这个意义上来说，"罗马人的故事"是构成罗马精神内核最重要的东西。

罗马的长老们被称为"父老"，他们开会的地方是元老院。国王被驱逐后，元老院马上决定增加人数。新加入的父老，就要在新的参选人员中选举产生。当然，这些新加入元老院的元老都出身平民，据说因此出现了贵族派和平民派的区别。

总之，罗马人把自己的国家写成"S.P.Q.R"。这是 Senatus Populusque Romanus 的简写，意思是"罗马的元老院和平民"。所以，现在罗马的街头巷尾都能发现这行简写字母。告示板上写着"不要乱扔垃圾 S.P.Q.R"，或下水井盖上刻着"S.P.Q.R"的标记。不过，在较真的日本，如果奈良市的告示板上写着"星期一收集湿垃圾大和朝廷"，或东京都的下水井盖上刻着"大日本帝国"，也许会让人觉得奇怪。对于爽朗的意大利人来说，伟大的罗马帝国至今仍是他们引以为傲的。

所谓"国家"，首先是指 res publica（公事）。他们历尽艰辛，终于赶走了独裁者。一开始，对于罗马人来说，国家是权势者的集合，由他们决定所有事务的体制。所以，所谓公事的 res publica 就是共和政体本身。这一痕迹保存在了 republic（共和政体）和 republican（共和党）等英语词汇里。

唯有这样的共和国，才是罗马人的"S.P.Q.R"。"罗马的元老院和平民"这样的国名本身就暗示了国家存在自然形成的身份等级秩序。在希腊城邦，公民之间至少在表面上没有等级差别。但罗马人却堂而皇之地宣告元老院和公民之间身份不同。所以，恺撒时代（公元前1世纪中期）的历史学家这样记载：

> 如从祖先那里听说的那样，我相信国家分为贵族和平民两部分。在遥远的时代，贵族享有最高权威，平民人数占压倒性优势。为此，国家多次发生平民撤离运动，贵族势力屡遭挫折，平民权利扩大。但因为以下理由，平民获得行动的自由，即任何人的权力不能凌驾于法律之上，显贵之人不是靠财产和傲慢，而是靠名声和勇敢的行为超过籍籍无名之人。多么卑贱之人，都能在土地和战场上获得荣誉，使自己和祖国都能满足。（萨鲁斯特《恺撒书简》）

像这里记载的那样，当平民不满时，就撤离到罗马近郊的圣山，拒绝从事劳役、军务等全部国家服务。这样一来，平民取得了选举代表自己利益的保民官的权利。他们也通过这种方式，拥有了最早的成文法《十二铜表法》。

被派遣到先进国家的要人

话题转到两千三百年后的日本。维新过后的明治政府要想跃起成为与欧美列强并驾齐驱的近代国家，就必须学习欧美的宪法。已经是国家重要人物的伊藤博文到欧洲访问，他的宪法老师是维也纳大学国家学教授洛伦茨·冯·施泰因。施泰因大师认为：

> 现在，不光是年轻的学生，还有出类拔萃的大人物从远东的岛国赶赴欧洲，学习这个地方的事物，学习这个地方的法律。我们这里究竟有什么东西，驱使他们来到这里呢？可以和这样的情势相比的，世界史上几乎只看到一例。（泷井一博《文明史中的明治宪法》）

明治中期这种被称为"朝圣施泰因"的活动颇为盛行，施泰因大师在这里所举的"一例"就是公元前5世纪中期的"罗马人的故事"。

确实，为制定成文法典，传说罗马派遣三名学识渊博的人到希腊雅典，学习立法者梭伦的法律和其他事物。但雅典民主政治是在核心人物伯里克利时代达到顶峰的。这是希腊古典文明最为光彩夺目的时期。这件传说的历史事件本身就存在各种疑点，施泰因本人也意识到这个问题。

但重要的事实是这个故事长期流传。如明治时期的新日本学习欧美的先进文明和法律那样，罗马人也学习希腊先进文明和法律。如果把这个事件放在世界史的大画面中来展现，这其实是有意识地继承文明的火炬。在施泰因大师的眼中，《十二铜表法》和明治宪法一样是文明史上的特例。

连孩子都要背诵的最早成文法

我们继续关注罗马人去希腊学习法律的传说。派去雅典的使节团三年后回国，随后组织了制定成文法的十人委员会。一年后，发布由十项条款构成的法案，在公民大会上获得通过。十人委员会为再制定两项条款的法案，决定设立新的十人委员会。

第一年度的委员已经全部辞任，委员会中只有阿庇乌斯·克劳狄一个人参加再选。阿庇乌斯操纵选举，打压反对派，随意操纵委员会。而且，这个人非常好色，那时他已经快六十岁了，却迷恋上一个百人队长的女儿维尔吉尼娅。按理说，黄昏恋不是不可以，但阿庇乌斯为了得到维尔吉尼娅，使用了极其卑鄙的手段，他散布谣言，说维尔吉尼娅是奴隶的女儿，幼年时被拐走。

身为百人队长的父亲难以忍受这样的谣言，为保卫女儿的贞洁，他亲手杀死了自己的女儿。这引起民众对两父女无限的同情，以及对阿庇乌斯的极大愤怒，罗马发生暴动。阿庇乌斯被逮捕，十人委员会解散。但两项条款已经完成，最早的成文法就这样登上了历史舞台。因为各条款分别刻在十二块铜板上，所以被称为"十二铜表法"。这构成了罗马法的基础。

可以说，罗马人把《十二铜表法》作为教育的基础。所以，雄辩家西塞罗主张："即使全世界的人都大声反对，我也要说出自己的想法。我认为如果想知道法律的起源和依据，一个印着《十二铜表法》的小册子，无论是在权威方面，还是在实用方面，一定胜过所有哲学家收集的藏书。"（《论演说家》）这是罗马人的智慧吗？他们在自家孩子很小的时候，就让背诵《十二铜表法》。实际上，即便在《十二铜表法》制定的四百年后，西塞罗还会想起当时保留的这个习惯。

多亏了这些罗马人的死记硬背，《十二铜表法》的相关条款在后世的著作中屡屡被引用。尽管现在《十二铜表法》的原文已经散佚，但其大概内容已经复原。下面试举几个比较重要的例子。

第一表　一　原告传被告出庭，被告应该出庭。如被告拒绝，原告应传唤证人出庭，其后原告有权拘捕被告。

第一表　六　如当事人双方能自行和解的，则公开声明。

第三表　一　对于自己承认或经判决的债务，有三十日的法定宽限期。

看到这些例子，感觉公权力是在扮演调节人的角色。尽管那样，被告乃至债务人不履行判决时，债权人可以带走债务人。

第三表　三　可以用最小十五磅的锁或脚镣监禁。

但这里指的监禁场所是债权人的家，公权力始终希望在当事人之间解决问题。如果和解不成，那时可连续关押六十日，直到有人履行债务为止。

如果还是无人支付保证金，那债务人就会被带到广场，继续等待别人来支付。如果还是无人来支付,怎么办呢?

  第三表　五　杀死之,或债权人将债务人卖于台伯河外的外国。

这里只说公权力可以允许债权人杀掉债务人或把债务人卖为奴隶,公权力始终不亲自参与。更确切地说,公权力只想让诉讼官司全部在当事人之间商谈解决。

如果民事案件还好说,要是刑事案件就不能这样解决了。但公权力的态度没有多大变化。

  第八表　二　如果毁伤他人肢体而不能和解的,他人亦得以同态复仇。

所谓同态复仇,是汉谟拉比法典中著名的"以眼还眼、以牙还牙"的原则。只是《十二铜表法》规定,先要由被害人一方与加害人一方进行商谈,若当事人之间就赔偿金等问题达成和解,那问题就得到了解决。公权力不亲自进行处罚,只不过始终依据被害人一方的证据。

这些问题如果变成家庭问题,就更加清楚了。

  第四表　二　父亲对儿子有生杀予夺之权。

公权力对家庭内部的问题完全不干涉。子女的生杀予夺听凭父亲发落。家长权力巨大，是罗马法特别引人注目之处。

共和制法西斯国家

坚不可摧的城市沦陷了

在设置保民官、公布《十二铜表法》的氛围中，贵族和平民的紧张关系得到很大的缓解。尽管如此，罗马一直没有解决的外患问题这时又暴露出来了，特别是沃尔斯奇人和厄魁人等异族，他们不断侵犯，威胁罗马的安全。虽说抵挡住这些入侵也就保卫了祖国，但民众并不满足于击退这些侵犯势力。战争延续时间一长，留下来的就只有疲劳和穷困。如果只是一味进行没有成果的防卫战争，只会令从军的平民感到不满。

反过来，如果战争胜利，我方不仅获得战利品，领土也会随之扩大。于是，之前一直处于守势的罗马，终于转为攻势。只要预见到这一点，早晚也会认清与自己交战的敌人。

维爱是伊达拉里亚人势力范围中离罗马最近的城市，不仅城市景观美丽，而且固若金汤。伊达拉里亚人建筑工艺高超，在文化方面远远超过罗马。最重要的是，维爱土地广阔、富饶，商业贸易发达。

罗马派出远征军前去攻击这座城市，但没有必胜的把握。如果战争长期拖延，民众的不满一定会以各种形式爆发出来。一旦展开进攻，很有可能会陷于进退维谷的境地。因此，公民大会通过提案，对于服兵役的平民，由国家支付报酬。对罗马来说，这是一项重大改革。比起遥不可及的战利品，近在眼前的切实利益更有吸引力。这被视为说服民众的最好手段。

公元前5世纪末，要在意大利半岛生存下来，也许进攻才是最好的防御。至少元老院的贵族预见到了这一点。

总之，对维爱的远征开始，罗马采取包围战术。但这座固若金汤的城市果然名不虚传，战局没有按照预期的那样进展，包围战无限期地拖延。既然包围了，就不能解除。罗马士兵在堑壕中度过了寒冷的冬季。

共和政体的罗马由两个执政官管理国政，任期为一年。但如果国家面临重大危机，可以指定一人担任半年任期的独裁官，由他一个人领导国家。维爱要塞坚固，居民也非常勇敢。罗马军队苦战十年，战局却毫无进展。公元前396年，如德尔斐神谕所示的那样，战争进入最困难的阶段，卡米卢斯被指定为独裁官。

卡米卢斯是一位性格坚韧、头脑灵活的领导人。根据传说，他挖掘地道直通位于维爱城心脏位置的朱诺神殿的正下方，城墙内外一起发起进攻，罗马士兵打破朱诺神殿的地板，从里面钻出来，战争胜负已分。维爱陷落了，幸存下来的俘虏作为奴隶被带走。罗马的战利品堆积如山，领土比过去扩大四倍。这场胜利提高了罗马的威势，使邻近各国感到威胁。

令敌人感激、铭记的高傲将军

维爱败北使得伊达拉里亚南部陷入不安。特别是法勒里，与罗马反目后，派出军队。罗马也出动了军队应对，由常胜将军卡米卢斯率领。有这位声名远播的战略家出战，他的对手法勒里没有得胜的可能。法勒里军队早早就把军队撤入城内，罗马军队照例包围该城。

城里有位贵族子弟的教师，他和学生们在城外草地游戏、运动，可罗马士兵没有为难他们。有感于此，教师走近罗马士兵，求见卡米卢斯将军。他来到将军面前，向将军忠告只要把孩子们作为人质，法勒里必会投降。可米卢斯怒斥道："罗马军人要堂堂正正战斗，毫无抵抗能力的孩子不是我们的敌人。"教师被赶了回来。知道这件事的法勒里人很感动："这是多么高尚的人物啊。"他们本来对卡米卢斯的憎恶，此时变为赞美和敬畏，一致同意投降。

但士兵们原打算在征服法勒里后进行劫掠，如今希望破灭了。加之卡米卢斯的功勋太耀眼了，引起很多人的嫉妒。士兵们为发泄不满，不断向卡米卢斯发难，诽谤、恶意中伤纷至沓来。卡米卢斯将最好的战利品收入囊中的谣言广为传播，但对高傲的卡米卢斯来说，这都是无所谓的事，因此不屑于反驳。

经过缺席审判，卡米卢斯被判支付赔偿金。卡米卢斯陷入巨大的悲伤中，决心离开自己的祖国，走出城门，回望自己的祖国时，他向神说出诅咒："罗马人很快就会追悔自己的忘恩负义，并向所有人表明罗马再次需要卡米卢斯。"

高卢人的掠夺与罗马重建　　这一天很快到来了，这是罗马前所未有、从未预料过的大灾难。高卢人从北方侵入意大利半岛，直接威胁罗马。公元前387年，双方在距罗马十几公里处的阿里亚河畔展开激战。罗马人之前从没见过高卢人，高卢人身材魁梧，有着火红的眼睛和乱蓬蓬的长发，还会发出狂乱的呐喊，这样奇异的外貌打击了罗马军队的士气。不知什么时候，罗马士兵开始掉头逃跑，这场失败的战争惨不忍睹，最终连首都罗马也沦陷了。建国第366年，共和国建立第122年，首都第一次落入敌手，只能听任高卢人蹂躏。

这次战败被视为国耻，时间是7月18日。罗马人忌讳这个日期，认为这一天不吉利。罗马人被逼到绝境，终于决定召回流放中的卡米卢斯。卡米卢斯召集失散的罗马士兵，重新编制军团，向罗马进军。

留在罗马的人中，有人主张用大量黄金贿赂高卢人使之撤退，意见获得通过，在高卢人称量黄金重量时，罗马人发现他们在秤杆上做手脚。罗马人提出抗议，高卢人还之以更激烈的回骂："这是你们应得的灾难呀，失败者。"

卡米卢斯这时赶回罗马，怒斥道："罗马人不是用黄金，而是用剑来解救自己的城市。"勇将率领的罗马军队最终取得了胜利，高卢人溃散、逃走。民众非常感激卡米卢斯，称颂他为"救国英雄"。不久罗马重建，卡米卢斯被称为第二个罗慕路斯。

关于卡米卢斯的一系列传说，真伪难辨，到底哪个才是真实的呢？但罗马被高卢人征服、蹂躏是事实。根据考古学家的调查，在不到三十年的时间里，罗马再次复兴。祖国被蹂躏的悲泣，罗马重生的喜悦，这些记忆都集中在卡米卢斯的传说中。罗马人没有忘记失败。

第一次萨莫奈战争的胜利

环绕那不勒斯湾及其以北的大片土地，被称为坎帕尼亚。这里阳光充足，风光秀丽，土地肥沃，自古以来就是各种势力觊觎的地区。沿海地带以希腊人居多，那不勒斯就是希腊人的殖民城市。在内陆，从远古开始就有奥斯其人居住，筑有庞贝等城。伊达拉里亚人的势力很快就扩张到这里。

坎帕尼亚再往北是拉丁姆，居住在这里的人被称为拉丁人，罗马人是其一支。自古拉丁人各城市就结成一个同盟，曾经和罗马反目。不过，公元前5世纪初这个同盟已经与罗马和好，并缔结了攻守同盟条约。罗马肆意扩张，必然会引起拉丁同盟的不满。但罗马人也需要拉丁同盟的帮助，在高卢人劫掠之后更是如此。高卢人的威胁并没有完全消除。

现在，更大的威胁出现了，山地民族萨莫奈人下山侵扰平原居民。山地民族下山，这本身并没有什么特别的，实际上，萨莫奈人早在公元前5世纪后期就入侵了坎帕尼亚，扩张势力，但在公元前4世纪中期他们才开始大规模的活动。这次他们的目标还是坎帕尼亚平原。

公元前 3 世纪中期的意大利南部

根据传说，坎帕尼亚实力较强的城市卡普亚请求罗马支援，罗马人一开始还犹豫不决，但富饶的坎帕尼亚陷入混乱，罗马不能袖手旁观。或许，罗马是难以抵挡插足坎帕尼亚局势的诱惑吧。

罗马派出军队，和萨莫奈开战（第一次萨莫奈战争，前343—前341），期间没有发生大的战役，罗马获胜，双方轻易就恢复了和平。也许彼此都不想事态进一步发展。这时，罗马势力已经扩张到坎帕尼亚了。

罗马势力越发壮大，其蛮横的行为想必让拉丁同盟反感。终于，拉丁同盟的怒火爆发了，掀起叛乱。坎帕尼亚的罗马军队前去镇压，粉碎了松散的拉丁同盟军队。拉丁同盟解体，各城市分别同罗马缔结盟约。各城市解除相互间的同盟关系，彼此间禁止通商、联姻，还要义务向罗马军队提供士兵。这就是"分而治之"的必胜格言，也是罗马人被称为统治天才的原因。罗马在拉丁姆确立了自己的霸权，为称霸意大利全境打下了基础。

从屈辱的生还到暴风雨般的反击

但连战连胜的罗马人又一次遭受了磨炼。争夺意大利南部的霸权是罗马发动战争最充分的理由。特别是从外人角度看来，扩张霸权的罗马只是为了扩张领土而已。公元前327年，罗马和萨莫奈再次发生战争（第二次萨莫奈战争，前327—前305）。这是一场漫长而奇怪的战争。

山地士兵擅长游击战术，是勇敢和强劲的对手。而且，由于是罗马派军队远征萨莫奈，萨莫奈人明显占据地势之利。可以预想，罗马军队将面临一场苦战。

公元前321年，卡尔维努斯和波斯图米乌斯当选执政官。两人强烈主张远征萨莫奈，因此，元老院通过了决议，发动战争消灭萨莫奈。同年，四个军团通过坎帕尼亚东部边境地带，入侵敌方阵地。由于没有阿庇亚大道，行军极其艰难，军事计划也操之过急，敌情不明。两个统帅大概是无能之辈吧。

萨莫奈军队首领是庞蒂乌斯，不幸的是，他是一位比罗马统帅更有谋略的勇将。他选择十名士兵，扮成牧羊人，混入罗马军队的营地。这些牧羊人散布谣言，说罗马的同盟国被萨莫奈军队包围，马上就要陷落。同时，庞蒂乌斯在考狄乌姆峡谷的森林里秘密安排了伏兵。

罗马的统帅本应该先搞清楚这个情报的真假再做决定，但他却没有，反而轻易相信了谣言。因为对这两个主战派来说，这个情报来得正是时候。罗马军队深入有高山深谷的森林地带，一路上感觉良好。背着沉重行李的罗马士兵，行军特别艰难，但仍竭尽全力行进。不久，像被引诱似的，全部士兵都进入了考狄乌姆峡谷间的窄路上。

罗马军队全都掉进陷阱里了，可发觉上当时，前后左右到处都是数不清的萨莫奈士兵，罗马军队完全被包围住。罗马军队进退不能，犹如袋中老鼠。尽管罗马士兵拼死突围，也无济于事。很快，罗马士兵就被近在眼前的死亡恐惧所笼罩。

但奇怪的事情发生了。包围持续了几天，萨莫奈士兵只是在树木和岩石间晃动，一点也没有进攻的意思。萨莫奈人也有某种担心，害怕如果把罗马人全部杀死，罗马人会来报复。

放掉罗马人，才能和罗马人恢复和平关系，这是萨莫奈人所希望的。庞蒂乌斯不仅是勇将还是智将，于是，他召见罗马执政官进行谈判，要求罗马停止敌对行为，返还被占领的土地。但失败一方必须表示恭顺之意。如果不能，就要忍受屈辱，走过用矛架起来的轭形门。这是他们回国的条件。

钻过用矛架起来的轭形门，是隶属的象征，这是前所未有的屈辱。如果背上这种耻辱，倒不如战死。罗马士兵这样叫喊着，但执政官决定让罗马士兵活着回到罗马。两根柱子被竖起来，上面横着一支矛，罗马士兵一个个钻过。士兵被脱去裤子，军官被取下勋章和位阶徽章。周围的萨莫奈士兵不断谩骂，屈辱的仪式显得特别漫长。

归途上罗马士兵有气无力地走着，好像肮脏的流浪者队伍。勇士的身影不见了，这支被打垮的队伍如同行尸走肉。看到这一幕的一位年轻贵族叫道："敌人不仅夺走了罗马人的武器，也夺走了罗马人的勇气，罗马人已经失去自豪的、高远的英雄精神。"一位经验丰富的元老院元老听到这些话，却说："虽说罗马士兵被打垮了，被虐待的屈辱感、胸中积郁的痛恨一定会唤醒他们的名誉心和复仇心。这种阴郁的沉默很快就如暴风雨般袭向萨莫奈人，刮倒城墙，让敌人钻过轭形门。"

实际上，正如这个元老所说那样，在新的执政官领导下，罗马编成新的军团，进击萨莫奈。他们得到确切情报后，急袭敌人阵地。战场既无峡谷也无森林。罗马士兵怒火中烧，叫喊着："这里只有勇气。"萨莫奈士兵尸横遍野，活着的士兵逃往城内。很快，放弃抵抗的萨莫奈军队向罗马军队投降。七千名萨莫奈士兵在庞蒂乌斯带领下钻过用矛架起来的轭形门。

这些事件通过李维的记录流传了下来。确实，和山地民族萨莫奈的战争旷日持久，急袭、包围、奇袭反复发生，战斗没有尽头地持续着。有学者指出，战争的影响非常大，给意大利农业造成重大危机。但这里我们不再深入探讨。

比起这些，我更关注的是，罗马人把祖先事迹作为滋养精神的食粮。虽说罗马人连战连胜，但没有醉心于战胜的喜悦。他们反而对胜利者的傲慢有警醒之心，切勿让自己掉进这个陷阱中。

正因为如此，罗马人绝不会忘记失败，对于沦为失败者被蹂躏的屈辱，他们必定加以报复。只有这样，才能再一次作为勇敢、豪迈的霸主君临天下。勇气和名誉应该是怎样的？父祖的故事把无数先人的形象不断铭记在后世罗马人的心里。

吹走和平方案的古老演说　　与山地民族萨莫奈人的战争耗时达二十多年，实际上是相当困难的战争。在战争最激烈的公元前312年，罗马铺设了通往坎帕尼亚的卡普亚的阿庇亚大道。这是动员全体罗马公民完成的，可见当时和山地民族的战争是何等地危急。罗马的道路首先是军道。

罗马通过战争吞并领土，与各个城市分别缔结同盟关系，更在要害地区设立军事据点。罗马势力的扩张已经使意大利半岛的各民族倍感威胁，顽强的萨莫奈人再次举起反抗旗帜，并拉拢周边部族，使战乱进一步扩大（第三次萨莫奈战争，公元前298—前290）。伊达拉里亚人和高卢人也都支援萨莫奈人。虽然处境不利，但罗马毕竟是罗马。公元前290年，罗马迫使萨莫奈人彻底屈服。罗马在意大利的霸权已经难以撼动了。

意大利半岛南岸自古以来就有希腊人居住，该地区被称为"magna graecia"（大希腊）。这些希腊人难以摆脱和罗马冲突的宿命，但只靠意大利半岛南部的希腊势力，是对抗不了罗马的。

我们察看地图就可以知道，意大利半岛南端和希腊本土非常近，半岛南端的对岸就是伊比鲁斯王国。国王皮洛士是一位像亚历山大大帝那样野心勃勃的人。大希腊向皮洛士请求支援，皮洛士立刻率领两万五千名士兵和二十头战象挺进意大利。皮洛士不仅以大帝自居，同时也很擅长战术。战况发展对皮洛士越来越有利，意大利的居民开始动摇，对罗马的支援越来越犹豫。罗马也出现要同皮洛士和解的声音。

阿庇亚大道 公元前312年动员罗马市民修建的军事道路，通向纷争之地坎帕尼亚

阿庇乌斯·克劳狄作为阿庇亚大道的创建者而广为人知，他多次说过"困难时期的罗马人比平稳时期更值得信赖"。确实，我们注意到强大的国家遇到困难时会展现其强有力的一面，和平持续时间一长，力量也就消失了。

阿庇乌斯已经是一位隐退的瞎老头了，他听到消息，说入侵意大利的皮洛士王派使者带来了和平方案，而且元老院害怕意大利居民倒戈，打算接受这个和平方案。已经看不见的阿庇乌斯在儿子们的搀扶下来到元老院会场，要求发言。

> 我眼睛已经看不见了，即使耳朵也听不见了，我也还可以思考。所谓皮洛士式的和平，是非常有伤罗马名声的。平时，各位向所有人宣扬的名言去哪里了呢？"如果亚历山大大帝来到意大利，年富力强的我们和父辈一起战斗，他就不会被赞美为天

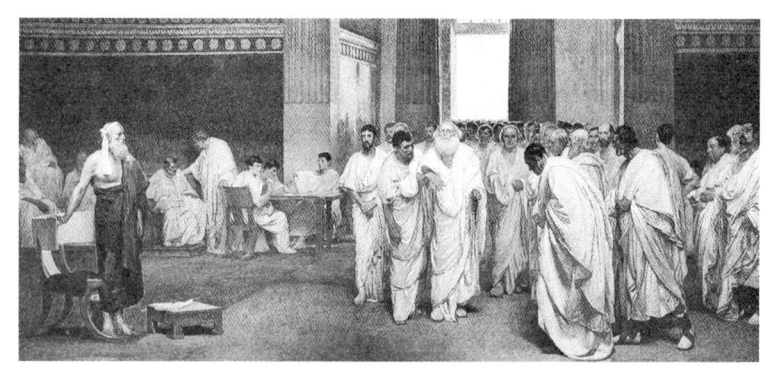

《进入元老院的阿庇乌斯·克劳狄》 为了反对皮洛士国王的和平方案,要求在元老院发言的阿庇乌斯(中央被搀扶者)。马卡里作品

下无敌,也许因败走而溘然长逝,罗马的名声便会更高。"这样的气概哪里去了。(普鲁塔克《英雄传·皮洛士传》)

公元前3世纪初,罗马已经击退入侵的高卢人,临近的各部族也已臣服,特别是打败劲敌萨莫奈人后,罗马在意大利半岛势力已锐不可当。古老的性情再次激发出罗马人战争的热情,皮洛士派来的和平使者被遣送回国。使者回国后这样报告:

在我看来,元老院如王者云集之地。民众就像九头蛇那样砍掉头还能再生,是战场上的可怕对手。后面待命的士兵是站在前列的两倍,还要对付拿着武器的罗马人,人数比这些士兵还要多数倍。(出处同上)

作为共和国根基,元老院里充满了勇将,这些勇将都有国王

般的才干。

另外，使者也一定感觉到了洋溢在大街小巷的好战民众的狂热气氛。我把这样的氛围称为"共和法西斯主义"。

最终统治意大利半岛

罗马公职人员有一种前导官，扛着被称为"法西斯"的斧头和棒束，象征着公职人员的权威。以此作比喻，近代产生了"法西斯主义"这类词汇。法西斯主义是结合国家主义和军国主义的大众运动。

可是，古代也有类似的事态，甚至可以说，用这个词汇来表现罗马国家的形式更为恰当。一提近代的法西斯主义，我们可能会立即想到独裁，但古代的法西斯主义必须经历相当长的一段时间才能发展到独裁政体。因为罗马人憎恶伊达拉里亚人"傲慢者"塔克文，同样厌恶独裁政体，所以，可以说，罗马人国家展现的是"共和政体法西斯主义"。

击退皮洛士国王，形状如同长靴的意大利半岛，其"脚跟"和"脚尖"部分都纳入了罗马的统治范围。唯有这样的意大利的霸主才是 S.P.Q.R。S 是元老院（Senatus），是共和国的基础。在元老院里富于经验与才智的贵族们一边讨论，一边决定国家大事。尽管有权威人物主导这些讨论，但始终要与他人进行合议。P 是民众（Populus），是法西斯主义的温床。具有威信的元老院元老的发言使这些民众充满好战气氛，而培养这种精神的则是祖先的故事。

如果说法西斯主义国家的真实面貌是什么,那一定是对军队和国家的赞美。这样的事例在祖先的故事中有很多。第三次萨莫奈战争高潮时发生的一件事情可为例证。周边部族、伊达拉里亚人、高卢人都支持萨莫奈军队,强悍的罗马军队眼看就要到崩溃的边缘。平民出身的执政官德西乌斯·穆斯仰天长啸:"如果明媚的阳光照耀我的祖国,我愿牺牲自己。"说完只身冲向敌阵,壮烈战死。这种孤注一掷的精神鼓舞了罗马军队的士气,重振了罗马军威,最终赢得胜利。这件事的真伪姑且不论,这种爱国精神在罗马人中世代流传却是千真万确的。

无论是亚述帝国、波斯帝国,还是亚历山大大帝的帝国,始终都是由独裁者统率的霸权国家,真正的王者只有一个。但罗马有很多王者,共和政体与法西斯主义结合在了一起。追寻祖先的故事,我们能看到罗马人的国家的原型。至少到公元前2世纪中期,罗马一直采用"共和政体法西斯主义"的统治形式。

第四章

被汉尼拔锤炼的罗马人

海上霸主迦太基的攻势

第一次布匿战争的发端

地中海世界的中心为海洋所环绕,通过海洋连接起欧、亚、非三大洲。

埃及的壁画描绘有帆船图案。这幅图像绘于公元前15世纪,上面的帆船可能没有龙骨,船头和船尾笔直地向上竖起。这些船就算能在尼罗河上航行,也不适合到海洋上去。

但在此之前,一种奇怪的船就已出现在了地中海东部地区。生活在这里的海洋民族乘这样的帆船出海冒险。他们的船用帆和桨航行,船体安有龙骨,能够经受住海浪的强力冲击。船底吃水很深,能保持船体稳定。这样的船能很好适地应海洋环境,成为最早的运输船,不久便向各地传播,其间一点点地被改进。

这些船舶来来往往，把地中海沿岸联系在一起，构成了一个地中海世界。

这些海洋民族的一支腓尼基人进入地中海西部地区，在各地建设殖民城邦，其中实力最强的是迦太基。如果换成近代世界，相当于原属于英国殖民地的美利坚合众国竟跻身世界列强，并在20世纪后半期成为世界霸主。迦太基以北非为根据地，在西西里岛、撒丁岛等地都有据点。

作为以海洋贸易为基础的国家，迦太基的船队在地中海自由航行。再看看那些治理国家的贵族阶层，与其说他们是商人，不如说他们是军人。如此，迦太基可称为商人军国主义。和迦太基相比，罗马是农民军国主义。

海洋霸主迦太基会对意大利霸主罗马构成威胁吗？根植于土地的农民原本是保守的，要有相当强的动机才会迈出对外征服的步伐。况且还要跨越海洋，离开祖国，民众岂有不在乎之理？

与其说民众，不如说领导民众的统治阶级具有对外征服的动机。要想成为封闭的农民集团的领导人物，军功杰出是最好的办法。迦太基这样的商人军国主义国家为了加强税收掠夺，益发依靠雇佣兵，形成重商主义式的政策。如果罗马有能和迦太基相匹敌的动机的话，那应该是农民军国主义社会的统治阶级对军功的渴望。代表名誉和权威的军事功勋，在罗马社会中最受人看重。这大概也体现了创建共和政体法西斯主义国家的罗马人的本色吧。

在地中海西部，罗马与迦太基两大势力发生碰撞，这就是世所共知的布匿战争。发生战争本是很平常的事，但第一次布匿战争（前264—前241）是因为细小的摩擦而爆发的。

西西里岛东北部的希腊人殖民城市梅萨纳（现在的墨西拿）向罗马派出使者。意大利半岛的前端与西西里岛隔海相望，距离非常近。这时梅萨纳被一伙称为马墨尔丁（Mamertines，意为战神马尔斯的儿子们）的人控制。这些人原本是受雇于叙拉古国王、出身于坎帕尼亚的雇佣兵团，本已解散，可是他们非但不回国，还攻占梅萨纳，居住了下来。

这一群身份不明之辈占据历史悠久的城市胡作非为，为世人所不甘。西西里岛最大的城市叙拉古派军征讨，打败马墨尔丁团伙，包围了梅萨纳。城内陷入绝境，马墨尔丁团伙发生分裂，既有向迦太基求援的，也有向罗马求援的。迦太基已经快速行动起来。这时，罗马如果答应请求，派出援军，就等于向迦太基宣战。元老院大部分元老都熟知迦太基的资源和军事能力，对出兵非常慎重。但社会舆论却对出兵非常积极，认为万一西西里岛落入迦太基之手，罗马的处境将会相当危险。而且，每个公民也都期待战胜迦太基带来的巨大利益。主战派鼓动舆论，促使元老院决定派军越海作战。

罗马是陆地王者，但不是海上霸主。原本没有海军的罗马拿什么和以海军力量为荣的迦太基交战呢？在船和船打架的海战时代，还是有一些办法的。罗马人在帆柱上用缆绳吊挂桥梁，顶端

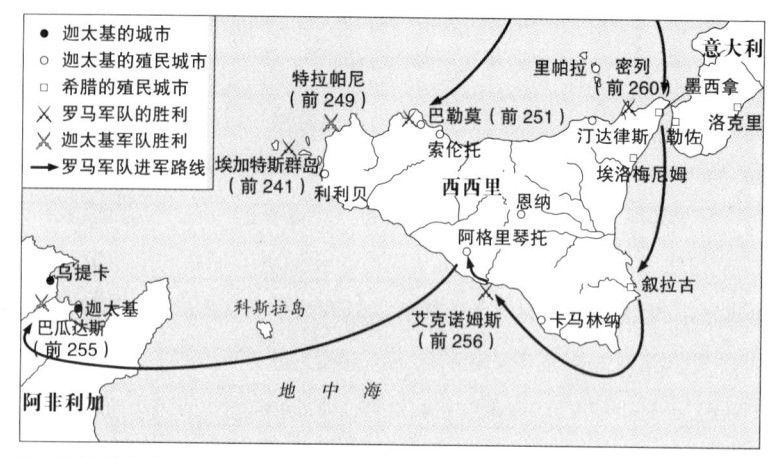

第一次布匿战争（前264—前241）

安上铁钩。因其形状貌似乌鸦，被称为"乌鸦吊桥"。接近敌舰时，松开缆绳放下乌鸦吊桥，铁钩钩住敌舰。通过乌鸦吊桥把兵力送上敌舰，进行海上的陆战。这个战法很有成效，罗马打败了蔑视农民海军的迦太基军队。

总司令哈米尔卡的活跃　但这个创意并不是什么时候都行得通的，很快乌鸦吊桥的威力渐渐减弱，战况进入相持阶段。更确切地说，战争是在完胜与完败间反复。回顾漫长而胶着的第一次布匿战争时，波里比阿这样描述：

> 仅就迄今所记载的战争而言，从国家行动来讲，在雄心勃勃的战争意图上，实施战争意图时的勇敢程度上，特别是获得最后胜利的意志强度上，双方都是势均力敌的。如果比较双方

士兵素质的话，罗马士兵在各方面远超迦太基。但要比较指挥官的话，在当时的人物中，无论在判断力方面，还是勇气方面，没有出哈米尔卡之右者。这个绰号"闪电"的男子，就是后来罗马宿敌汉尼拔的父亲。(《历史》)

士兵素质方面罗马更胜一筹。罗马军是由公民兵组成，迦太基军队主要由雇佣兵组成。历史学家波里比阿作为希腊人，对城市公民团光荣传统仍有所惦记，因而这样看待双方的士兵素质。

事实上，很多人认为迦太基应该在非洲土地上扩张势力。但当时具有"闪电"绰号的巴卡家族却主张掌握地中海霸权才是至关重要的。

罗马业已向西西里岛西部地区发起攻击，在此情况下，公元前247年迦太基任命巴卡家族成员年轻的哈米尔卡为总司令。巴卡家族一直热衷于控制地中海，随着这名年轻将军登上历史舞台，战局猛然改变。哈米尔卡作战出人意料，本来向被罗马包围的城市派遣援军是常用手段，但哈米尔卡却在巴勒莫近郊的小高丘上构筑阵地。登上山顶的道路险要，易守难攻。向远处眺望，正好可以监视罗马军队动向。而且，该地还靠近天然良港。

哈米尔卡军队到处出没，时而发动急袭，时而伏击，时而发动攻势，时而又忽然撤退。海军也不断骚扰、掠夺沿海地区。但决不进行大规模决战。这样无拘无束的游击活动，使罗马军队非常头疼。整整三年，罗马军队几乎束手无策。而迦太基很快就展开了新的攻势,向罗马军队驻扎的西西里岛西岸城市埃里克斯发动大规模进攻,还向意大利沿海地区发动潮水般的攻击,消耗罗马人的财力,使应征入伍的民众疲惫不堪。

准备不充分的罗马军队,根本不是哈米尔卡的对手。罗马虽投入大量的人力、物力,但难见成效。几年前罗马占优势的时候,很多罗马人认为战争马上就要胜利了。但哈米尔卡打碎了罗马人的美梦。而且,罗马舰队在回意大利的途中遇到风暴,舰队损失严重,海军丧失了进攻能力。

镇压雇佣兵的叛乱

眼看战况再次陷入胶着状态,罗马人不能束手待毙。在富裕公民中有几个特别的人,爱国热情很高,他们自己投资建造舰船。迦太基舰船性能优异,他们便以俘获的迦太基舰船为蓝本,建造了一支拥有两百艘船的舰队。

迦太基的名将 从上而下分别是:汉尼拔的父亲哈尔米卡,汉尼拔的姐夫哈斯德鲁巴,二十六岁成为将军的汉尼拔。出自《汉尼拔》

迦太基船队满载供应哈米尔卡军队的物资和粮食,驶向西西里岛,拥有两百艘船的罗马舰队向迦太基船队发动突袭。迦太基一方毫无防范能力,装满物资的船队简直不堪一击。转眼间，五十艘船被击沉，七十艘被俘获，其余的都逃走了。当时迦太基国库已经耗尽，没能力再建造向西西里岛运送物资和粮食的船队。罗马经过长期战争也已疲惫不堪。罗马、迦太基都不想继续进行战争，双方达成和平协议。

迦太基必须支付巨额赔偿金，放弃西西里岛。能征善战的哈米尔卡被解除将军职务，由国家安置他所率领的雇佣兵。不过，战争结束，雇佣兵期望能获得丰厚的报酬，这给捉襟见肘的迦太基当局造成极大的负担。迦太基只给这些雇佣兵发了一点点薪金，之后就再也没有支付。等得不耐烦的雇佣兵离开野营地，向迦太基进发。惊恐的迦太基当局不得不答应雇佣兵要求的薪金数额，但并没有平息雇佣兵的不满，暴动已经发展成公然的叛乱。

迦太基当局动用公民兵和新募集的雇佣兵应战，但根本无法镇压叛乱。无路可走的迦太基召回哈米尔卡，委以镇压叛乱的全权。很快，迦太基正规军也全部支持哈米尔卡，抗击叛军。而且，叛乱的雇佣兵原本也是哈米尔卡指挥下的士兵，这些雇佣兵中很多人都敬畏哈米尔卡。因此，哈米尔卡为了唤醒前战友的忠心，下令对他们不加以惩罚，俘虏可以加入正规军，照顾他们返回故乡。

哈米尔卡的温情动摇了叛乱雇佣兵的军心。叛军指挥官知道哈米尔卡的名将之才，为阻止士兵逃亡，命令他们残忍地砍掉迦太基俘虏的手足或者活埋。抗议这种做法的士兵，也被残忍杀害。剩下的叛乱士兵既然参与了这些极其残暴的野蛮行为，也就打消了对迦太基正规军所抱有的希望。对于这些叛乱士兵来说,除了战争,没有别的出路。

残酷的战争开始了,双方阵营都用凌迟这样的酷刑来警示众人。但叛军不是名将哈米尔卡的对手,很快就被迦太基军队歼灭。这一连串叛乱和镇压,罗马人都看在眼里,迦太基人的残忍或许给他们留下了深刻印象。但在迦太基方面看来,这是为了对付叛徒而不得已使用的手段,他们大概会这样辩解吧。

远征新天地——伊比利亚半岛

公元前237年,哈米尔卡率领巴卡家族,踏上开发伊比利亚半岛的征程。这时的迦太基不仅放弃了西西里岛,就连撒丁岛、科西嘉岛都不得不放弃。开发新天地是自然而然的事情。

伊比利亚半岛矿产资源丰富,尤其是金矿和银矿。这对还要向罗马支付赔偿金的迦太基来说,充满了无穷魅力。

尽管如此,对伊比利亚半岛的远征,在迦太基国内并不那么受欢迎。民众支持哈米尔卡,但迦太基贵族的态度却很冷淡。贵族们的反感来自对哈米尔卡的忌妒,诽谤、中伤纷至沓来。高傲的哈米尔卡只希望恢复迦太基的国力,他暗下决心,余生将不再踏上迦太基的领土。

公元前235年,哈米尔卡离开祖国。出发时,在长子汉尼拔和弟弟们的陪伴下,哈米尔卡在神殿祭拜主神巴耳,祈祷打败罗马,他命令当时不过九岁的汉尼拔宣誓:"罗马是我们的仇敌。

你无论如何都不能解除对这个国家的怨恨。这件事要铭刻于心。"

由于时间过于久远，这件事真伪难辨。但作为世界史上屈指可数的战术家汉尼拔，在其成长的道路上应该有这种经历。有其父必有其子，人们感受到了父子俩悲壮的心情。

伊比利亚半岛的土著居民是凯尔特伊比利亚人，这些部族之间并不团结，哈米尔卡利用这一有利条件，陆续征服土著部族。哈米尔卡以迦太基风格训练臣服的土著部族，组建成优秀的军队。时间一长，投奔到迦太基帐下的土著部族酋长络绎不绝。酋长们敬畏军人哈米尔卡的才能，对他们来说，哈米尔卡是充满魅力的领袖。

当然，迦太基人也敬畏作为勇将的哈米尔卡，敬畏他卓越的军事才能。他的死更是催人泪下，为帮助部下渡过涨水的河流，自己不幸溺水身亡。哈米尔卡不愧是令人敬仰的英雄人物。

哈米尔卡死时，汉尼拔只有十八岁。虽然他已经有成为名将的潜质，可惜还过于年轻。比他年长的姐夫哈斯德鲁巴（前270—前221）是一名值得信赖的武将，他带领人们建设新迦太基城，开发银矿。同时，他对土著部族颇为照顾，获得他们的信赖。哈斯德鲁巴对迦太基国力的复兴功不可没。

埃布罗河流过伊比利亚半岛东北部，以此为界，北面是罗马的势力范围，南面是迦太基的势力范围。迦太基以惊人速度恢复了国力，对罗马构成严重的威胁。罗马派刺客前去刺杀了哈斯德鲁巴。

置罗马于存亡边缘的汉尼拔

这样一来，就轮到哈斯德鲁巴的内弟、哈米尔卡的长子、时年二十六岁的汉尼拔登上历史舞台了。对此，李维在《罗马史》中是这样记载的：

> 老兵们心想：是父亲哈米尔卡返老还童归来了吗？他们仔细端详，一样生动的相貌、一样自信的眼神，还有一样的脸庞和表情。
>
> 在此之前，当一项军事行动需要一位勇敢且精力旺盛的将领时，哈斯德鲁巴总是想让这位内弟来担当，士兵们也对汉尼拔以外的指挥官缺乏信心。
>
> 汉尼拔面对险境时无比大胆，即使身处危险之中也能深谋远虑。即使再艰难，身体也不知疲劳，精神也不沮丧。就算是酷暑和严寒，他都能一一忍受。饮食量不听任欲望，只摄取身体所必需。他并不是白天工作，晚上睡觉，而是在工作之余才会休息，即使睡觉，也不需要柔软的床铺和安静的环境。很多人常常看到，阵地上他往往披着士兵的外套，直接睡在地上。他穿的衣服在身份相同的人中毫不起眼，但他的武器、坐骑却与众不同。无论在骑兵还是步兵中间，都是出类拔萃的。他往往先人一步赶到战场，一旦发生战斗，又是最后一个撤出的。（李维《罗马史》）

这可是来自敌对方罗马的历史学家所写的,所以并非夸张吧。这些是否史实姑且不论,汉尼拔的将军之才和至高声望是毋庸置疑的。毕竟,连罗马的历史学家也对他刮目相看。

但在这些赞美之词背后,是"如此伟大的美德和骇人听闻的恶行并行"。所谓恶行,就是残忍和极不诚实。汉尼拔既不虔诚,又不遵守誓约,对神灵缺乏敬畏之心。当然,这些咒骂之言都是合情合理的,因为这个人曾把罗马国家置于生死存亡的边缘。

不管怎么说,继承父亲遗志的汉尼拔绝不是一位资质平平的青年。公元前219年,他无视和罗马的种种约定,攻占罗马的同盟城市萨贡托。罗马派出使者,要求把汉尼拔引渡到罗马,不然就威胁发动战争。但在国力增强的迦太基看来,罗马已经不是一个让人害怕、只能对其一味退让的强国。尤其从罗马方面来看,汉尼拔非但不虔敬神灵,还是一个不诚实、不信守誓约的人。不过,罗马人本身把迦太基人就看成是残忍而不诚实的。

拉拢高卢人,越过阿尔卑斯山

公元前218年春,汉尼拔率军越过边境线埃布罗河,开始长征。很快攻取西班牙东北部地区,该年夏天,军队越过比利牛斯山脉,不久到达今天阿维农近郊的罗纳河畔。这时汉尼拔拥有步兵3.8万人、骑兵8000人、战象37头。翻越比利牛斯山脉之前,步兵人数5万,骑兵9000人,较之来看,兵力减员严重。特别是步兵逃离现象非常明显,很多士兵大概又跑回了伊比利亚半岛。

第四章 被汉尼拔锤炼的罗马人

汉尼拔军队过河

沿罗纳河北上，从那里直流而上就能到达伊泽尔谷地。这里就是翻越阿尔卑斯之路的著名出发地。从这里沿着某些路线，经过艰难跋涉，可以到达终点——现在的都灵。关于其间的路线，众说纷纭，如果仔细分析的话，可以写一本大部头著作，个中问题令人十分好奇。这些工作还有待爱好者的努力，这里我只是根据传说简单地作出描述。

阿尔卑斯山周边原本住着高卢人（凯尔特人），南北两侧都有。对罗马人来说，今天意大利北部是"山南高卢"（即阿尔卑斯内侧的高卢）。在意大利的地理概念里，卢比孔河是最北的界线。

汉尼拔军队首先要通过属于高卢人阿洛布罗基族的属地，他们在这个地区驻扎的时候，碰巧居住在意大利北部的波伊族使节来到这里。他们给汉尼拔带来了情报，包括意大利北部的形势，以及翻越阿尔卑斯山的道路，这对汉尼拔来说真是求之不得的。此时，洛布罗基族中的两兄弟争权，请汉尼拔来做仲裁。裁定顺利完成，汉尼拔也得到了阿洛布罗基族的帮助。汉尼拔最为担心的粮食补给问题，也顺利解决了。

汉尼拔率军登上阿尔卑斯山，切身感受到了去路的艰难。阿洛布罗基族中敌对的一派也来骚扰，但汉尼拔收到相关情报，很快就突破这里，并掠夺大量谷物、家畜、酒等，粮食补给越发充分。但远处险要的群山耸立，山谷、森林到处都被白雪覆盖，道路狭窄，走在前头的大象步伐越来越沉重。

翻越阿尔卑斯山 骑马的汉尼拔眺望意大利北部平原。19世纪的铜版画

汉尼拔军队很快踏入康德鲁西族的土地，酋长们虽然表示恭顺，但这只是陷阱。他们打算在汉尼拔军队通过峡谷道路时，从高处扳倒石头进行奇袭。但名将汉尼拔看穿了这个阴谋，很快就把陷于混乱的军队恢复整齐，击退了敌人。

敌人基本不再前来袭击，但冬天翻越海拔近2000米的高山，征程的严酷程度有增无减。特别是夜晚的寒冷令人难以忍受，几乎不能安然入睡，掉队的人不断增多，马匹、大象也不断跌倒。

不久他们越过了顶峰，从这里能俯视阿尔卑斯山的东斜面，远处是广阔的意大利北部平原。但下山的道路更为困难，在连续不断的风雪中，冰冻的路面异常光滑，人、马、象非常容易失足掉入深谷。

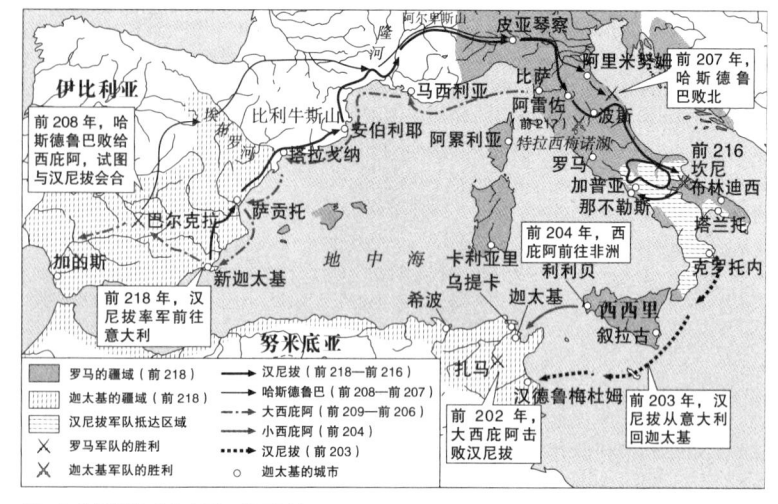

第二次布匿战争（前218—前201）

根据波里比阿的记载，翻越阿尔卑斯山用了十五天时间。汉尼拔手里只剩下2万步兵、6000骑兵、20头战象。但不管怎么说，汉尼拔和他的军队成功翻越了阿尔卑斯山。汉尼拔不屈不挠、毅然决然的形象，士兵们都看在眼里，必定对他越发信赖。住在意大利北部的高卢人大概也觉得汉尼拔是令人畏惧的勇将。这些高卢人可能不喜欢罗马，所以决定追随汉尼拔。

用伏击战术全歼罗马军队

公元前218年的执政官是普布利乌斯·科内利乌斯·西庇阿（即老西庇阿），他的儿子也就是后来被赞为救国英雄的大西庇阿。他率领罗马军队驻扎在波河溪谷，准备迎击汉尼拔军队。

意大利北部的一些高卢人部落支援迦太基军队。老西庇阿把军队后撤到特列比亚河，重新组织防线。两军隔河对峙，兵力都超过3万人，双方势均力敌。在这种情况下发动进攻是非常危险的。加之战伤未愈的老西庇阿不能到现场指挥作战，罗马军队显得特别小心谨慎。

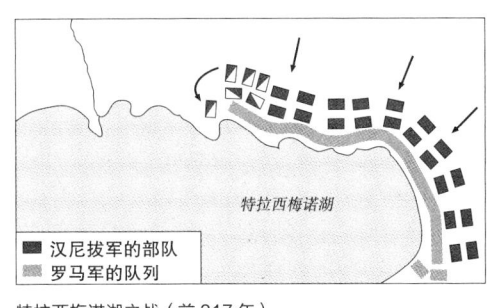

特拉西梅诺湖之战（前217年）

但迦太基军队中的努米底亚骑兵渡河向罗马阵营发动进攻，罗马人以为终于等到了难得的机会，执政官森普罗尼乌斯率军应战。努米底亚骑兵队列很快发生混乱，向后撤退。罗马军队趁此机会全军渡过冰冷的河水，紧急进击。但渡河之后，眼前的景象让全身湿漉漉的罗马士兵大吃一惊——正面是战象群和队列整齐的迦太基步兵军团，两翼是骑兵部队。看似败北的逃跑只是一个陷阱，罗马人低估了战略家汉尼拔的才智，现在胜负已分。虽然罗马军队没有被全歼，但残兵败将只能退到更远的后方。

山南高卢人占迦太基军队的大半。但罗马人对汉尼拔的意图完全不了解。汉尼拔故意夸大迦太基军队的实力，期待能得到意大利半岛各处的支援。而这需要连战连胜。

大胜罗马军队后，更多的高卢人参加汉尼拔军队。第二年春，迦太基军队在几乎没有抵抗的情况下，南下亚平宁山脉。不知什么时候，汉尼拔军队就冲破了罗马军队的防卫网，执政官弗拉米尼乌斯慌忙率领罗马军队猛烈追击。汉尼拔军队像逃避追兵一样跑了，但当来到特拉西梅诺湖畔时，他们的行军却缓慢了下来。这个地方一侧是陡坡耸立的丘陵地带，另一侧则被深深的湖水拦断。

弗拉米尼乌斯率军追击汉尼拔军队，进入湖边一条窄窄的道路，早晨雾霭重重，罗马军队只能排成长长的队列前进。迦太基军队从沿途茂密的草木丛中冒出来，发动了袭击。原来，汉尼拔在夜间派兵隐藏其间，静等罗马军队进入伏击圈。罗马军队毫无办法，前后及侧面都被迦太基军队包围，还没有进行战斗准备就仓促应战。要想逃走就只能跳湖。这仿佛是大人和小孩间的战斗，而且小孩的手还被扭住了。自负的意大利霸主罗马没坚持多久，就几乎全军覆没了，将军弗拉米尼乌斯也战死在这里。

攻击后勤点的"拖延战术"

汉尼拔作为战术家的才干超乎人们想象，这是罗马人从未应对过的情况。接连不断的大败使罗马陷入紧急状态。出身名门贵族、颇具威望的费边被指定为独裁官。费边认为和汉尼拔正面对决非常愚蠢，他的作战方法是避免正面交战，不即不离，只是一味跟在汉尼拔军队后面。这就是著名的"拖延"战术。这并不是费边胆小。率领大军作战，最重要的是物资和兵源的补充，军事行动背后必须有后勤保障。费边的目的是打击迦太基军队的后勤，消耗其实力。

罗马人对费边的意图很反感，但汉尼拔看到了战术家费边的才能。既然威望显著的统帅受到批评,那就再加一层恶评,这不也是一种战术吗?汉尼拔军队四处破坏、劫掠,就是不骚扰费边的领地。好像费边和汉尼拔心意相通一样。

罗马民众更加愤怒,可费边没上汉尼拔的当。他迅速把自己的土地捐给国家,这个决心的好处是人们打消了对费边的疑虑,费边保住了自己高洁的名誉。费边的"拖延战术"一点点地削弱了汉尼拔军队脆弱的后勤供应,在征用物资方面,汉尼拔军队还能设法完成,但在兵源补充方面几乎无能为力。汉尼拔军队尽管占据优势,但这个优势却不知能保持到什么时候。这样想来,不论谁都会打消对迦太基军队的恐惧。汉尼拔军队人数才5万不到。

公元前216年春,罗马准备好足够的物资,人员补充也十分充分,而且在本土作战,不用担心后勤。从铺设阿庇亚大道开始,罗马人就形成了重视后勤这一传统。罗马重新征兵来补充兵员,总数已接近8万人。

两军这时在山岳地带对峙,军队几乎无法展开作战。汉尼拔见地势不利,用几天时间把部队转移到东南方向的坎尼,在那里构筑阵地。该地位于河流注入意大利南部亚得里亚海形成的冲积平原上。紧追其后的罗马军队也在此修筑阵地。

指挥军队的将领已不是费边,这一年的两个执政官是主战派瓦罗和慎重派保卢斯。罗马军队在左岸,迦太基军队在右岸隔河对峙。两军相距不足5公里。从现在看,这是古代最大规模的决战。在决战现场各方都做了哪些准备?下面我将着重介绍一下。

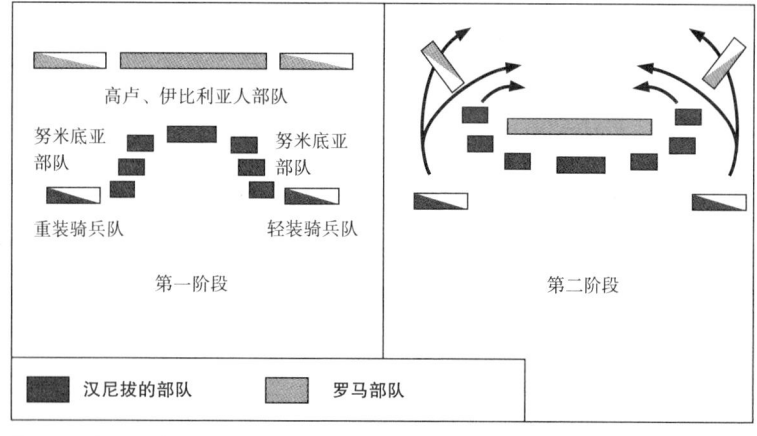

坎尼之战（前216）

步兵被孤立，亡兵七万的惨败

盛夏时节，两军对峙已经两天。罗马兵力总数为7.6万人，其中重装步兵5.5万人，轻装步兵1.5万人，骑兵6000人。迦太基总兵力为5万人，其中步兵3万人、轻装兵1万、骑兵1万。迦太基只在骑兵方面占有优势，构成军队主力的步兵是7万对4万，罗马军队占压倒性优势。而且，迦太基的步兵和轻装兵是以高卢人、利古里亚人、巴利阿里人为主。因为是召集的雇佣兵，士气未必很高。

第三天来临。处于劣势的部队应该如何作战？这个忧虑萦绕在汉尼拔的心中。平原上到处都是罗马士兵，其数量之多让迦太基士兵畏惧。但如果注意观察，就会发现罗马军队的把主力配置在中央位置。汉尼拔头脑中闪现出将来决战的战术。

两军在先头配置的轻装步兵发生小规模接触，很快他们又像云一样消散了。背后罗马军队的中央位置排列着由十二列重装步兵组成的正规军团，是通常队列厚度的两倍，配置在两翼的骑兵部队，像波涛一样涌了过来。

以此相对，汉尼拔把中央位置的步兵排列成半月形的方阵，这个凸起的半月形队列的左右后方呈阶梯状排开，并在左右后方配备重装步兵，在外侧部署骑兵部队（如图的第一阶段）。

罗马的重装步兵军团以压倒之势快速前进，进入突击态势。罗马军队急躁地追赶敌军，队列变得七零八落。以凸起的半月形布阵的迦太基军队，向后撤退，罗马军队的中央部队开始进入包围圈，犹如被吸进中央位置一样，眼看就要实现正面突破。相反，迦太基军队的半月形中央部分凹了进去，变成凹型半月形。迦太基军队的队列眼看就要被挤破，但他们仍以必死的决心坚持着。

汉尼拔等的就是这一刻，他命令两翼配备的重装步兵前进，攻击罗马步兵的侧面。同时，迦太基军队的左翼骑兵击破罗马军队的右翼骑兵，转到罗马军队背后，与迦太基右翼骑兵合流。本来骑兵就占优势的迦太基军队，击败剩下的罗马左翼骑兵简直易如反掌。迦太基军队很快改变方向，袭击罗马步兵军团的背后。战场中间只剩下罗马步兵军乱作一团，迦太基军队环绕四周（如图第二阶段）。罗马军队的命运已经不可逆转，接下来就是悲惨的屠杀，血流成河。战死者达7万人，可以说这对罗马军队造成了毁灭性的打击。也许这一数字有夸大成分，但单单一次战役就有这么多战死的人,这种现象也只有到了第一次世界大战才再次出现。

总之,汉尼拔的想法是以己之长补己之短。如果步兵处于劣势,就要利用优势的骑兵来弥补。在左翼配备伊比利亚人和高卢人骑兵,右翼让努米底亚人骑兵待机而动。大胆使用左右两翼的骑兵,成功形成包围网。这就是在世界战争史中熠熠生辉的经典战术。

这次战役对罗马打击非常大,战死者中就有八十个是元老院的元老。执政官之一的保卢斯本来对和汉尼拔正面冲突持慎重态度,但主战派瓦罗却不顾一切,希望在坎尼决一死战。讽刺的是,瓦罗虽然负伤,但逃出了重围,保卢斯却倒在战场上。这个败将在断气前哀叹:"先是败给了瓦罗,然后才败给了汉尼拔。"

被派遣到伊比利亚半岛的两兄弟

汉尼拔军队在意大利半岛势如破竹,罗马人越来越恐惧。他们担心留在伊比利亚半岛的迦太基军队很快会与汉尼拔合流,因此很早就把西庇阿兄弟派遣到伊比利亚半岛。最初是派遣弟弟格奈乌斯·西庇阿进军西班牙,稍后哥哥普布利乌斯·西庇阿也来到这里。哥哥就是后来救国英雄大西庇阿的父亲,这位弟弟也就是大西庇阿的叔叔。

实际上,迦太基已命令汉尼拔的弟弟哈斯德鲁巴·巴卡与在意大利半岛战斗的汉尼拔合流。但西庇阿兄弟积极行动,阻碍了哈斯德鲁巴·巴卡进军意大利。坎尼之战的第二年即公元前215年，一次战役中，西庇阿军队完胜哈斯德鲁巴·巴卡军队，就连哈斯德鲁巴的营地也被罗马军队端掉，从而解除了罗马的燃眉之急。

不管怎样，必须削弱迦太基在意大利半岛的势力，并昭示罗马在当地的霸权。但罗马在意大利本土陷入了困境，已不能确保充分的后勤保障。在这样恶劣的情况下，伊比利亚半岛的西庇阿兄弟却英勇善战。在意大利半岛遭受汉尼拔蹂躏、罗马人意志消沉之时，西庇阿兄弟在伊比利亚半岛快速进击，给罗马人注入了新的勇气。

西庇阿兄弟最关心的是当地居民的认同和支持。两人都具有敦厚的人品，所以得到了当地居民的喜爱和敬仰。这在与迦太基军队作战过程中发挥了极其重要的作用。虽然迦太基军队也很了解当地的形势，但当地居民更清楚。在这种意义上来说，西庇阿兄弟不是单纯的策略家，而是深谋远虑之人。后来作为儿子、侄子的大西庇阿在伊比利亚半岛能享有很高威望，都是托父叔两兄弟的人品与人脉之福。

但迦太基也并不是眼睁睁地看着两兄弟扩展势力的，一旦罗马人在伊比利亚半岛的物资补给不充分，雇佣兵补充不够，迦太基就可一举扫除罗马势力。公元前211年，迦太基转入反攻。罗马为此召集素以勇猛著称的当地土著民入伍，但迦太基向这些土著民许以黄金、物资进行贿赂，土著民很快撤回士兵。普布利乌斯的军队与格奈乌斯的军队无法汇合。哥哥在危险的行军过程中战死，据守堡垒的弟弟随后也战死。顷刻间，罗马失去了两位优秀的兄弟将领。罗马对伊比利亚半岛的征服前景不容乐观。

罗马人传统是走向胜利的向导

在挫败中学习

我们再次把视线转到意大利半岛。坎尼之战大胜后，为何汉尼拔没有进军罗马？读到这段历史的人都会有这个疑问，其实当时汉尼拔军队的指挥部也对此进行了激烈的讨论。指挥官们激烈地主张"进攻罗马"，但汉尼拔坚决不接受。虽说攻占罗马是乘势而为，但迦太基当时没有那样的能力，兵力、物资的补充都不充分，还无法进攻强国罗马的核心地带。况且，越靠近罗马，越要巩固和周边地域的团结。这是汉尼拔冷静的判断。

坎尼大胜影响广泛，汉尼拔也满怀希望地观察它所带来的效果，也许他满心期待罗马的同盟者们会背叛罗马。实际上，在与罗马关系疏远的意大利南部地区，已有零星几座城市与汉尼拔军队联合起来。尤其是坎帕尼亚的主要势力卡普亚，它背叛罗马，让汉尼拔很是欣喜。尽管如此，其他城市没能出现连锁反应。不过，在背叛罗马的贵族指引下，汉尼拔通过夜袭，占领了重要的港口城市塔兰图姆。而且，从海的另一面传来喜讯，巴尔干半岛的马其顿和西西里岛的叙拉古都与迦太基结成同盟关系。横跨东西地中海形成对罗马的包围网不再是梦想。

但现实并不乐观。意大利重要地区的城市陆续叛变,不过是虚幻的梦。因为,从迦太基本土来的补给仍没有到达,对这些观望中的城市来说,缺乏后勤补给的汉尼拔军队现在还不能信赖。

那罗马方面又如何呢?我们回忆一下过去的事例,眼盲老人阿庇乌斯·克劳狄在元老院发表慷慨激昂、热情洋溢的演说,再一次激发罗马人的斗志。共和政体法西斯主义国家正是在困境中才会发挥出它的优势(参照第三章)。

罗马在战争中连战连败,苦酒一杯接一杯。但出现了连汉尼拔都理解不了的现象。以国家为己任的罗马公民越是危机时,就越能燃起爱国热情。虽说是坚强,但像这样坚强的公民也不多吧。

尽管遭受打击,但只要不认输,最后就不会是单纯的失败。可以说,罗马人时刻铭记着从失败中学习,只要失败者还有东山再起的勇气,就不会受到责备,甚至会被热情欢迎。例如,坎尼惨败的将军瓦罗带领残兵败将回到罗马时,元老院称赞他是"没有对共和国绝望的"勇士,向他表示感谢,并且同意延长他的指挥权,给他卷土重来的机会。另一方面,罗马人对懦夫和通敌者绝不同情、宽恕。这是罗马人"祖先遗风"。

前所未有的国难唤醒了民众的爱国心,形成为祖国虽死不辞的氛围。响应征兵者不绝于途,富裕阶层把自己的奴隶提供给军队。罗马迅速重整兵力,要求一鼓作气进行反击的呼声也高涨起来。

在被煽动起来的狂热情绪支配下,发起赌博式的复仇攻势,这不就是敌人所希望的吗？元老院对此始终持慎重态度，开始重新考虑费边的"拖延战术"。和以往不同的是，元老院选出费边连任公元前215年及前214年两期的执政官，翌年又选举费边的儿子为执政官，父亲成为儿子的副将。不过，尽管有在失败中学习的智慧，但光是慎重，不是本领。

罗马的盾与剑　　费边的同僚、以勇敢著称的马塞勒斯被选为执政官。他曾在第二次布匿战争前在意大利北部同高卢人战斗，马塞勒斯在那里与敌军将领一对一骑马厮杀，杀死对方，夺其武器献给朱庇特神，这是罗马军人最高的功勋。得到这个荣誉的罗马人在马塞勒斯之前只有三人，在他之后则一个也没有。

马塞勒斯开始着手进攻西西里岛的叙拉古。这座城市是西西里岛上至关重要的城市，势头强大。不过，这里有古代屈指可数的物理学家阿基米德，他设计的很多大型兵器让罗马军队烦恼不已，使罗马士兵闻之色变。马塞勒斯只好对城市进行封锁，采取消耗战。城内出现内奸，加之马塞勒斯用兵巧妙，公元前212年，叙拉古陷落了。阿基米德在城陷时被罗马士兵杀害，原本期待会见阿基米德的马塞勒斯听到这个消息后感到非常遗憾。

公元前211年，支援汉尼拔的城市中势力最大的卡普亚被罗马军队包围。汉尼拔没有直接攻击罗马的包围网，而是进军罗马。从卡皮托里山丘就能看到汉尼拔军队营地的篝火，但这只是把罗马军队从卡普亚引开的佯动作战。费边看穿了汉尼拔的意图，他让罗马民众保持镇静，呼吁继续包围卡普亚。民众相信费边的话，罗马城内没有发生混乱。不久，卡普亚也陷落了。

之后，马塞勒斯返回意大利本土，和汉尼拔三次对战。双方都是英勇善战的军队，战争处于僵持状态。汉尼拔曾这样抒发自己的感受："费边像我的老师，但马塞勒斯才是真正的敌人。费边对我的失误加以惩罚，而马塞勒斯带给我的总是损害。"

数年后，汉尼拔的骑兵部队在一次伏击中，意外杀死了带队侦查的马塞勒斯。汉尼拔火化了马塞勒斯遗体，把骨灰送到他儿子那里。越是有灵魂的敌将，对手越是对他充满敬意，理解其真正的价值。

可是，汉尼拔已经没有把握可以一举定胜负了。他占领意大利南部，徒劳地浪费时间。为此，罗马民众把费边称为"罗马之盾"，把马塞勒斯称为"罗马之剑"，赞颂两人功绩。

如果我们回顾一下公元前211年发生的事件，就会发现这一年是第二次布匿战争中奇妙的一年。在伊比利亚半岛，罗马持续不断的攻势被击退。统率罗马军队的西庇阿兄弟也战死，罗马在此地的霸权岌岌可危。但在意大利本土，之前势不可挡的汉尼拔军队也失去往日的势头。罗马军队与迦太基军队都在对方土地上陷入困境。比起战略和战术，陷入困境更重要的原因是后勤保障的危机。因为孤军深入敌境，战争时间一旦被拖长，就必然不能及时补充物资和兵源。

西庇阿·阿非利加努斯 扎马之战中打败汉尼拔的名将。那不勒斯国立博物馆藏

信义的纽带，起用青年大西庇阿

和汉尼拔的战争开始时，普布利乌斯·科尔内利乌斯·西庇阿（即大西庇阿）还只是十几岁的年轻人。在父亲指挥下，他在意大利北部初次披挂上阵，还救下被迦太基骑兵围困的父亲。在坎尼激战时，他作为青年将领参与其中，好不容易和残兵败将一起逃出重围。

公元前211年，父亲和叔叔的讣报从伊比利亚半岛送到了罗马，大西庇阿时年二十四岁。伊比利亚战线处于劣势，而有能力担任统帅的人少之又少。但继承西庇阿兄弟血统的这位年轻人没有胆怯，虽说大西庇阿曾担任过监察官，但从常理来讲，元老院一般不会启用一个二十多岁的小伙子来担任统率军队的司令官。不过，元老院无视惯例，把远征伊比利亚半岛的重任委托给才二十六岁的小伙子。

对大西庇阿来说，有给亲爱的父亲和叔叔报仇的大义，很多罗马同胞也都深有同感。西庇阿兄弟的大名已在土著部族间传遍，兄弟两人性格敦厚，在当地还留有良好的人脉，这些因素使当地部族愉快地接受了大西庇阿。而且，大西庇阿这个年轻人身上还藏有某种不可言喻的魅力。

我们这里稍稍扩展一下视野，谈谈共和国时期罗马社会的人际关系。概而言之，罗马共和国实行由元老院贵族主导的寡头政治，其中又由一群被称为新贵族的显贵进行世袭统治。所谓新贵族，就是其祖先担任过执政官级别公职的人，在贵族中属于有权势的家族。

但血缘并不能解决所有问题。担任执政官级别公职的家族依次交替，即使有历史渊源的名门贵族，如果不是以自己的力量取得功绩，也不能成为权威人物。积累功绩，不辱没祖先，这叫做践行了"祖先的遗风"。贵族要成为名副其实的贵族，就得忍受严酷的考验。不管是名门二代还是三代，任何时候都不能懒散。

总之，这些新贵族作为最高统治阶层的一分子，下面是无权无势的贵族或占绝大多数的平民阶层。这些新贵族和其他人之间，信义成为一条纽带，连接着强者和弱者。信义是一种心灵关系，因此也是自由的人际关系，约束力微弱。但正因为是没有契约的内心的信义，反倒形成两者间坚固的联系。这可以说是"拟父子"的主从关系，用专门用语表示可称为"保护—被保护"关系。这种人际关系像网一样扩展，以少数有权势者为顶点，各种势力鼎立。

例如，以执政官为首的高级公职人员的选举，在公民大会这一市民集会上举行。但左右这些选举动向的，大多是这些有权势贵族的"保护—被保护"关系网所拥有的动员力。即使在元老院，也是权威人物的发言更起作用，实力弱小的贵族们都要侧耳倾听他们的发言。

占领地和行省也会缔结这样的人际关系。对看重名誉和权威的罗马人来说，这是格外重要的人际关系。在出征在外的罗马权贵和土著部族首长阶层之间，同样会基于相互的信义萌生友谊。那虽然是"保护—被保护"关系，但也是由心灵的信赖而产生的联系。在伊比利亚半岛的西庇阿兄弟便是以这样的信义为纽带，和土著部族首长层联系在了一起。继承父亲和叔叔血统的青年大西庇阿，就在这样的背景下登上了历史的舞台。

众神的宠爱和幸运　　公元前210年，大西庇阿来到伊比利亚半岛。来到未知的土地后首先要做的，是调查当地的情况和土著民的动向。大西庇阿的情报收集能力非常出色，他首先攻击迦太基势力的核心地带新迦太基城。从情报分析来看，如果发动突然袭击，即使迦太基军队前来支援，时间上也来不及了。

虽然计划经过理性判断，是合理的，但大西庇阿也求助于神灵，他告诉将士们，神在梦里与他约定，承诺保护我军。因此士兵们士气大振，斗志昂扬。他们从当地的渔民口中得知，退潮时城市的岸边会出现广阔的浅滩。大西庇阿的军队到达时，正开始退潮，眼前如奇迹般浮现出大片浅滩。大西庇阿的军队走过浅滩，简直像受到神的保护那样，顺利攻占了新迦太基城。

罗马军很快占领了新迦太基城，大西庇阿的手腕和魅力赢得了这场胜利，甚至因此出现大西庇阿受众神宠爱的传言。士兵们对大西庇阿十分信赖、忠心耿耿。不仅如此，大西庇阿还赢得了土著部族酋长们的效忠。

这是某次战斗中发生的事。某个部族酋长的女儿作为俘虏被献给了大西庇阿，这位美女无论谁见到都会魂不守舍。即便是夸耀权势的将领要将她占为己有，也不会挨一点批评。

> 但大西庇阿把这个姑娘送还给她的未婚夫，并把从她父母那里得到的赎金，作为结婚的贺礼送给了她。姑娘所属部族对大西庇阿的举动很感激，主动宣誓效忠罗马军队。（弗龙蒂努斯《谋略》）

大西庇阿深入敌境，为得到土著部族支持，才做了如此冷静的判断吧。尽管如此，这一事件还是很好地表现了大西庇阿明辨是非、富于同情心的品格。

大西庇阿的军队在伊比利亚半岛节节获胜，汉尼拔的弟弟哈斯德鲁巴·巴卡被打败后，开始率兵转向意大利。这也许是大西庇阿的失策，因为这对巴卡家族的兄弟要是在意大利半岛合流的话，会对罗马构成最大的威胁。

哈斯德鲁巴·巴卡率军沿着十年前哥哥走过的道路，轻易翻越了阿尔卑斯山。不过，罗马军队的行动也很迅速。北上的罗马军队监视哈斯德鲁巴·巴卡的军队，伺机而动，南下的罗马军队则阻挡汉尼拔军队的行动。一次偶然的机会，哈斯德鲁巴·巴卡给汉尼拔的联络信落到了罗马军队手中。根据上面的情报，罗马

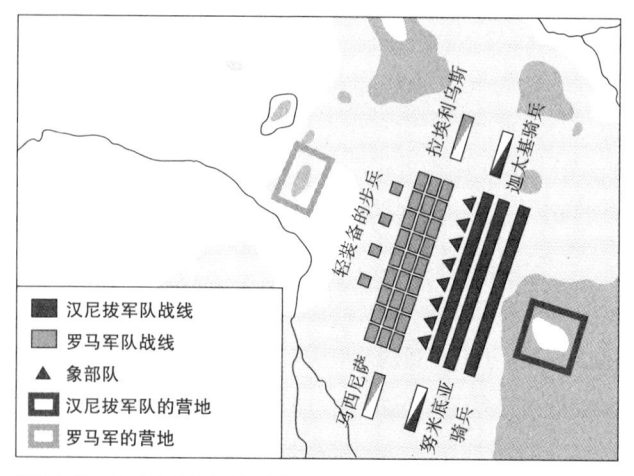

图中文字：
- 汉尼拔军队战线
- 罗马军队战线
- ▲ 象部队
- 汉尼拔军队的营地
- 罗马军的营地
- 轻装备的步兵
- 拉埃利乌斯
- 迦太基骑兵
- 汉尼拔
- 努米底亚骑兵

扎马之战　在马西尼萨骑兵帮助下，罗马取得胜利

军队对哈斯德鲁巴的行军路线发动突然袭击，歼灭了这支军队。

哈斯德鲁巴·巴卡战死，首级被抛入汉尼拔军队的营地。这时哥哥才知道事态严重，弟弟太早到达意大利，结果事与愿违。罗马人再也不用担心巴卡家族兄弟会师，悬着的心放了下来。

伊比利亚半岛的战斗还在继续，但毫无悬念，最后的胜利是属于大西庇阿的。曾支援过迦太基的努米底亚国王马西尼萨也对尽管年轻但颇具名将风范的大西庇阿很有好感，一直关注着大西庇阿。

把汉尼拔的战术刻在心里的大胜利

公元前205年，大西庇阿回到罗马，这位光彩照人的英雄受到了热烈欢迎。很快，他当选为执政官，着手实施远征非洲的

地中海世界与罗马帝国

计划。但"拖延战术"的老英雄费边一直反对这个雄壮的计划，大部分元老院元老也持消极看法。但元老院若是考虑民众对大西庇阿的期望，就不能反对远征。因此，元老院决定不提供军团，如果要远征，就得由大西庇阿自己募集志愿兵，这个决定可以说居心叵测。

在名将荣誉与个人魅力的感召下，大西庇阿很快就成功征召了众多志愿兵。为训练新兵，大西庇阿在西西里岛住了一年时间。这时的他毫不犹豫地表现自己对希腊文化的兴趣，穿着希腊风格的服装在阵前指挥。虽说西西里岛的希腊文化气息原本就很浓郁，但大西庇阿这个"希腊迷"还是让那些罗马国粹派很反感。

大西庇阿避免在意大利半岛与汉尼拔交锋，其战略是远征迦太基的根据地非洲。登陆非洲后，大西庇阿接连攻略敌方阵地，在平原上与敌军交战，取得胜利，但罗马军队的运输船被迦太基军队突袭，遭到破坏。不久，汉尼拔被引诱回了迦太基，正中大西庇阿的下怀。公元前202年，汉尼拔和大西庇阿两军迎来了扎马决战的时刻。

扎马在迦太基本土的西南部，迦太基军队与罗马军队在此对峙。迦太基步兵3.6万人，罗马步兵2.3万人，汉尼拔军队步兵占优势。不过，骑兵是4000对6000，大西庇阿军队占优势。曾支持过迦太基的邻国努米底亚分裂成两部分，分别派出骑兵部队支持两军，正火速赶来。一名王室成员支援迦太基，而马西尼萨支援罗马军队。马西尼萨是在预估了罗马实力、对大西庇阿人品有信心的基础上做出的选择。

汉尼拔在阵前配置80头战象,第一列是新雇佣兵,第二列是公民兵,第三列是老兵,用骑兵掩护两翼。与此相对应,大西庇阿在最前列配备轻装兵,后三列用重装步兵加固,但是,列与列间留有间隔,形成开放的通路,这是诱入战象的奇策。当然,大西庇阿在两翼也配置了骑兵,其中马西尼萨指挥的努米底亚骑兵就放在了右翼。

通过使用小号和投枪,战象不再是罗马军队的顾虑。受惊狂躁的象群反而冲进迦太基的骑兵部队,双方步兵的战斗极其激烈,胜负难解难分。至于骑兵的战况,左右两翼的罗马军队都占据了优势。而且,马西尼萨率领的努米底亚骑兵追击敌军,出现在迦太基步兵背后,包围了迦太基军队,汉尼拔已无回天之力,战争胜负已定。众多迦太基士兵在白刃战中倒下,更多的人成为俘虏。

如果回顾一下扎马会战,我们会发现,汉尼拔军队在坎尼采取的奇袭作战,被大西庇阿军队原封不动地重演了。要在战争中取得胜利,有时得舍掉一些重要的东西,这就是战术的奥秘。年轻的大西庇阿可能参加过悲惨的坎尼战役,一定体验了各种心酸事。汉尼拔的战术,尽管不愿意想起,但必定刻在了大西庇阿的脑海里。这位年轻的失败者一定彻底研究过那位久经沙场的胜利者的战术。

勇将的改革与逃离迦太基

失败的迦太基被迫接受极其苛刻的条件，返还逃兵和俘虏是理所当然的，还要交出一百个人质；除保留十艘船之外，交出所有舰船；交出所有战象；不经罗马同意，迦太基不能与任何国家开战；并且，赔偿一万塔兰托白银，分五十年还清。此外，罗马只承认迦太基本土的领土。总之，迦太基完全被排除在了海上霸权之外。

汉尼拔已是败军之将，但对迦太基民众来说，汉尼拔仍是不败的勇将，对他不离不弃，对英雄的期待一如既往的高。贵族们反感汉尼拔，但汉尼拔却得到广大群众的支持，民众拥护汉尼拔执政。很快，汉尼拔开始对国政进行大胆改革。

汉尼拔首先提出要打破贵族统治，建立以公民大会为中心的国家政体，纠正贪污腐败，重建财政，这当然会引起贵族的激烈反对。不断推出的改革方案对于既得利益的保守阶层来说太过激进。但大众仍热烈支持汉尼拔。

事情发展到这个地步，贵族阶层只能恳请大国罗马的元老院加以干涉。罗马向人心浮动的迦太基派出使节，使节熟知汉尼拔的为人、资质和影响力。对于忧国忧民的汉尼拔来说，外来的干涉会带来国家分裂的危机。预感到这些的汉尼拔，只能亡命海外。在某个夜晚，汉尼拔悄悄溜出城门，逃出了迦太基。

这就是在初冬时节率领战象翻越阿尔卑斯山的汉尼拔，在不利局势下一次次打败罗马军队的汉尼拔，连克劳塞维茨（译注：1781—1831，德国军事理论家、军事历史学家，普鲁士军队少将）

忧国的汉尼拔像 亡命东方后，喝毒酒自杀。那不勒斯国立博物馆藏

和拿破仑都称颂不已的战术天才。正因为如此，对汉尼拔的评价往往侧重于其作为军人的一面，称他为名将。

但作为战略家或政治家的汉尼拔又如何呢？在纵横意大利土地的十数年间，他谋划拉拢罗马的同盟国，是一名随机应变的战略家，战败后为了重建国家，他充当改革者，是一名大胆行动的政治家。虽然由于反对派从中作梗，改革半途而废，但至少在财政改革方面仍取得了一定成果。亡命海外的汉尼拔在东方各国暗中活动，罗马为了对抗汉尼拔，制定了相应的东方政策。从结果来看，汉尼拔的构想给此后的地中海世界留下了巨大影响。只是由于祖国迦太基的倒戈，这些构想全部成为仇敌罗马的果实。

试想，汉尼拔能和士兵们同甘共苦，一定具有关心百姓疾苦的平民情怀。而且，他还是深受希腊文化熏陶的人物。在迦太基，民主政治家汉尼拔的英姿活跃在整个地中海世界。但迦太基人不理解汉尼拔这样伟大的人物，这正是汉尼拔悲剧之所在。

尽管如此，地中海世界里也有理解汉尼拔的人，那就是以大西庇阿为代表的罗马人。罗马人一边害怕汉尼拔的才能和力量，一边不忘从他那里学习。这是罗马人的幸运。但较之运气，也许正是承袭"祖先遗风"的罗马人本身的生活方式决定了他们会这样做。罗马人对于格外优秀的人总是高看一眼,即使那是敌方的将领。在这种意义上,这幸运其实是罗马人自己招来的。

分裂的公民大会 舞台完全改变了。勇将汉尼拔以雄才大略取得坎尼会战的胜利,罗马军队几近全军覆灭,此后罗马社会陷入非常困难的局面。在这种困局下,罗马通过了限制女性豪华着装的法案。该法案以提案人保民官名字命名,被称为奥庇乌斯法。该法案规定,不得拥有半盎司以上的黄金制品;不得穿色彩鲜艳的服装;除祭祀的场合外,罗马城及其方圆一英里之内不得使用车驾。这时正值惨败后的非常时期,罗马的女性把奥庇乌斯法看作理所当然的事情。

不过,随着战争结束,和平时代来临,事情就不同了。公元前195年,两个保民官向公民大会提交废除奥庇乌斯法的议案。但另两个保民官反对这个议案,主张继续保留奥庇乌斯法。公民大会分成赞成和反对两派,在会场上直接展开辩论。

根据历史学家李维的记载,卡皮托尔山丘上,赞成派和反对派双方群众争得混乱不堪。而置身事中的妇女也不再沉默了,她们不再介意社会评价,丢掉谨慎,不再唯丈夫之命是从,走出家门,来到街头,占满了通向广场的道路。连男人也要求到广场集会。随着国家日渐繁荣,男人们的个人财产也在日益丰厚,他们主张女人们应该恢复以前的华美装扮。参与的妇女人数每天都在增加，最终决定向执政官请愿。

这时，作为执政官之一的加图发表反对废除奥比乌斯法的演说，大意如下。如果坚决维护丈夫的权力和威严，女人就不会引起麻烦。现在，无论在家庭还是在公共场所，男人的自由都被女人蛮横地践踏。我们虽然不能让一个女人温顺，但女人一旦结成团体，我们身上的汗毛都会悚然耸立。要是准许女人有集会和协商的机会，那真是危险极了。我们的祖先管束女人，如果没有监护和同意，女人是不能随意行动的。然而，我们承认女人参与国是，让她们到广场集会，在公民大会出风头，真是丢脸至极。对于像女人这样不讲道理、难以驯服的生物，一旦放松缰绳，结果会怎样，不是已经很明显吗？

加图是墨守成规的国粹主义者，以今天的视角来看，这个演说充满了露骨的性别歧视。对此，提议废除法案的保民官表示反对，认为"奥庇乌斯法是非常时期的产物，如今在和平时期，不该用该法案束缚女性，而是要让她们的父亲和丈夫来管理"。这里我们不禁长叹，这是不亚于加图的性别歧视。不管怎么说，最后常识性的意见占了上风，奥庇乌斯法被废除。

这个故事被李维记录了下来，但一般认为，其中有很大的创作成分，特别是讲述加图这些人演说交锋的场面、加图阐述自己主张时的讨论。这些暂且不谈，如果留意一下汉尼拔战争后的罗马社会，我们一定会记住保守派大佬加图的大名。

墨守成规的正义之士，检举救国英雄

加图大约和大西庇阿同年出生，他以一生和这个救国英雄作对而出名。早在大西庇阿在西西里岛训练新兵时，加图曾去视察。大西庇阿为人宽厚，热衷希腊文化，不严格遵守纪律，所有这一切加图都很反感。事情的真伪姑且不论，至少表明了二人从青年时代起就水火不容。

即使他们先后就任公职，加图也绝没有浪费公款或者渎职等类似的行为，是一位光明正大、冷静、坚持正义的人物。加图廉洁而清白，但对奴隶和敌人却毫无温情甚至冷酷。

大加图像　自诩为道德的守护人，一直弹劾大西庇阿出自 *Chronicle of the Roman Republic*

加图作为军人在伊比利亚半岛使土著部族臣服，远征希腊时打败叙利亚军队。他支持为自己举行凯旋仪式，但却完全不许他人有同样举动。没有显著功绩的人物建造雕像，他也会感到不快。他曾说："我死后，比起询问为何有我的雕像，还是询问为何没有我的雕像要更好些。"

加图把奢侈作风和希腊文化的流入视为罗马道德颓废的原因并加以批判，毫不留情地检举政敌。"我只是一个敌人数量很多的人"是他的口头禅。在这一点上,加图是位出色人物,从不抱怨。对自己严格,对他人也严格吧。不过,作为政治家,加图身上也有很多方面算不上正义。

扎马之战后,大西庇阿结束漫长战争,回到罗马。他带着"阿非利加努斯"的尊称,在民众的欢呼和贵族的羡慕中凯旋而来。这时最嫉妒大西庇阿的一定是加图。

被赞为救国英雄的大西庇阿越是拥有显赫威势,加图越是嫉妒。不能否认的是,人们对大西庇阿的赞美其实也有个人崇拜的成分在里面。反大西庇阿势力抬头,加图自然是弹劾大西庇阿的急先锋。特别是在大西庇阿远征小亚细亚回国后,加图告发大西庇阿和他弟弟钱款使用不明。大西庇阿激昂反击,想唤起人们对救国英雄的关心。虽然大西庇阿没有被判有罪,但对于忘恩负义的祖国,他心里的怨恨一定难以断绝。

失意的大西庇阿不得不归隐坎帕尼亚乡间。公元前183年,大西庇阿去世,享年五十二岁。他拒绝把自己葬在西庇阿家族墓地。巧合的是,汉尼拔也在这一年自杀,享年六十四岁。

自命为道德守护者的加图于公元前184年被选为监察官,达到了他一生的顶峰。加图不媚俗,尽力节俭,对违背风纪的人毫不留情,以大西庇阿为代表的很多权势人物因此威信扫地。

此后,加图作为高洁的政治家得到人们的尊敬,但他为正义而牺牲自我的姿态,只得到身边人的热烈支持。背地里,很多人都觉得他是个麻烦人物。

到了晚年，加图担心的事情发生了。当时加图作为罗马使节团的一员，正在访问迦太基。加图对迦太基城市的巨大和富裕深感震惊。迦太基千真万确地复兴了，如果迦太基想把分五十年偿还的赔款一次还清，也绝非虚张声势。

罗马人对迦太基的厌恶感本来并没有那样强烈，普劳图斯的喜剧《布匿人》是汉尼拔战争后的作品，其中尽管有一些侮蔑的成分，但还谈不上反感和威胁。大概是看到了已经复兴、繁荣起来的迦太基，罗马人心中才慢慢萌发出恐惧的情感。

加图一回国，就来到元老院，举着从迦太基带回的无花果说："从罗马乘船到这个甜美果实成熟的国家，只需要三天。"在演讲的最后，他总结道："然而，迦太基应该被毁灭。"之后，无论是什么话题的演说，结尾都是这句台词。

加图孜孜不倦地强调迦太基对罗马的威胁，终于得到了回报。公元前149年罗马向迦太基宣战，那正是加图人生谢幕之前。三年后，迦太基灭亡。那时罗马军队的统帅是西庇阿·埃米利安努斯（即小西庇阿）。

加图不喜欢西庇阿家族，据说只对西庇阿·埃米利安努斯另眼相看，对他充满期待。当然，在八十多岁的加图看来，三十多岁的小西庇阿是孙子辈。争强好胜的加图在晚年跟后辈辩论时也很是吃力。孙子一辈的话，也许已经点燃不了他难以扑灭的忌妒之火了吧。

第五章

地中海霸主

百年内乱的开始

**处于两极的卓越民族
——犹太和罗马**

世人公认犹太人是一个卓越的民族。不过，要是说罗马人也是毫不逊色的出色民族，能有多少人同意呢？可是，如果不这样想的话，我们脑海中就浮现不了作为地中海霸主的罗马人的英姿。

犹太人崇拜唯一神，就连称呼神的名字都不敢，衷心地践行以律法为基础的选民生活。这里说的律法就是《旧约圣经》所谓的"摩西五书"。犹太人的顽强姿态不仅存在于古代，即使现代也能看到。所以，我们毫不犹豫地把犹太人看作卓越的民族。

但罗马人怎样呢？现在已经看不到罗马人的身影了，除了虚构的影像画面，罗马人是不存在的。现代的意大利人在遗传基

西塞罗胸像 罗马政治家、雄辩家，后来成为执政官

因上也许和古代罗马人接近，但在心性、规范或者习俗等方面，和罗马人都有很大的不同。

为什么只有罗马人能建立这样庞大的帝国？这个问题不仅引起了异邦人波里比阿的兴趣，连古代人或现代人都充满好奇。所谓的罗马人到底是怎样的人群呢？这是一个回避不了的问题。

罗马人在人数方面比希斯帕尼亚人少，体力比高卢人弱，才能不如迦太基人，学术和艺术不及希腊人。指出这些不足的正是西塞罗。不过，西塞罗也指出，罗马人对众神的虔敬（pietas）和谨慎（religio）不逊色于任何民族。

神的力量支配万物。在罗马人的意识深处，隐藏着一种无能为力的宿命感。为了不触怒众神，罗马人对祭祀仪式极其重视。这在身为希腊人的波里比阿的眼里，显得颇为特别。这位历史学家在《历史》中这样描绘：

> 宗教对罗马的影响远超过其他国家。宗教在别的国家被称为迷信，在罗马则成为国家统一的关键。任何宗教仪式都要办得壮观。无论是官员还是平民，其公民生活都有明确规定。在这方面发挥最大作用的，非宗教莫属。

在这里我们发现了两个民族奇妙的相似之处。犹太人的宗教生活与众不同，同样地，罗马人的宗教活动也很特别。犹太人崇拜绝对的唯一神，罗马人畏惧众神的力量。即使在地中海世界同时代人的眼里，这一点也是相当奇异的吧。

在多神教占主流的地中海世界，信奉一神教的犹太人格外显眼。既然罗马人和其他民族在多神教信仰上是一样的，那究竟在哪里存在差异呢？

罗马人的祭祀仪式是出奇严格的形式主义。仪式的顺序必须按照规定进行，如果稍有不同，就要从头再来。例如，在仪式过程中执行者本应该先出右脚，却先出了左脚，就要从头再来。

因此，仪式极其严肃，信徒们的情感被牢牢控制住。罗马人似乎觉得只有这样才是对众神的虔敬和慎待。与此相比，在其他多神教社会中，祭祀仪式是节日庆祝，大多伴随着乱七八糟的气氛。如果以这些人的眼光来看待罗马人对众神的崇拜，一定会觉得相当奇怪。

但罗马人这个民族并不完全依赖神来保佑自己的生活。在敬畏神灵方面，罗马人自然毫不逊色。严肃的祭祀仪式能避免触怒神灵而给自己招来不幸，同时，如果可能，罗马人还希望得到神灵的庇佑，带来幸运。

当然，预知幸事还是不幸事，这已经超过人的智力范围。所以，罗马人在现实世界中付出最大的努力，可以说是"天助自助者"。在这个意义上，罗马人是极其世俗主义、现实主义的。

为了更好地说明，我们试着比较一下信奉一神教的犹太人和信奉多神教的罗马人。犹太人敬畏一神，罗马人敬畏众神，两者都非常突出。犹太人以律法作为信仰基础，践行"选民"生活。而罗马人则把"祖先遗风"作为规范行动的依据，为了永恒的荣誉在世间苦苦挣扎。

若只是把事情简单说说，那必然会招致批评，但在这里，我想斗胆直言。犹太人和罗马人这两个卓越的民族都生活在古代的地中海世界，同属一个时代，却处于两个极端。而且两者命运竟如此不同，令人吃惊。犹太人失去了祖国，经历离散四方的苦难，而罗马人则把地中海变成自己的内海，建立广阔的世界帝国，获得无上荣光。

重视名誉，敬畏众神

关于罗马人注重"祖先遗风"的问题，前面已经说明过。犹太的律法是有文字记录的，而罗马人的"祖先遗风"的传承却并非靠文字。即使有偶然记录下来的文献，也不是各方都认可的经典。那些全靠人们口口相传的故事，可以做出各种解释，具有很大的灵活性，这和犹太人的律法毫无相似之处。罗马人并不是把规范作为绝对标准加以推崇，而总是在规范和现实间留有余地。

罗马人所谓的"为了永恒的名誉"又是什么呢？这和他们心系"祖先遗风"有密切联系。罗马人肩负祖先的名誉，把取得当之无愧的功绩作为自己应尽的职责。这也是给子孙后代做榜样，拥有死后的名声，才是其真正的夙愿。贵人馆中陈列的祖先胸像、历史上祖先的生动事迹都使孩子们心潮澎湃，决心成为和祖先比肩的人物。这是过去的祖先和未来的子孙在理想上的竞逐。这种生活方式的确是"为了永恒的名誉"而不辞劳苦。

而且，"不畏艰苦地在世间活下去"即违背了对众神的敬畏之心。众神的意志会以预兆的方式展示出来。因此，罗马人重视鸟占卜、肝脏占卜等。例如，罗马曾出土过一件显示神意的青铜模型，告诉人们羊肝脏的哪个部位代表着什么样的神意，似乎是学习占卜用的。即使有这些，众神的力量远超于人的智慧，非人类力量所能及。也许没有人像罗马人更熟知这一点。从此衍生的人生信条是"尽人事以听天命"。这不是要人们沉迷于现世利益和享乐主义，而是让人们觉悟到，要更好地活在人世间。

到此为止，也许多少过于理想化地描述了罗马人。现实中的罗马人当然各有不同，各有其多姿多彩的生活，但罗马人的理想生存方式始终潜藏在他们的心里。至少对于引领罗马社会的人来说，这一点，他们的内心肯定思考过。

改革领袖格拉古兄弟和他们的父母

公元前 2 世纪一位名叫科涅莉亚的女性经常说："比起被人称为西庇阿的女儿，我更想被人称为格拉古兄弟的母亲。"她就是普布利乌斯·科尔内利乌斯·西庇阿·阿非利加努斯即救国英雄大西庇阿的次女，也是后来领导罗马社会改革运动的旗手格

格拉古兄弟和母亲科涅莉亚 卡沃利尔（Cavelier）作品。奥赛美术馆藏

拉古兄弟的母亲。而且，这个女性还是小西庇阿的岳母。

有一次，朋友问大西庇阿，他的女儿科涅莉亚的结婚对象是谁，他回答还没决定，于是在朋友的推荐下确定了结婚对象。这件事必然要告诉妻子。一听说科涅莉亚的结婚对象决定了，大西庇阿的妻子立刻愤愤不平地质问："本打算要让女儿嫁给塞姆普罗尼乌斯·格拉古那样的人物的，可是……"听到这些话，大西庇阿悬着的心才放了下来。因为，他选择的就是那个男人。

塞姆普罗尼乌斯·格拉古因平定伊比利亚半岛勇猛的土著民族凯尔特伊比利亚人而闻名罗马。这个顽强不屈的土著部族凭借游击战术，让罗马军队头痛不已。而且，普鲁塔克的《英雄传》记载："他担任过一届监察官，两度当选执政官，举行过两次凯旋式。但使他出名的不是这样的荣誉，而是他高洁的人品。"

不光罗马同胞，连敌对的土著居民似乎也认可他的人品。平定凯尔特伊比利亚人后，塞姆普罗尼乌斯以极其公平的条件缔结和约。就连习惯了罗马人贪得无厌、背弃信约的土著部族也对和约内容表示很惊讶，或许正是这个原因，令双方遵守了这个和平条约足足二十五年。

塞姆普罗尼乌斯和科涅莉亚共养育了十二个子女,但有九个年幼时即夭折,即便是在婴幼儿死亡率较高的时代,这样的经历对父母来说也一定非常悲惨。幸运的是,提比略和盖约这对所谓的格拉古兄弟顺利长大成人。不过,那只是即将降临的悲剧的开始。

塞姆普罗尼乌斯签订和约后,经过一代人的时间,希斯帕尼亚再次陷入动荡之中。公元前137年,哥哥提比略加入执政官曼西努斯率领的军团,踏上伊比利亚半岛的土地。可刚深入敌境,总数达2万人的罗马军团就被凯尔特伊比利亚人轻而易举地包围了。

除了和平谈判,就没有别的解决办法了。敌对的土著部族多次被罗马人欺骗,所以很难和他们打交道。但是,罗马人有一张意想不到的王牌。土著部族知道了塞姆普罗尼乌斯·格拉古的儿子在罗马军团,他们通知罗马人,如果塞姆普罗尼乌斯·格拉古的儿子来交涉的话,双方可以进行协商。这样一来,提比略出场议和。虽然被解除武装,但提比略父亲公平、高洁的人品挽救了罗马军队。

名门中的名门
决心掀起风暴

可是,一回到罗马,事态的发展却出乎意料。对于习惯连战连胜的罗马,这个和约是个耻辱。提比略挽救了罗马军队,却没有得到应有的赞誉。元老院甚至撕毁了和约,把议和责任人曼西努斯引渡给土著部族。在凯尔特伊比利亚人根据地努曼提亚

凯尔特伊比利亚人的浮雕　卡埃图拉提族战士。出土于奥苏纳（Osuna）

的营地前，曼西努斯裸着身子被捆绑，受到众人的嘲笑。但土著部族很精明，像故意嘲弄罗马人似的，没有伤害曼西努斯一丝一毫。

这一连串毫无道理的事情，严重伤害了自尊心极强的提比略·格拉古。这次议和是靠父亲的威信和提比略自己的努力促成的，可以说是事关格拉古家族的名誉。可议和还不到一年时间，元老院就无情地践踏了这份和约。虽说提比略自己也属于元老院的一员，但他十分反感元老院的贵族，这可以理解。对于人来说，没有比伤害自尊更严重的伤害了。

提比略奔赴希斯帕尼亚途中，路过伊达拉里亚。他在伊达拉里亚看到了意想不到的田园景象。所到之处，只有奴隶在耕地、牧场劳作。这些奴隶都是从外地带来的粗人，如果这些奴隶都做了农夫、牧人，以小农为基础的罗马共和国会有什么影响呢？

确实，罗马在不到一百年的时间，通过一次次胜利扩张了领土。在掌握广大耕地和牧场的同时，作为战争俘虏的奴隶也大量流入罗马。罗马境内满是大庄园、大牧场，这些地方都使用奴隶劳动。那些自耕农究竟去哪里了？

三年前的土地改革法案因为反对者众多而破产。现在，罗马应该充实国力，即壮大自耕农的实力。而且，这些作为大土地所有者的贵族，必须要为此做一些牺牲。尽管这些贵族一定会激烈反对，但必须有人来做这些事情。

完成这项改革事业的人只能是继承西庇阿家族和格拉古家族血统的自己。把罗马这个国家恢复为原来的面貌，对于出身名门中的名门的提比略来说，正是与身份相称的事情。我们不确定提比略是否自负到这一地步，但任何人都能想象反对势力有多强大。必须不顾这些阻挠，着手大规模改革。提比略下决心成为掀起风暴的人。

力排众议的土地改革　　罗马共和国有保民官一职，这是公元前5世纪在平民的压力下设立的。保民官拥有否决权，法律特别规定禁止伤害保民官。

公元前133年，提比略当选保民官。保民官有十人，提比略是其中最杰出的人物。毕竟，提比略是大西庇阿的外孙、塞姆普罗尼乌斯的儿子、小西庇阿的内弟，另外也有著名权威人物做靠山。

话虽如此，要准确叙述这个时期的情况，可是一件非常困难的事。因为，即使在后世作品中，记录的都是当时反格拉古派的宣传。其中很多是充满恶意的丑闻或是中伤。这次过激的变革，大概对当时的人造成了相当大的冲击。

人要成就大事，其动机应该越多越好。这些动机包括国家大义、对弱势群体的同情、为了家门名誉，也有个人的愤怒。这些动机结合在一起，就会产生巨大的能量。提比略·格拉古就是在这样复杂的情感支配下开始改革的。

提比略改革法案的核心是土地改革。对于失去土地的公民，由国家从公有土地中取出相应土地进行分配。话是这样说，实际上在意大利半岛国家，能够分配的公有土地几乎没有。但提比略进行了细致的计算。

公元前367年的李锡尼·绥克斯图法案中，最著名的决议是规定执政官中有一人要从平民中选出。在此之前，罗马的这个最高官职都是由贵族垄断的，这个法案对保护平民权益具有划时代的意义。同时，这个法案还加进了限制土地数量的农地法，规定任何人不得占有500犹格（约125公顷）以上的土地。提比略抓住的正是这一点。

经过常年的战争生活，失去土地的农民及其子孙已经不能成为保护国家的战士。与之相反的是，一些人通过占有公有土地、收买荒地，壮大成为大地主。越是直视这样悲惨的现实，就越能感觉到，正是蔑视法律这种无法无天的行为导致了这一恶果。如果是这样，遵照古法，重回以前的美好时代，才是正道。

当然，提比略法案在一定程度上注意到了现实情况。如果家中有几个儿子，500犹格的土地限制也可放宽到1000犹格，另外，如果没收土地，则要酌情全额赔偿耕地开垦和改良的费用，进而把这些没收的公有土地分成30犹格的小块加以分配。

单就这个法案来说，在法理上是过得去的。实际上，这个法案完美得令人惊讶,该法案一点也不过激,还十分重视传统,在法理上、道义上都毫无瑕疵。而且,提案人出身名门中的名门,又有大贵族作为后盾,可以想象,反对者寥寥无几。即使有反对者,也可以断定这些人必定是被私利、私欲蒙蔽了双眼。

但正是被私利、私欲蒙蔽双眼的人,才会不顾一切维护自己的既得利益。他们置法理、道义于不顾,只是一味露骨地阻挠改革。为了保住既得利益,已经到了不择手段、不顾形象的地步。

作为保民官之一的屋大维对这个法案行使了否决权,无论多么出色的法案,一旦被否决就不能成立。提比略的提案失败了。元老院在否定了他与凯尔特伊比利亚人的和约之后,再一次否定了他重建国家的法案。

经过一系列打击,有的人沉默不语,也有的人耐心等待,图谋东山再起。但提比略不能沉默,也不能继续等待。提比略也顾不得那么多了,提出了前所未有的罢免屋大维的提案,并获得过半数通过。结果,土地改革法案获得通过。

这一系列事件都在公民大会上发生。早在公元前287年,霍腾西阿法案已经确定,公民大会的决议可以自然成为国家法律。大地主云集的元老院不能继续保持沉默,同是西庇阿家族的西庇阿·纳西卡成为急先锋。纳西卡曾任执政官,这时担任大祭司长。

被血祭的格拉古派

无论多么志存高远的提案,如果做法过于强硬,就会引起反抗。提比略感受到自

边界石碑 上面刻着塞姆普罗尼乌斯、克劳狄、李锡尼的名字。罗马国立博物馆藏

身面临的危险,在街道上行走时常身着黑衣。为了避免受到伤害,只剩下再选保民官这个办法,但这又违反惯例。围绕手续问题,公民大会内部乱作一团。

元老院里众人同样议论纷纷。元老院里并不是没有格拉古派,但不管怎么说,作为大地主的贵族们不能默认提比略的主张。在元老院会场,纳西卡把长袍礼服的一端盖在头上。大祭司长的这个动作是祭司敬献祭品时所做的,无疑是向反格拉古派发出可以杀死格拉古的信号。

以纳西卡为首的反格拉古派冲出元老院,杀到公民大会会场,将那里变成修罗场。经过数百年发展,罗马公民社会形成一套机制,内部纷争皆通过协商加以解决,但从这时起,铁血成了决定的依据。提比略被杀,格拉古派被杀者达一百人以上。提比略的遗体被扔进台伯河。

大地主贵族取得胜利。但这一系列事件之后,罗马社会更加混乱。罗马社会分裂为格拉古改革派和反格拉古的保守派。提比略·格拉古的鲜血宣告了罗马百年内乱的开始。

尽管提比略被害,但土地法依旧得以实施。罗马平民的愤怒没有平息的迹象，大概是为了安抚平民，元老院才不得不实施土地法案。通过这个法案，土地被分配给无地或少地的平民。那个时候的土地界碑现在还有保留，但土地分配的规模似乎不大。

这个时期，姐夫西庇阿·埃米利安努斯（小西庇阿）是怎样看待格拉古兄弟的呢？这时小西庇阿已经灭亡了迦太基，又摧毁凯尔特伊比利亚人永不陷落的城市努曼提亚。

小西庇阿无论是作为军人还是作为政治家都非常出色，被世人赞为英雄。但正处于事业成熟期的小西庇阿不可能支持内弟提比略过激的重建国家计划。当然，小西庇阿也有保护西庇阿家族的意图。所以，在这种情况下，小西庇阿也许只能对提比略的改革采取静观态度。由于小西庇阿的这种消极态度，他在平民中的威望骤然跌落。

提比略死亡四年后的某个早晨，小西庇阿被发现死在床上。由于死亡非常突然，谋杀的说法广为流传。不过，事情的真相如何，至今仍不清楚。

远超哥哥的改革

哥哥格拉古死后，人们的注意力集中到弟弟盖约身上。哥哥死于非命，对弟弟来说，这是警告，还是再次挑战的阶梯呢？盖约比哥哥年轻十岁，提名做保民官候选人还太年轻。不过，这个年轻人在这十年间经过仔细研究，推出一项深谋远虑的计划。提比略改革时期最大的失误是没有弄清楚自己核心的支持力量。为弥补这个弱点，必须加强同骑士贵族、意大利地方豪族的团结。事实上,罗马的骄横特别为地方势力所不满,盖约非常敏锐地捕捉到了这个不稳定的因素。

公元前123年,尽管元老院刻意阻挠,盖约仍当选为保民官。与冷静的哥哥提比略相比,弟弟盖约性情激进。或许是这个原因,盖约的改革除了继承的是哥哥的遗志外,其广度和深度远远超过提比略的改革,并不局限于土地改革。盖约的改革是以打破元老院统治为目的的大规模改革,涉及多个方面,无论采取什么措施都会牵涉元老院元老的利益。

罗马城的粮食主要依靠外地输入,如果发生气候变化、奴隶暴动、大面积蝗灾等情况,粮食储备会减少,导致粮食价格飞涨,一般平民的生活就会越发困窘。为解决这一问题,盖约决定建立低价收购粮食的制度。尽管有建立这一制度的必要,但一定程度上会增加国家财政负担,元老院表示反对。

反对派的元老院元老有时也会加入等待粮食配给的平民行列,这些元老分辩的理由是,如果自己的财产被没收、分给民众,自己参加这个行列,尽管没有多少,至少可以挽回些损失。暂且不论其中的玩笑意味,这个理由从侧面生动地说明了元老院这些元老实际上是极其吝啬的。

不过,这展示了格拉古兄弟改革运动的另一面。罗马通过一次次战争,扩大了疆土,实现了国家富强。这个过程中,元老院贵族是最大受益者,但随之而来的是其原本高贵的内心发生了根本变化，皮洛士使者所说的"王者云集"的元老院的高贵精神也许已经褪色了。

扩大公民权还为时尚早

盖约的改革也涉及司法层面。在元老院元老中，如果有过高级公职经历，就有机会担任行省总督。在地方行省，总督通过增加贡赋中饱私囊，加重了民众负担。为纠正这一现象，盖约提出一个法案，建议设立特别法庭，审理行省总督的非法获利行为，并把元老院元老从陪审团中排除出去，专门由具有骑士身份的人担任陪审员。

这样一来，元老贵族一定会战战兢兢，对骑士有所顾忌。尽管这个改革陪审制度法案招致元老贵族的强烈反对，不过还是以一票之差获得通过。以前的陪审团成员都是元老贵族，地方行省总督们没什么可担心的，但这次司法改革使这些心怀鬼胎的行省总督寝食难安。这次改革如同一次斗争宣言，正面宣示要打破元老院的垄断统治。

盖约又提交了一个提案，要赋予意大利的居民以罗马公民权。具有罗马公民权的人拥有投票权和免税权等种种特权。住在意大利的人并没有这种特权，他们满腹积怨，无处发泄。所以，这个提案对罗马以外地区的居民来说，真是求之不得。对盖约来说，这也是扩大自己支持基础的绝佳机会。

另一方面，这一措施也暗藏着把原本支持格拉古兄弟改革的罗马民众推向敌人阵营的危险。实际上，虽然各自的想法不同，但元老院自不待言（肯定反对），骑士和平民中的大多数人也都反对扩大罗马公民权。这样一来，盖约的这个法案轻而易举就被否决了。

大众已经不再拥护盖约。为重新分配土地，首先必须清楚区分私有土地和占有土地，盖约显然已经错过了区分的最佳时机。因为大地主坐享既得权益，不希望改变生活现状。向意大利居民广泛开放罗马公民权，还为时尚早。实际上，三十年后，经过同盟者战争，意大利居民才获得了罗马公民权。

在对改革普遍反感的氛围中，发生了改革派成员杀人事件。元老院趁机发布戒严令。整个罗马城笼罩在恐怖气氛中，反改革派开始发动猛烈袭击。盖约遭到追杀，在走投无路的情况下，被迫让自己的仆人杀死自己。接下来，罗马城掀起了一场长期的残酷清洗风暴。

热衷于党派斗争的群像

募兵制与马略的野心

盖约·马略与盖约·格拉古两人名字相同，马略比三十二岁就死于非命的盖约年长五岁。盖约匆忙走完了一生，而马略则悠闲多了，不过是一位名副其实的破坏者。

马略出生在罗马南部乡村，是罗马政界的新人。不过，马略不但没有因为不是贵族出身而感到自卑，还以自己是淳朴的乡下人而自豪。马略在从军路上开始崭露头角，在小西庇阿指挥的攻打努曼提亚的战役中，他十分活跃。有人询问小西庇阿："在哪里能找到像你一样的名将？"小西庇阿指着马略说："那个名将大概在这儿。"

马略羽翼未丰时，在元老院还比较安分，支持保守派，这是作为政界新人惯常的做法。但得到权贵支持成为保民官后，就发表一系列令元老院出乎意料的言论。马略主张禁止贵族对有选举权的公民施加压力，这一主张得到民众的拥护，元老贵族怒不可遏。不管怎么说，这相当于在践踏古老的、令人怀念的"拟父子"式的主从关系。

这个法案当然被否决了。但元老院认为对待马略不能麻痹大意，加强了对他的戒心。正因为如此，马略每逢参加监察官和法务官的竞选，都被元老院干扰。但因为有民众的支持，每次都勉强当选。

说起来，马略并不是天生就具备特别的行政能力。但不管怎么说，作为军人，马略还是可以倚仗的。马略远征非洲时，当地的占卜师预言马略的任何野心都能实现。或许受此鼓舞，马略决定竞选公元前107年度的执政官。为了竞选执政官，马略必须返回罗马。这时马略的上级是克温图斯·梅特路斯，他迫使马略放弃了这个念头。但马略不像传闻中的那样自重，反而造谣中伤梅特路斯，称他为了自己的荣誉故意延长战争。不管怎么说，马

马略 平民派将领，采用募兵制解决了兵力不足问题

略的军人声望的确高，如果提起常胜将军，人们首先想起的就是马略。或许就是在这样的声望下，马略被允许返回罗马。

选举中，马略获得压倒性的胜利。军人出身的出色执政官马略直接着手进行军制改革。这是为了终结久拖不决的非洲战争。马略曾特别留意格拉古兄弟的改革，但当务之急是必须解决兵源不足的问题，这个难题长久以来困扰着罗马。马略看中的不是能自备装备的有产公民，而是失去土地的无产公民。而且，在编制新的军团时，他没采取以前的征兵制，而是导入募兵制。

这些志愿兵组成的军团解决了兵源不足的难题。不管怎么说，罗马城里满是失去土地的无产公民，如果把他们严加训练，就能成为一支核心的军事力量。对这些志愿兵来说，薪金会激发他们战斗的积极性。马略用这些军团解决了眼下的非洲战事，公元前105年班师返回罗马，举行了凯旋式。但马略在仪式结束后并没有脱掉只有凯旋将军才可以穿的绯红色礼服，而是穿着它进入元老院会场，其野心显而易见。马略厚颜无耻的行为让墨守成规的贵族们很是鄙夷。

第三建国者从荣誉之巅跌落

这时,北方的日耳曼人成为罗马新的强敌,威胁罗马领土安全。日耳曼人不断打败罗马军队,特别是发生了阿劳西奥(现在的奥朗热)之战那样惨不忍睹的大败,八万罗马士兵几乎无一生还。

进而,号称三十万人的日耳曼大军压境,罗马民众把希望寄托在马略身上。公元前104年,马略在平民压倒性的支持下再次当选执政官,率领军团赶赴北方。马略军队在高卢南部安营扎寨,但敌人却一直没有出现。只要这个危机一日不除,马略都会一直当选执政官,毫无意外。

公元前102年,马略第四次当选执政官。这一年,属于日耳曼族群的条顿人大举入侵罗马。大批日耳曼军队用六天时间,轻轻松松就经过了罗马军队营地,罗马军队完全袖手旁观。马略确实是一名有谋略的出色将领,日耳曼人威猛高大,让人不敢上前,而这种旁观作战,使罗马士兵习惯了敌人的体形。

条顿大军一通过,罗马军队马上开始追击。战术专家马略猛烈攻击那些头脑中毫无战术观念的日耳曼人。日耳曼人背后遇袭,据说有十万人被杀。马略大胜,返回意大利北部。同属日耳曼族群的辛布里人逼近罗马,有勇无谋的日耳曼人把盾牌当作雪橇,从阿尔卑斯群山滑下,非常轻率。在战术家的率领下,这种场面对于罗马军队来说,与其说是战斗,倒不如说是屠杀。

马略被赞美为英雄,作为继罗慕路斯、卡米卢斯之后的第三建国者,他还受别人的崇拜。公元前100年,马略第六次当

苏拉 阀族派政治家。成为独裁官后，大量增加元老院元老人数，削弱保民官的权力

选执政官，达到了他一生的荣誉之巅。

同时，新的问题出现了。而且，随着军制改革，这个问题使罗马陷入进退维谷的境地。久经沙场的马略有必要给从军的老兵分配土地。无论是志愿兵，还是雇佣兵，没有土地的无产公民不知不觉中变成了马略属下的私兵。他们已不是为国家而战的战士，而是赫赫大将手下的士兵。

出色的战术家未必就是出色的政治家。在对事物发展的长远目光上，马略表现平庸。他在提出土地分配法案时，使用武力威吓这种手段来干涉政治生活。这导致作为政治家的他失信于民，很快陷入孤立。公元前97年，马略以出使东方为借口，离开了罗马。

控制罗马的阀族派苏拉

数年后，当马略归国时，一个男人挡在了他的面前。这时马略在罗马受欢迎程度已经不及出色的军人苏拉，令他既愤怒又嫉妒。但由于同盟战争的爆发，两人之间的对立并未摆到台面上。这场战争是因意大利人团结起来争取罗马公民权而爆发的，是内战。不管怎么说，如果没有罗马公民权，就不能享有土地分配和免税特权。马略作为指挥官之一也参与了镇压。公元前88年，元老院最终做出让步，赋予居住在意大利半岛的全部自由民以罗马公民权。

趁意大利半岛内乱之机，小亚细亚的蓬托斯王国国王米特拉达梯斯六世开始蠢蠢欲动。他还命令杀死行省内的罗马人、意大利人，大约有八万意大利人被虐杀。围绕讨伐米特拉达梯斯的军队指挥权，苏拉与马略势力展开争夺。结果，指挥权被暂时委任给深受保守派信赖的苏拉。

尽管马略这时已经上了年纪，仍坚决反对这一结果。他和保民官联手，希望将这次军队指挥权掌握在自己手中。苏拉正处理同盟战争的战后问题，此时却采取了出乎意料的行动。他竟然带领军队开向罗马，这是史无前例的大赌博。不过，所有的军事行动都在罗马城外进行，因为罗马人把城内视为神圣的区域。

苏拉突然袭击，轻而易举就控制了罗马城。马略险些丧命，只得逃亡。但是，等到苏拉率军东征米特拉达梯斯之后，马略与罗马政界的权势人物秦纳一起回到了罗马。恢复权力的马略立刻对政敌展开打压与杀戮，这样的杀戮是非常残酷和疯狂的。例如，有人与马略擦肩而过，寒暄时马略面无表情，那么马略的手下就会当场杀死这个人。

不过，上了年纪的马略已被病魔缠身，这位既令人恐惧又遭人厌恶的统治者在人们的诅咒中死去。苏拉回国后，把马略的骨灰撒到了罗马近郊的一条河里。

自格拉古兄弟改革以来，罗马社会分成保守的阀族派和要求改革的平民派，党派间的斗争自此开始。可实际上，这是贵族间的势力纷争与党派对立。因此，他们高举起的大义之名并没有带来他们想要的结果。

属于平民派的马略所进行的军事改革，解决了长期困扰罗马的兵源不足问题，但这些士兵却沦为那些强势将领的私人军队，这与公民兵相去甚远。罗马国家是由农耕公民组成的战士共同体，公民兵要保卫国家。阀族派领袖苏拉尽管一心要恢复贵族共和政治，但结果却未尽如人意。

苏拉比马略年轻二十岁，身上散发着谜一般的气质。他生性喜欢谈笑，别人大概很难琢磨透他哪些话才是认真的。

> 年轻的苏拉还默默无名时，就与演员、小丑这些气味相投的人交往。成为领袖之后，还从舞台、剧场招来这些厚颜无耻的伙伴，每日饮酒、谈笑，其言谈举止与年纪很不相称，不但有损其地位、尊严，还把很多需要慎重考虑的问题等闲视之。（普鲁塔克《英雄传·苏拉传》）

尽管如此，在其他场合，苏拉做事勤勉，有时为人冷淡。苏拉一定属于做事彻底的那类人，学习时能全身心地学，玩乐时也能投入地玩。苏拉一头金发，有一双清澈的蓝眼睛，身材修长。如果他露出迷人的微笑，一定会让很多女性怦然心动。他和一位资产丰厚的妓女长期交往，甚至继承了她的遗产。苏拉的继母也待他如亲生儿子，继母死后，苏拉继承了她的遗产。

苏拉曾跟随马略远征非洲，并抓获敌酋努米底亚国王，立下大功。或许是这个缘故，苏拉比率领军团的马略更引人注目，招致马略的嫉妒。

寿终正寝的独裁官

意大利爆发同盟战争时，老迈的马略小心谨慎，没有什么建树。与之相比，苏拉行动迅速、决断利落，更引人注目。苏拉曾几次身陷险境，但都化险为夷。苏拉这个人很有意思，他认为自己之所以能化险为夷，靠的不是自己的力量，说自己能取胜是因为运气好。因此，他把自己的绰号命名为"幸运者"。如果一个人把胜利都归功于自己的才智，说明这个人的器量还小。深信有超自然的力量在保护自己，这也许是历史上杰出人物的能力。

公元前88年，苏拉当选执政官。他这时已经五十岁，这个任命似乎来得太晚了。苏拉有财有权，还有人脉，他本身也是一名深受信赖的将领。元老院决定由苏拉率军远征东方，讨伐米特拉达梯斯。但嫉妒心强的马略横生枝节，谋划夺取苏拉的指挥权，他鼓动暴徒通过法案，免除苏拉指挥权，自己取而代之。在这样的大混乱中，苏拉只得逃出罗马。

但和苏拉一起参加同盟战争的士兵仍效忠于这位具有号召力的长官，由于马略一派把持了罗马，苏拉便向罗马进军。苏拉通过武力很快占领了罗马，马略一派逃走。但罗马军队征服罗马这种前所未有的事态，引起社会舆论的强烈反感。

或许是为了避免混乱，苏拉离开罗马，出发讨伐米特拉达梯斯。在进军途中，希腊各城邦态度暧昧，苏拉不清楚它们到底拥护哪一方，被它们蒙蔽，所率军队不时被数量众多的敌人击溃而陷入绝地。苏拉向退却的士兵喊道："我就在这里战斗，舍弃生命，换来荣誉。当别人问你们在什么地方背叛了司令官时，一定要记住是这里。"据说，士兵们听到苏拉雄壮的声音后，再次回到战斗的队列中。

很快，苏拉占领雅典，成功驱逐米特拉达梯斯。但在这期间，苏拉的立场变得暧昧不清，因为他作为执政官的指挥权即将到期，要从罗马派遣别的正规军。为此，他与米特拉达梯斯达成协议，暂时保持和平。苏拉与米特拉达梯斯串通一气，但这并不是苏拉心智错乱而做出的失常行为，实际上，他是凭借个人权威采取这一举动的。他对忠诚的军队和个人给予丰厚的奖赏，对背叛者施以无情的处罚。他还通过战利品和征税筹集巨额资金，强化自己的权威。

平民派领袖马略和秦纳一死，苏拉便返回罗马，再次燃起了执掌权力的执念。苏拉召集了很多军事援助，打败罗马的抵抗势力，当上了非常时期的独裁官。他开始实施大规模的清洗，大行恐怖政治。对苏拉来说，最重要的是把罗马的政治恢复到格拉古兄弟之前的状态。为此，首先必须以元老院为中心，恢复以前稳定的政治体制。苏拉把元老院元老的规模从三百人增加到六百人，又增加各种官员的数量，同时削减由平民选举产生的保民官的权限。

苏拉虽然标榜恢复罗马的传统政治，但其做法已超出传统政治制度的框架，极具革新性。正因为如此，苏拉必须表现出他个人没有觊觎专制权力的欲望。因此，在当了三年独裁官后，公元前80年，苏拉辞去这一职务。从政界引退的苏拉，就像他的绰号"幸运者"那样，被幸运眷顾，一直活到了寿终的那天。

苏拉一路奋斗的目标也许真的是复兴罗马共和国，而不是追求个人的权力。但召集私人军队，通过武力强行打破现状，对其后的政治发展带来不可估量的负面影响，为日后野心家预谋夺取国家权力开了先河。罗马城内流传着这样的话："苏拉做到了，所以我也能做到。"这句话深刻反映出，苏拉是共和国的破坏者。

金钱横行的社会与空虚的生活

在一座原本由萨宾人居住的山间村落里，一个名叫撒路斯提乌斯的男孩出生了，这一年是公元前86年，正值马略和苏拉激烈对抗的时期。撒路斯提乌斯接受了当时最好的教育，很快就担任财务官一职，开始进入仕途。公元前52年，撒路斯提乌斯被选为保民官，但两年后，因受一次骚乱的牵连，他被元老院除名。不久，撒路斯提乌斯得到位高权重的恺撒的关照，重新回到元老院。公元前47年，他被选为法官，派到北非管理行省的行政。回到罗马后，有人告发撒路斯提乌斯非法获利，但在恺撒的再次关照下，他得到了赦免。不过，撒路斯提乌斯已经无法在政界容身了。他引退回乡，闭居私邸，在安乐、奢侈的生活中，专心坚持历史写作。

撒路斯提乌斯的两部作品《朱古达战争》和《喀提林阴谋》大体完整保存了下来，但叙述同时代历史的《罗马史》只保留了一些片段。撒路斯提乌斯的作品中，处处都体现了格调高雅的伦理观。可见撒路斯提乌斯并没有按照自己的政治生活、私生活轨迹来书写历史。如果昔日的强盗重新做人，变成警官，我们应该相信他的诚意吗？如果这个人本身是洞悉世事的，那还值得信赖。作为一名历史学家，撒路斯提乌斯的确能品味罗马社会的酸甜苦辣，通晓人情世故。从他嘴里发出的牢骚，也许可以生动描绘出共和国末期的社会情况。如果要体会一下撒路斯提乌斯愤愤不平的语气，可以阅读以下《喀提林阴谋》的节选。

> 这样，罗马靠着辛劳和正义建立起强大的国家，那些强大的国王在战争中被平定，野蛮的部族和强大的民族也屈服于武力之下，争夺霸权的迦太基已被彻底摧毁，消失了痕迹，所有海洋和陆地都在罗马面前敞开了大门。
>
> 从那个时候开始，命运女神却开始变得残酷，把我们的全部事情扔到混乱的旋涡之中。那些过去的人们能够忍受劳苦、危险、焦虑和灾难，如今却发现他们所渴望的闲暇和财富变得沉重，成为带来悲惨的根源。此后，他们对权力的渴望增强，

不久后心里就只有对金钱的无穷欲望。就这样，从欲望的"泉眼"中涌出所有的不幸。

诚实、正直在贪欲面前都消失了，所有的高贵品质也被颠覆，换成了骄横、残忍，以及对诸神蔑视。总之，所有人都觉得金钱胜于万物。人们脑袋里只剩下野心，只想着怎样超过别人。对于友情，人们计较得失利弊，看他们是否对自己有利来分辨是敌是友。

这些恶习一点点地扩散，间或还会受到惩处，但不久，便像瘟疫那样流行起来，整个国家都发生了变化。一个曾经极为公正诚实的政府竟变得残暴而令人无法忍受了。

野心并不一定是恶德。任何人都想追求荣耀、名誉和霸权。勇者会沿着正道直行，而懒惰之辈则无耻地诉诸欺瞒。不久，野心沾染上了贪欲，他们只渴望金钱。恰如饮了毒药，人的身心都萎靡起来，一味地向着钱、钱、钱。

苏拉通过武力取得了国家的统治权，从而诱发了这一风潮，所有人开始动手劫掠，掠夺房屋，掠夺土地，胜者放肆而不知节制，不断残害同胞。而且，苏拉为了赢得他带到亚细亚去的军队的忠诚，竟然违反我们祖宗的惯例，允许他们过骄奢淫逸的生活，放松了纪律对他们的约束。

在温柔乡一般可以纵欲的国土上，他的士兵过上无所事事的日子，他们的好战精神很快便萎靡了下来。正是在这个地方，罗马人民的一支军队第一次学会了谈情说爱和饮酒作乐；学会了欣赏雕像、绘画和刻有花纹人物的酒瓮，并从私人的家庭和公共场所盗窃这类东西，学会了劫掠神殿并亵渎无分圣俗的一切事物。因此，这些士兵在成为胜利者之后，不给被征服者留下任何东西。这些颓废的罗马人没能好好对待自己胜利的果实，智者看到了会痛惜不已。

财富才值得称赞，名誉和权势都会随财富而来。过去的美德失去光彩，贫困被认为是一种耻辱，廉洁反而被说成是一种恶意的表现。贪念蔓延，人们只想满足自己对财富的欲望，贪婪与傲慢相伴随，沾染上了我们的青年一代。任何事物都不能让他们满足，即便是想要别人的财产也不为过。羞耻心等等都已经被他们痛快地抛诸脑后了。

然后，民众变得自暴自弃，城市陷入混乱。首先，所有那些由于无耻和胆大妄为而臭名昭著的人，那些在放荡的生活中把祖业挥霍掉的人，最后，所有那些因不光彩的事情或罪行而不得不离家出走的人，他们都汇集到罗马这个大污水坑里来。还有许多没有忘记苏拉的胜利的人，当他们看到普通士兵上升到元老的地位，另一些人发了大财、整天吃喝玩乐像国王那样过日子的时候，他们每个人都希望自己参加战斗也能得到类似的胜利果实。此外，还有在乡下靠手工劳动以维持悲惨生活的年轻人，他们在公私赠赐的引诱下宁愿到城里来过闲散无所事事的日子，也不愿从事那可恶的艰苦劳动。

这些人和其他人一样，靠着损公来养肥自己。因此，那些贫困、不讲道德又心怀不轨的人，对国家就像对他们自己那样极不尊重。苏拉的胜利对另一部分人来说，意味着他们的双亲不受法律保护，丧失财产，政治权利受限制，这些人同样期待着将来会发生内乱。最后，不属于元老院贵族派的其他党人士都宁愿看到政府被推翻，而不想看到自己处于无权的地位。这样丑恶的状况在数年以后愈加清晰地显现出来。

原来被苏拉削弱的保民官的权力，在庞培和克拉苏担任执政官的那一年被恢复，之后，许多年轻气盛的青年取得了很大的权力；于是他们便开始通过抨击元老院来鼓动民众，用施舍和许诺进一步煽起他们的情绪，从而使他们自己变得既出名又有影响力。几乎所有的贵族都拼命与他们展开斗争，表面上是为了维护元老院，实际上却是为了扩大他们自身的力量。

简而言之，攻击政府的那些人使用了各种光明正大的借口，有人说他们是在捍卫民众的权利，还有人说他们是在维护元老院的威信；但是，在为了公众利益的伪装之下，实际上每个人都是在为了自己向上爬而卖力。这样的人在他们的斗争中克制不了，任何一方在胜利时，都会残酷无情地对待另一方。（出自《喀提林阴谋》）

用清洗和没收财产来增加财富

撒路斯提乌斯在苏拉政权结束后又活了半个世纪。当他讲述那个时候的社会时，我们可以体会到他语气里的愤怒，其中

克拉苏 苏拉部下，通过没收反对派财产，成为罗马屈指可数的大富豪

或许也包含了对自己政治失意的怨愤。对这个男人来说，他已完全沉浸在那个被他非难的丑恶的世俗社会中。或许正因为如此，撒路斯提乌斯才会对排斥自己的社会感到焦躁。

尽管如此，这五十多年肯定是罗马的剧烈震荡期。撒路斯提乌斯论述到，克拉苏、庞培登上历史舞台后，这个时代愈发动荡。

公元前87年，马略返回罗马，开始清洗政敌，这时出身名门贵族的李锡尼·克拉苏还是二十多岁的青年。在这场清洗风暴中，克拉苏失去了父亲和哥哥，自己则逃往希斯帕尼亚。在那里克拉苏以自己家族子弟为核心，组织起一支私人军队，加入与马略为敌的苏拉阵营。在同马略的战争中，克拉苏的表现非常突出。

不过，或许是由于克拉苏与生俱来的贪婪，苏拉好像很讨厌他，因为克拉苏用卑鄙的手段夺取他人财产。苏拉一开始进行政治清洗，克拉苏就在处死者的名单上追加富豪的名字。苏拉对政敌冷酷无情，但在个人权势方面非常清高。尽管失去苏拉的信赖，但克拉苏在苏拉政治清洗和没收财产时获得了巨额资产。

总之，克拉苏不放过任何能够增加财富的机会。荒废的房屋和土地自不待言，就连被火烧毁的房子也是。他让工匠奴隶把这些房屋修复后，对外出租，获得收益。而且，他还向外出租或出卖这些工匠。曾几何时，罗马市街有大半都是克拉苏的房产。

克拉苏并不只关注金钱。政界活动需要大量的资金，大富豪克拉苏作为放债人暗中活动。他与各种各样的政客联系，期待从援助人那里得到应有的回报。

另外，据说克拉苏在平民中也很有人气。他与平民轻松地相互寒暄，爽快且平易亲近。他毫不介意给予一些小援助，即使微不足道的诉讼，他也会担当辩护人。克拉苏不只是一个贪得无厌的人，也是做了一两件好事的慈善家。

镇压奴隶起义引起的不和

在肆意扩张势力的克拉苏之前，有一位武将如彗星般降临到历史舞台上。这位一步登天的人就是格涅乌斯·庞培。早在苏拉政权统治时期，庞培率领从父亲那里继承下来的私人军队，屡获战功。他二十五岁就获准举行凯旋式，甚至被冠以"马格努斯"（伟大的）的绰号。各地反苏拉势力蜂起时，庞培进行镇压。公元前73年，他平定了伊比利亚半岛塞多留军队的叛乱。

塞多留长年担任行省总督，他召集受其恩惠的土著居民，与罗马进行游击战。对于罗马军队来说，要镇压这样的叛乱军队非常棘手，所以，当庞培取得胜利时，众人称快。在时隔很久之后，罗马又恢复了对伊比利亚半岛的统治权。

面对战绩彪炳、比自己年轻近十岁的庞培，克拉苏饱受不安和忌妒的折磨。这时，克拉苏正率军镇压斯巴达克斯领导的奴

庞培 功勋卓著,与克拉苏、恺撒结盟,开始三头政治

隶起义。无论如何,他都必须取得这次战斗的决定性胜利,因为这时庞培军队已从伊比利亚半岛返回,加入镇压斯巴达克斯起义的队伍中,正南下意大利半岛。

克拉苏率军穷追斯巴达克斯,奴隶起义军很快朝着克拉苏军队冲过来。但在全力镇压起义的罗马军队面前,奴隶起义军已经是强弩之末。罗马军队最终以压倒性优势获胜,从卡普阿到罗马的阿庇亚大道,沿途竖起六千个十字架,六千名俘虏被钉死在十字架上。

晚到一步的庞培消灭了逃往意大利北部的起义军残部。但庞培这个人,很难对付。他在元老院做报告时,喋喋不休地诡辩,说打败奴隶起义军的确实是克拉苏,但镇压起义的是自己。对庞培这样沽名钓誉的无耻行为,克拉苏无疑很愤恨。这件事为后来两人的不和埋下了种子。

公元前 70 年,克拉苏和庞培一起就任执政官。两人关系虽然险恶,但在政治战略上,双方不能公开分歧。虽有芥蒂,但两人还是联手合作,尽管只是为了恢复被苏拉削减的保民官职权而已。

有意思的是,克拉苏虽以贪得无厌闻名,但几乎没有人诽谤、中伤克拉苏。这在罗马政界是很特殊的例子。这也许是克拉苏自己不在台面活动而在幕后活动的结果。克拉苏曾经像跟踪狂一样纠缠一个神庙的神女，打算把她的财产弄到手，那种贪得无厌、不弄到手誓不罢休的样子，非常有趣。

克拉苏对自己的信仰十分虔诚，他把自己巨额资产的一成奉献给赫拉克勒斯（大力神）。克拉苏虽然是个大富豪，但在私生活方面却绝对没什么丑闻，夫妻和睦，儿子孝顺，娱乐不奢侈，爱好也高雅。

而且，在罗马政界还没有一个像克拉苏那样服众的人物。有一次，元老院一位被怀疑参与阴谋的元老非难克拉苏，立刻遭到其他人辱骂，几天后就莫名其妙地死掉了。后来，第一次三头同盟形成时，庞培和恺撒也不能无视克拉苏在元老院的影响力。

俘虏两万海盗，获得巨额财富

庞培当选执政官后，率军清剿海盗。这时的地中海东部非常混乱，各地走投无路之辈聚集于此。这些人成了海盗，在地中海横行霸道。最初，罗马海军力量比较弱，沿海城市常遭洗劫。而且，这些海盗对罗马运输粮食的船舶来说一直是个威胁，他们甚至深入内陆，大有席卷意大利半岛之势。

尽管如此，元老院实在不放心把指挥大权授予庞培。无论如何必须要提防独裁者出现，但海盗的威胁与日俱增，民众期待作为武将的庞培能挽回局势。公元前67年，庞培终于得到指挥权，率舰队出征。

庞培把地中海分成几个区域，分别委派指挥官。这种战略很奏效，不到四十天就击溃了海盗。这些海盗原本以安纳托利亚南部的西里西亚为据点，庞培把海盗封锁在这里，很快攻克了海盗巢穴。俘虏两万名海盗，缴获船只九十艘，还得到堆积如山的金银财宝。

剿灭海盗后，庞培的下一个目标是打垮威胁罗马的米特拉达梯斯的势力。为此，元老院授予庞培在东方各行省行使包括军事指挥权、缔结条约权在内的全部权力。而且，这样的权力还是无期限的，共和政治的统治原则已如风中残烛。

武将庞培的力量，无人可以撼动分毫。庞培在东方迅速取得胜利，一方面使其个人权威得到增长，另一方面，由于东方各地成了罗马的殖民地，罗马国库的收入增加了远远不止一倍。

同时，庞培也获得了巨额财富，眼看就要超过大富豪克拉苏的资产了。庞培把这些地方的富豪纳入自己治下，俨然已是他们的保护者。他已被比作亚历山大大帝那样的专制君主了。

但庞培毕竟还是共和政体下罗马众多贵族中的一个。战争结束后，庞培解散军队，返回罗马，准备举行凯旋式。尽管解除了兵权，但庞培的权威和影响力在元老院贵族派看来仍是严重威胁。元老院没有批准给庞培的退役老兵分配土地的法案，也没有通过解决东方问题方案。元老院的冷淡行为把庞培逼入困境。

三头同盟与恺撒的野心

权力、人脉、资金的联合　这时,一个男人结束了伊比利亚半岛战争,为举行凯旋式回到了罗马,他就是尤利乌斯·恺撒。恺撒最首要的目标是竞选执政官,为竞选执政官,他必须留在罗马,而要进入罗马城,他必须解散军队。恺撒要求元老院准许自己作为特例,但遭到以加图为首的贵族派阻止。加图这些人毕竟以传统主义家风为荣,作风强硬,是共和政体的拥护者,而且,恺撒招摇的举动也引起元老院大部分元老的敌视。

恺撒虽然放弃凯旋式,但也要完成元老院交代的新任务,清剿了意大利的山贼。恺撒的野心看起来被遏制了,但他不是一个就此罢手的人。他谋划拉拢罗马政界的两个大人物,共同对抗元老院贵族派。

恺撒在各方面都受惠于两人,如在资金方面,他就得到大富豪克拉苏和拥有巨大权势的庞培的关照。虽然克拉苏和庞培的关系不睦,但两人都面临同样的烦恼,那就是由于贵族派的阻挠,他们的事业无法如期进行。

三人订立密约,恺撒先担任公元前59年的执政官。权力、人脉、资金紧密结合在一起,三人的同盟发挥出巨大威力。克拉苏投资获利,庞培倒卖战利品,他们都成为罗马最大的富豪。

恺撒作为执政官,使元老院通过了给庞培的退伍老兵分配土地的法案和处理东方问题方案，甚至还把自己女儿尤利娅嫁给鳏夫庞培。尽管这对夫妇年龄差距比较大，但据说他们的关系非常好，风传极为重视军人荣誉的庞培甚至因此不愿远征。尤利娅对加强恺撒和庞培的联系，具有非常重大的意义。

恺撒 奥古斯都皇帝时代初期制作的雕像。公元前30—前20年左右。庇奥·克莱门提诺美术馆（Museo Pio Clementino）藏

为名誉和利益而战

恺撒成为执政官，自然还有另一位执政官。他是比布鲁斯。比布鲁斯曾试图阻止土地分配法案通过，被恺撒的支持者威胁、侮辱，只好躲在家中，闭门不出。之后，比布鲁斯扬言见到不吉的征兆，反对恺撒的一切提案。但他的实力和恺撒相差悬殊，难以撼动恺撒。正是这个原因，公元前59年本应称为"恺撒和比布鲁斯执政之年"，人们却开玩笑说其实是"尤利乌斯和恺撒执政之年"。

因为有庞培和克拉苏做后盾，恺撒获得在高卢的军事指挥权。他把十年征服高卢的过程详细记录下来。《高卢战记》是罗马军队的统帅自己完成的，单这一点就具有无与伦比的价值，而且它本身是一本杰出的拉丁文名著。行文简洁明快，具有一语破的的表现力。当我们读着其生动有力的文章时，能感受到恺撒作

为政治家的力量。对于恺撒的演讲，与恺撒同时代的大辩论家西塞罗这样评价："就算用一生的时间来学习修辞学，也难以接近恺撒的成就。"

《高卢战记》的开头十分有名，欧美的学生都能背诵。

> 整个高卢分成三部分：其一是贝尔格人；其二是阿奎坦人；第三部分，当地人自称凯尔特人，我们把他们统称为高卢人。

阿尔卑斯山以北的广大区域是罗马的军事力量还没有触及的土地，居住在这里的零散部族被统称为高卢人。其中有些部族为了寻求新天地，迁徙到别处。这成为罗马人刁难和讨伐的借口。他们要打败这些部族，让他们返回故地。但罗马有时也和这些高卢人结盟，防备居住在更北面的日耳曼人来袭。日耳曼人比高卢人更勇猛，而且身材高大、体毛浓密，让罗马人、高卢人都望而生畏。因为有这些日耳曼人的威胁，所以必须守住高卢，这是高卢征服者恺撒的解释。

高卢战争是在没有征得元老院同意的情况下开始的，因此恺撒必须要说明这场战争的正当性。《高卢战记》是一本具有某种政治意图的书，恺撒通过这本书为自己辩解。恺撒发动这场战争，背后是为了自己的名誉和利益，不过，当时的人们都知道这一点。

彻底击溃全高卢蜂起的反抗

恺撒想获得超过庞培的军功,而且,他的乐善好施、慷慨大方,让他背负上了巨额债务,最大的债权人是克拉苏。如果从克拉苏方面考虑,他也许认为恺撒是一个值得投资的人物吧。

这场战争有多少人被杀,带来什么样的破坏?《高卢战记》完全没有提及。在前现代的征服战争中,征服高卢的战争造成的破坏恐怕是规模最大的。

不过,恺撒身先士卒来激励士兵,自身也沉着冷静。罗马士兵看到自己的司令官威风凛凛的身影,士气大振,取得一个又一个战果。恺撒确信,不用两年就能"平定全高卢"。

但战争的胜败许多时候是不以当事人特别是统帅的意志来决定的。实际上,在恺撒来到高卢的第二年,高卢各地的部族就举起反叛的大旗。恺撒又接着耗费了六年时间,才把这些部族的起义全都镇压下去。

在这些战乱中,公元前52年的全高卢起义最为壮烈,以军事首长韦辛格托里克斯为首领的高卢军队兵力超过百万。高卢军队的八万主力据守阿莱西亚的坚固要塞,六万罗马军队包围了这一要塞,其外侧的二十四万高卢大军很快赶来,形成反包围。罗马军队腹背受敌,陷入绝地。包围与反包围的反复攻防,持续了三十日之久。在这段时间,双方军队都粮草不济,急于决战。

公元前52年盛夏,双方迎来了决战时刻。经过多次激烈的短兵相接,数量占优势的高卢援军源源不断地开到要塞。罗马军队陷入苦战，眼看围墙和壕沟都无法阻挡敌人的攻击，战斗进入最关键的时刻。身披深红色斗篷、飒爽英姿的恺撒身先士卒，带头冲锋。罗马军队顿时士气大振，高卢军队有些动摇，盯着恺撒，战场成为阿鼻地狱。不过，事先绕路过来的罗马骑兵部队急袭防守要塞的高卢军队侧后方，顷刻间，阿莱西亚要塞内部陷入混乱，全线崩溃。

恺撒在《高卢战记》中这样记录，高卢首领韦辛格托里克斯是非常勇敢、果断的人，他大声喊道："自己毫无私利私欲，是为全高卢的解放而战斗。但命运已不可抗拒，杀死我或把我交给罗马人，是你们的自由。"不久，"韦辛格托里克斯和高卢的其他重要人物一起，被交给了罗马"。恺撒虽有容忍敌将的气量，但他不能原谅韦辛格托里克斯的背叛。因为从恺撒方面来看，全体高卢人曾向罗马表达恭顺之意，却又背叛了罗马，这是绝不允许的。韦辛格托里克斯被关在幽黑的地牢长达六年，随后被带到罗马，施以绞刑。行刑那天是公元前46年的某个夏日，恺撒举行凯旋式的日子。

三头同盟的解体

所有人都认可军人恺撒的勇气和力量。但对于杀死一百万人，俘虏一百万人的恺撒，不是只有背叛者、被征服者才感到害怕。恺撒的快速进击和越来越多的军功，使元老院保守派由忌妒和不安转为恐惧，反恺撒势力正在形成。

这时，失去爱妻尤利娅的庞培已经再婚，与恺撒之间的纽带消失了，克拉苏也已战死在帕提亚。三头同盟的政治局面名实俱亡。以拥护共和政体的加图为首的元老院保守派抬出庞培，推举他作为反恺撒派的核心人物。

公元前51年，平定高卢的恺撒考虑回国举行凯旋式，竞选执政官。但他面临相同的难题，要举行凯旋式，必须放弃军权、解散军队，否则就不能进入罗马市内，也不能竞选执政官。恺撒再次要求元老院给予特例，但政敌不可能容许特例。民众一边倒地支持恺撒，围绕如何对待恺撒展开激烈辩论，罗马政局动荡不安。恺撒和庞培都非常清楚，最后还是要靠武力来解决问题。这两个实力人物自然清楚共和制法西斯国家罗马的样貌。

公元前49年1月，元老院终于以绝对多数通过"到规定期限前，如果不放弃统率权，恺撒将成为国家公敌"的提案。尽管这个提案遭到以安东尼为首的恺撒派反对，但在保守派面前已无力回天。安东尼扮作奴隶逃出罗马，恺撒派的元老院贵族也随之出逃。恺撒这时驻扎在意大利北部的拉文纳，附近就是卢比孔河。

野心家恺撒的传说

要加深对恺撒这个人物的了解，我们必须从他出生时说起。

公元前100年7月，恺撒生于罗马低洼地区的斯布拉街。这个家族非常古老，不过其财富、人脉都已大不如前。但他的姑姑嫁给当时的实权人物马略后，恺撒与马略派重要人物交往频繁起来。在这些人里面，秦纳很赏识恺撒，把自己的女儿科涅莉亚嫁给了他，同时推举恺撒担任朱庇特神祭司。这时的恺撒还不到二十岁。

与马略派势不两立的苏拉不久后回到罗马，完全推翻马略的统治。恺撒不仅被剥夺祭司职务，还被命令与科涅莉亚离婚。但恺撒拒绝这一命令，引起当时实权人物苏拉的愤怒。幸得周围贵人相助，苏拉才没有继续追究，但他随口说出这样的话："你们知道这些年轻人中有几个马略吗？"这个故事太像预言了，不过，正因为恺撒是杰出的英雄，才会有这样的传说吧。

一过二十岁，恺撒就从军远征亚洲，途中被海盗俘虏。根据传说，被俘期间的恺撒毫不胆怯，毫无顾忌地说："一定要绞死你们。"很快，50塔兰特赎金送到，恺撒被释放。正如他自己说的，恺撒找出绑架自己的海盗，把他们送上了绞刑架。

恺撒曾几次造访伊比利亚半岛，有次赶赴加迪斯，在亚历山大大帝雕像前泪如雨下。"在我这个年纪的时候，亚历山大大帝已经征服了全世界，可我还没做任何引人注目的事情。"恺撒把自己和三十二岁就去世的大帝国建立者相比，为自己的无能而哭泣，这充分说明了恺撒是一个多么具有荣誉心和自负心的人。

这些传说是不是史实姑且不论，像他威胁海盗的话，除了恺撒本人外，应该不会有其他人知道。如果我们将这看成恺撒本人宣扬出来的话，就能发现恺撒在巧妙地塑造自己的形象。比起史实，这些传说更活灵活现地展现出恺撒是一个刚强坚毅、野心勃勃的人。

凭借过人的洞察力和子弟兵扩大势力

恺撒最引人注目的地方是对人际关系具有极其敏锐的洞察力。相比于客观现实，人更容易相信自己所希望的事情。恺撒熟知这些，所以他总是按照民众的愿望进行表演。

恺撒身材高大，爱好打扮，常穿着带流苏的宽松合体的便装。其华丽的辞藻，明确、断然的态度，都非常引人注目。而且，他常满口名言警句，滔滔不绝，即使借钱也要大摆宴席，有不求回报的开阔胸襟。恺撒这样的超凡魅力，能把和他接触的人拉到自己阵营，为以后的政治活动储备了雄厚的政治力量。

说起借钱，并不是谁都能借到的。出钱的人如果感受不到恺撒的人格魅力，是不会总借给他的。而且，如果欠钱的人政治失意，债权人就会血本无归。为了避免这种下场，债权人只好不断援助恺撒。最好的一个例子就是罗马首屈一指的富豪克拉苏。

在罗马社会，"拟父子"关系那样的保护与被保护关系纽带非常坚固。恺撒作为军人的才能非常突出，他像对待自己的手足般对待自己麾下的士兵，即使称呼这些士兵也不说"士兵们"，而是称呼"各位战友"，士兵们被恺撒的人格魅力折服。恺撒和部下之间保护与被保护的纽带关系进一步加深，这种关系不仅

图拉真凯旋柱局部 为庆祝达西亚战争胜利、113年在罗马建立的纪念碑，描绘了战役的实况、罗马人的武装、建城方法和达西亚的习俗，高达38米

庞贝城遗址 公共广场正面北端的朱庇特神殿,在其背后,可远眺维苏威火山

罗马斗兽场 古罗马时期最大的圆形角斗场,建于公元72—82年间,估计可以容纳五万至八万名观众

"比基尼的房间" 在体育比赛中争取胜利的女性们。阿尔梅里纳广场的马赛克地板，3世纪末至4世纪。Leonard de Selva/Corbis

存在于罗马公民间,还扩展到被征服的部落民中间。

一决雌雄的法萨卢斯之战

卢比孔河的具体位置不详,但可以肯定它是流经意大利北部的一条小河。古罗马人认为,渡过该河就进入了意大利本土。罗马将军远征时,被授予统率权,率领军队。但要返回本国时,按照习惯要在该地解除武装。如果率领军队渡过卢比孔河,就会成为违反国法的国贼。但恺撒并没有踌躇,他说完"骰子已经掷下"后,就渡过了卢比孔河,时间是公元前49年1月10日。

恺撒是一个如疾风怒涛般行动的男人,其进展速度之快或许超出了当时人的想象。他一路向南进击,进展非常顺利,几乎没遇到抵抗就控制了意大利半岛。庞培大费周章招募士兵,迎击恺撒军队,但难以同久经战阵、装备整齐的恺撒军队较量。

这场战争清楚地表明恺撒和庞培这两人在武将资质上的差异。庞培威胁说:"不跟从自己的人都是敌人。"大雄辩家西塞罗很不情愿地加入了庞培阵营。但恺撒却说:"谁都不帮的话,就是朋友。"恺撒因为被宣布为国贼,必须采取低姿态,但他一方的人才更胜一筹。

庞培暂且离开意大利半岛,他把重整军力的地点选在希腊,在庞培远征东方时,那里有很多人服从他的权威。不久,恺撒也渡过亚得里亚海,迎战庞培军队。庞培军队在数量上占优势,恺撒军队因为深入敌境,物资调配困难,士兵甚至用草做面包来充饥度日。

公元前48年夏，决战的时刻终于来到了。地点在希腊北方的法萨卢斯原野。庞培军队拥有步兵5万人、骑兵7000人，而恺撒拥有步兵2.2万人、骑兵1000人。庞培军队数量是恺撒两倍以上。但在提高己方士气、抓住敌人骑兵弱点的巧妙战术方面，恺撒胜过庞培，战争的大势已经确定。

恺撒骑马四处驱驰，向他称之为战友的士兵们呼吁不要滥杀罗马公民。即使对投靠敌军的名门贵族也施以温情，这些人中就有日后暗杀恺撒的布鲁图斯。恺撒把之前投敌的人也当亲人般对待，看到他们平安无事，恺撒显得格外喜悦。后来，他也没有处罚或清洗任何人。

这与对待异族高卢人的残暴行为完全不同。对恺撒来说，他难以忍受同胞流血，即使是失败者。战败的庞培逃亡到了埃及，但埃及统治者怕卷入罗马内争，杀死了他。

消灭庞培余党，结束内乱

通过法萨卢斯战役我们看到，即使作为武将，恺撒也胜过庞培。但真的是这样吗？庞培远征地中海沿岸各地，前所未有地扩大了罗马的领土。庞培年纪轻轻就崭露头角，取得一系列辉煌战果。连恺撒也认为庞培是一个"人品好，生活清廉，非常正派的人物"。所以，晚年的庞培不见得是被自己的野心驱使而带头采取行动，莫不如说，他是被元老院贵族推举出来的首领。对于这样一位久经沙场的勇将来说，曾经锋锐的胜负之心，此时大概磨平了不少，略显迟钝。

与此相比，年轻六岁的恺撒转战高卢八年后，仍继续进行军事活动，作为武将，他正处于事业的黄金期。作为政治家，庞培远不如恺撒，但如果作为武将，庞培即使胜不过恺撒，也不会比他差。恺撒是在自己最成熟的阶段和庞培开战的。恺撒自负地称自己不愧是"命运的宠儿"。

恺撒渡海追击庞培，来到埃及，得到的却是伟大对手的死讯。令人出乎意料的是，恺撒很快卷入埃及的王位继承纷争中。恺撒和妖艳的女王克里奥帕特拉每日纵情享乐，在尼罗河的土地上一住就是半年，也许恺撒是为了考察埃及的农业丰收情况和处理财政问题。恺撒和克里奥帕特拉沿尼罗河一路航行的画面，不仅激发了大文豪莎士比亚，也激发了普通人的想象力。恺撒纵情享乐，像是要治愈自己因长年战争而疲惫的身心。

尽管如此，恺撒的敌人并没有被扫清，庞培的势力残存在北非、希斯帕尼亚、意大利本土甚至罗马。不仅地中海西部不稳定，在小亚细亚，米特拉达梯斯之子也举起反旗。公元前47年，恺撒以闪击战击败小亚细亚之敌，在向元老院报告时，说出了"我来，我见，我征服"（Veni,Vidi,Vici）的名句。其间元老院大多数元老也支持恺撒。这是恺撒施展政治手腕的结果。

翌年4月，恺撒在北非战线打败庞培派余党，顽固的共和主义者加图绝望自杀。依靠恺撒的慈悲而活下来，相当于让自由屈服于独裁，加图没想过这样做。加图壮绝的死，成为日后共和派拥护者的心灵支柱。所以，恺撒也惋惜地说："很遗憾没能挽救加图的生命。"

公元前45年3月，恺撒在伊比利亚半岛南部打败庞培之子率领的军队。这时距恺撒渡过卢比孔河，已经过去四年的时间了。动荡纷乱的内战就此落下帷幕。

招致反感的终身独裁官之死

恺撒这时已成为罗马无人匹敌的掌权者。返回罗马后，恺撒开始着手各项改革。他发布多项法令，大幅增加元老院元老的数量。这一时期意大利半岛各城市新兴豪族辈出，他们都主动支持恺撒。另外，以公元前45年1月1日为期导入儒略历，从此开始沿用和现代几乎没有差异的太阳历。大家应该知道，7月（July）即来源于儒略。此外，恺撒向罗马贫民施以援手，有更多人获得了罗马公民权。同时，他还向以伊比利亚半岛为代表的各地区大量殖民。

事实上恺撒已成为像皇帝一样的独裁者。这样的统治形式与传统的共和体制格格不入，元老院里反恺撒势力仍然存在，但恺撒以慈爱之心宽恕了这些政敌。即便如此，恺撒的人气在民众中、军队中都达到了盲目崇拜的地步。

虽然达到了权力的顶点，恺撒还是满脸忧愁。有学者指出，刻在货币上的恺撒是一副行将就木的面相。谁都不理解恺撒的内心在想什么，但我们就这样放弃吗？我们不应该把恺撒看成国家改造论的激进拥护者。恺撒一边进行种种改革,一边把下一个目标定为远征帕提亚。

公元前44年,恺撒就任终身独裁官。独裁官在非常时期一般只有半年任期,恺撒的做法完全颠覆了共和政治的传统。虽然自己没有国王的名称,但恺撒俨然成

戴着桂冠的恺撒像 公元前44年成为独裁官后发行的货币。大英博物馆藏

了昔日王政时期的国王。拥护共和政体的元老院贵族们对此极其反感,反恺撒活动如开水般沸腾起来。

占卜师很早就忠告恺撒:"到3月15日为止要小心。"3月15日早晨,恺撒讽刺说:"拙劣的占卜,不是什么事也没有吗。"占卜师回答:"3月15日还没有过去。"

恺撒不愿意护卫跟随,一个人进入元老院会场。策划暗杀的一伙人包围恺撒,挥舞匕首不断刺向恺撒。布鲁图斯也参与了这次暗杀,当他的匕首刺向恺撒时,恺撒大喊:"布鲁图斯,你也要刺杀我吗?"恺撒身上被刺伤口达32处。

在本书第二章,我们曾简单梳理了世界帝国的原始面貌。有高压帝国亚述,有宽容帝国波斯,有建立野心帝国的亚历山大大帝。亚述帝国用武力威胁和残酷手段来进行恐吓。在波斯帝国,被征服居民不拖延纳贡的话,其自由也会得到相应的尊重。亚历

山大燃起过征服野心,但很快就消退了。

其实,高压、宽容和野心,在恺撒的人格中或许都有体现。恺撒对待蛮族残酷无情,以高卢人为首的异族有一百万人被杀、一百万人沦为奴隶。但对恭顺的乞怜者,特别是对罗马公民,恺撒不惜大赦,宽恕他们。而支持恺撒采取果断、迅速行动的,无外乎他的野心。

我们无法确定,恺撒自己是否谋划了建立世界帝国的大业。不过,根据我们对恺撒的总体印象,他是一个对霸权有无尽野心,时而残酷、时而宽容的人。正因为恺撒是宽严相济的野心家,他才能像风暴般猛烈推动历史前进的步伐。恺撒是世界历史舞台上的超级明星,是空前世界帝国的创建者。正因为如此,后世的丑闻史学家苏维托尼乌斯评价说"恺撒在应该被杀的时候被杀了",可谓一语中的。

第六章

罗马帝国的和平

元首奥古斯都的权威与权力

恺撒的后继者　　作为演说家或文人,西塞罗名闻天下,但他比谁都想当一个政治家。公元前63年,他如愿以偿,成为执政官,拆穿了喀提林一伙颠覆国家的阴谋。因此,西塞罗被称为"国家之父",威信达到了顶峰。

这一年,盖约·屋大维出生在罗马的帕拉丁山丘,他的外祖母尤利娅是尤利乌斯·恺撒的姐姐。十二岁的屋大维在外祖母的葬礼上致悼词,从这时开始,为恺撒所留意。

恺撒在各方面都对屋大维照顾有加,即使远征希斯帕尼亚,消灭庞培余党时,他也让屋大维随军远征。不久,恺撒让屋大维留学达尔马提亚的阿波罗尼亚,继续求学。屋大维在这里结

奥古斯都像 罗马第一位皇帝，以权威为宗旨进行统治，他非常喜欢这尊大祭司长雕像。罗马国立博物馆藏

交了他一生的挚友，也是他左右手的阿格里帕。

公元前44年，屋大维在阿波罗尼亚收到了恺撒被暗杀的噩耗，同时也知道了恺撒在遗书中指定自己为继承人。正如大家所知道的那样，屋大维就是后来罗马的第一位皇帝奥古斯都。他留下《圣奥古斯都行述》一书，以奥古斯都自己的口气来说明治世的道理，具有极高的研究价值。不过，该文晦涩难懂，后世读者难以理解。因此，在这里我稍加解释，以便读者能简明易懂地理解奥古斯都要表达的思想。

余十九岁被指定为伟大的神之子恺撒的养子，但前途多难。反恺撒势力还没有被完全消灭，恺撒派也并非团结一致。特别是恺撒亲信安东尼的专横跋扈，让人难以忍受。尽管余多次要求，他都没有放手恺撒的遗产和图书。因此，我无法向士兵们发放恺撒曾经答应过的酬金，只能自掏腰包来支付。不过，正因为如此，才得到了士兵们的信赖。

二十岁时，余在元老院受到表彰，得到执政官级别的待遇。

元老院承认我的最高指挥权,被公民选为执政官。同时与安东尼、雷必达和解,与他们联合成为再建国家三人委员之一。余用法律制裁刺杀余父恺撒之辈,或处罚或流放。尽管如此,还有谋反之辈,二十一岁时,余两次打败他们。

随着三人委员的瓦解,余在整个地中海世界的陆地与海洋不断战斗。把与保守派联手的雷必达赶下台,打败被埃及女王克里奥帕特拉迷惑的国家公敌安东尼。在这些战斗中,余作为胜利者,饶恕了任何一位请求饶命的罗马公民,这是学习余父的仁慈。另外,对于外邦人也尽量宽大处理。对余来说,余宁愿赦免而不消灭他们。为此,约有五十万罗马公民向余宣誓效忠,其中至少有三十万人在服役期满后,余送他们到殖民地定居或返回原籍。届时,我都分与土地或赠予金钱给他们,作为服役的报酬。

元老院允许胜利者举行凯旋式。余举行过小凯旋式两次、正规凯旋式三次。在这些仪式上,余的凯旋车前押送着九个俘虏的国王或王子。另外,歌颂最高司令官的欢呼有二十一次。元老院几次决议为余举行凯旋式,但全部被余拒绝。对于海陆上的军功,元老院曾五十五次向不朽的诸神举行感恩献礼。按元老院的命令,举行感恩礼的日子共达八百九十天。到写本文时为止,余已七十六岁,任执政官十三次,正第三十七次担任保民官。

在余得到奥古斯都称号的第五年,元老院和民众给余独裁官的地位，但余没有接受。在粮食极端缺乏的时期，余承担起保障粮食供应的职责。执行此职数日之后，便用自己的财力和人力购进粮食，解除了全体公民的饥荒和忧虑。当时，元老院提出授予余终身执政官职权，余也拒未接受。

强调以威望来统治　奥古斯都的倾诉娓娓道来，列举了一桩桩他作为政治家或作为个人完成的各项伟业，如公共事业建设、修筑神殿、加强治安、粮食供应、庆祝仪式支出、提供节目演出、扩大领土、安定边疆等等。在列举这些功绩之后，奥古斯都马上总结了自己的治世经验。

余既已镇压内乱，经万民同意，担起统治罗马的全权，但余还是通过余的权力，把国家事务交给元老院及罗马国民裁定。为了表彰余的功绩，余被元老院授予奥古斯都称号，允许余家的门柱用月桂树装饰，大门口钉上公民花环，而且在尤利乌斯议事堂放置一面金盾。上面铭刻文字说明罗马元老院和罗马人民授予余这些尊荣，是因余勇敢、仁慈、公正和虔诚。从此，余的威望超过一切人，但在每一职位上，余都不比余的同僚握有更多的权力。(《圣奥古斯都行述》)

在《圣奥古斯都行述》中，奥古斯都的自负表露无遗。他自己没有采用皇帝、大帝之名，也不让周围的人用具有独裁者色彩的称号称呼自己。自己始终是罗马第一公民，不过是元首而已。所以，尽管平定了内乱，掌握了管理国家的全权，他还是放弃这些权力，把它归还给元老院和罗马公民。

作为弥补，元老院在赋予奥古斯都高贵尊称的同时，又给了众多的荣誉。作为获得这些荣誉的人，奥古斯都想说自己是因品德而受人们爱戴，不需要竭力夺取霸权。总之，尽管自己在威望方面出类拔萃，但在权力上和其他高官没有什么两样。

所谓"以威望进行统治"是古代罗马人多年流传下来的传说，正因为如此，奥古斯都内心充满自信和自豪，极力强调自己的威望。他的威望可比"祖先遗风"更受为政者看重。

总之，威望的内容包括什么？大致来说，首先是家世，家世之上是军功，此外还有对品格的要求。家世、军功、品格成了威望最重要的外在表现。

政敌安东尼散布谣言，说屋大维的曾祖父是奴隶，进入政界前，他的父亲是货币兑换商，靠货币差价来牟利，母亲是面包工匠的女儿。在讲究家庭出身的时代，卑微的家世容易让人怀疑其个人能力。特别是对当政者来说，这是无论如何也不希望出现的污点。

但这纯属是安东尼造谣中伤，屋大维的家世绝不卑微。虽然的确不是什么高贵的家系，但也是新兴贵族。最重要的是，拥有至高权力的恺撒指定屋大维为他的继承人。这一事实具有惊人的威力，折服了众人。

阿格里帕胸像 奥古斯都最亲近的助手，修建了万神殿和尼姆（法）水道桥。乌菲齐（Uffizi）美术馆藏

支持病弱总司令的亲信

恺撒发现少年屋大维具有与生俱来的才能。不但如此，这个年轻人的勇气也让人惊叹。曾经，屋大维只带了很少的人马就突破了满是敌人的道路，不畏艰难，坚持继续进军。恺撒不可能不喜爱这样的外孙。

屋大维虽有勇敢的精神，但身体却很弱。疾病缠身的他，必须要养身体。对于身上有这样一个弱点的人来说，心里不免急躁，这时就需要有理解自己的朋友。

阿格里帕是屋大维最亲的亲信，他具有作为军人的一切资质。屋大维在达尔马提亚游学时，就与他交往密切。屋大维只是名义上的总司令官，事实上是阿格里帕在指挥军队，带领军队取得很多胜利。政敌安东尼嘲笑屋大维："他躺在床上，双眼凝视半空。到阿格里帕完全制服敌人前，他一动不动，简直像死人一样。"这形象地说明了，体质不好的屋大维需要依赖阿格里帕的军事才能。

公元前31年，阿克兴海战爆发。为争夺地中海世界的霸权，安东尼与克里奥帕特拉的联军在此处与屋大维一决雌雄。屋大维的姐姐屋大维娅嫁给安东尼，她是一位值得赞扬的坚强女性，迷恋克里奥帕特拉、任性妄为的安东尼的声誉一落千丈。

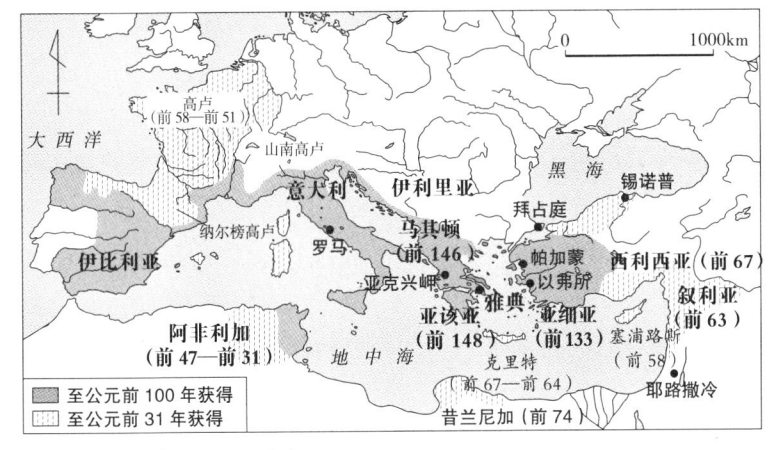

罗马帝国的扩张（截止到前31年）

不过，这场历史上非常著名的海战，实际上却是一次毫无亮点的决战。克里奥帕特拉率领的埃及舰队早早扬帆退出了战场，安东尼也追随其后，简直就像害怕同名将阿格里帕交战一样。克里奥帕特拉害怕自己被带到罗马当众展览受辱，于是用毒蛇咬胸自杀。听到这一消息的安东尼也在绝望中自杀。

如果没有阿格里帕，屋大维就不会成为地中海世界的元首，也不会被称为奥古斯都。阿格里帕是一个卓越的军人，尽管功勋卓著，但拒绝举行凯旋式，始终站在奥古斯都的背后。奥古斯都虽不具备军事手腕，但在识人方面一定格外出色。

我们也不能忘记另一个支持奥古斯都的人物，那就是从年轻时就与屋大维交往密切的梅塞纳斯。如果说阿格里帕是奥古斯都军事上的靠山，那梅塞纳斯就是奥古斯都政治上的股肱之臣。梅塞纳斯通晓内政、外交，常常担任居中斡旋的角色。

梅塞纳斯出身骑士家庭，但并不渴望成为元老院元老或者担任高级官职，一心辅佐恺撒的继承人。为此，梅塞纳斯被人认为"在背后操纵社会舆论"或是"宣传部长"。

梅塞纳斯和很多诗人都交往甚密，给他们丰厚的报酬。罗马建国叙事诗《埃涅阿斯纪》作者维吉尔在遗嘱里提到的遗产总额就相当可观，抒情诗人贺拉斯也拥有梅塞纳斯赠送的农场。这些诗人并不对梅塞纳斯唯命是从，但不能否认，梅塞纳斯对他们施加了无声的压力。近来日本民众把支持文化艺术发展的援助称为"メセナ"，就是根据梅塞纳斯的法语发音而来的。

披着共和政治外衣的帝政

对于地中海世界的霸主奥古斯都来说，罗马帝国始终是共和制国家。奥古斯都几乎没有对共和制度加以改变，就使它默认了独裁政体。这也是因为有恺撒的惨痛经历在前。恺撒之所以遭人暗杀，就是因为被怀疑会成为如帝王般的独裁者。要完成其伟业，奥古斯都必须避免重蹈恺撒之覆辙。

奥古斯都表面上尊重元老院的统治权威，但实际上要把所有权力集中在作为罗马第一公民的元首手中。由此，一套基于元首个人影响力来兼任公职的体制产生了。尤其引人注意的是，他兼任作为民众保护者的保民官和沟通神灵的大祭司长。元首不见得是露骨的掌权者，但必须是被人们敬爱的权威人物。

罗马的行省分为元老院管辖行省和元首直辖行省。富饶、

安全的地中海沿岸行省大部分是元老院管辖行省，这些行省没有必要驻扎那么多军队。与此相比，不稳定的边境地带是元首直辖

古罗马遗址 大理石神殿、凯旋门等公共建筑林立，非常壮观

行省，帝国的大多数军队都驻扎在这里。尽管把和平、富饶的行省委托元老院管辖，但从这些行省取得的税收却用来维持帝国的军队开支。元首确保帝国民众安全，但同时，最重要的是作为罗马军队的总司令官，掌握全军的统率权。

奥古斯都的统治方式实际上是反复试行的结果。他一方面保留共和国的共有组织机构，另一方面设立适应新时期需要的机构。他如同魔术师一样，在不干涉共和国家机构运作的原则下，实施对庞大帝国的独裁统治。奥古斯都非常巧妙地建立了一个伪装成共和制的帝国。例如建立近卫军等，在共和政治体制下是完全不可能的。但近卫军一直存续到罗马帝国灭亡。

奥古斯都的这些事业中，最引人注目的就是把罗马建成真正的世界之都。罗马真正成为辉煌、美丽的都市，一个难以抵御洪水、火灾的都市重生为一个满是壮丽建筑物的首都。奥古斯都夸耀说："我接过来的是一座用砖修建的罗马城，返还的却是一座大理石的城市。"他的自负不是没有道理。奥古斯都建成的这

座中心城市,与掌握空前霸权的罗马帝国是相称的。

敦厚的个人,冷酷的统治者　作为个人与作为统治者的奥古斯都,简直判若两人。作为个人时,他是充满温情的朋友;但作为统治者,他却是一个心思缜密、工于算计、冷酷、不惜除掉伙伴的人。年轻的屋大维认为与安东尼、雷必达和解对自己有利,便把拥护共和派的西塞罗等友人冷酷地铲除掉。另外,屋大维对反恺撒派的报复也极其残酷,敌人被毫不留情地处刑。

作为统治者的奥古斯都也有让人不满意的时候。某次,阿格里帕对奥古斯都的冷淡态度起了疑心,且越来越强烈,最后只得归隐田园。那时还年轻的当政者非常惋惜地说:"阿格里帕缺乏自制力。"

另外,在破获某个阴谋事件时,梅塞纳斯把这件事暗地里泄露给自己的妻子。奥古斯都感到非常遗憾,责怪道:"梅塞纳斯嘴太快了。"作为统治者,即使对盟友他也非常严厉。

其他的奇闻逸事也有很多。一次,奥古斯都和一位自己非常信任的会计官一起散步,一头野猪突然闯出来,惊慌失措的会计官一下子撞倒了元首,奥古斯都并没有惩罚这位胆小的大不敬者,只把他作为一个笑谈而已。

但当一位书记收人贿赂、泄露书信内容时,奥古斯都打断了这个人的双腿。还有,他迫使一个深得宠爱、获得自由的奴隶自杀，因为这个人和上流社会的一位已婚妇女通奸。

奥古斯都不太擅长饮酒，但特别喜欢竞技比赛。他是一位面容俊秀的美男子，也非常好色，喜欢过很多女人。虽说奥古斯都和再婚的妻子莉薇娅到死都一直非常恩爱，但他一生的风流韵事也有很多。因为与克里奥帕特拉的关系而名声扫地的安东尼讽刺说："这封信送到之前，不知屋大维又和几个女人睡过觉了。"

作为个人，屋大维宽容、和善，但作为统治者，他又无情、冷酷。说不定恺撒早就看清了他身上体现的这两种迥然不同的性格。血缘太远自不待言，这种双重人格却是当政者所孜孜以求的，恺撒一定喜欢自己拥有的这种资质。作为个人，他使所有人为自己倾倒，但作为统治者，他又是毫不留情、极为冷酷的人。

以世俗眼光判断的话，往往认为温情满满的人是善人，冷酷的人是恶人。但社会不尽是善人，也不尽是恶人。善人有时会成为恶人，恶人偶尔也会成为善人，善恶毕竟是个暧昧的概念。像恺撒、奥古斯都这样的人物一定意识到了善恶的复杂性，也许可以更进一步说，他们的精神已经超越了善恶。这是否是哲学家尼采的主张姑且不论，但至少在爬到权力顶峰的人物当中，不少人必须要成为跨越善恶的超人。

血缘继承失败

虽说奥古斯都一生都被幸运女神眷顾，但并不是没遭遇过不幸。最为可叹的就是继承人问题。

最先被定为继承人的是姐姐屋大维娅的儿子马塞勒斯，奥古斯都让他和自己前妻的女儿尤利娅结婚，所以对奥古斯都来说，马塞勒斯既是自己的外甥，也是自己的女婿。公元前23年，十九岁的马塞勒斯突然死亡，不但奥古斯都家族，就连罗马民众都感到非常悲痛。

成了寡妇的尤利娅不久便与奥古斯都的左右手阿格里帕再婚，尽管两人相差二十五岁，但生育了三男二女。长子盖约和次子卢修斯两人作为奥古斯都的外孙，都被看作继承人。但公元前12年，阿格里帕死亡，尤利娅再次成为寡妇，两个年幼的皇子没有了监护人。奥古斯都留意到妻子莉薇娅带来的两个儿子，哥哥提比略和弟弟德鲁苏斯，希望选出一个作为尤利娅第三次婚姻的对象。

这时，提比略已经有了恩爱的妻子。奥古斯都命令提比略离婚，提比略尽管愤怒，但也不得不勉强遵从。不久，与尤利娅关系恶化的提比略厌恶了政治生涯，隐居罗德岛。

不管怎样，盖约和卢修斯兄弟平安地度过了少年期。应该是好事多磨吧，先是弟弟卢修斯在十九岁时病死了，两年后二十岁的哥哥盖约在战场上受伤，也死了。公元4年，奥古斯都把帝位传给有血缘关系的继承者的计划遭到挫折。

对奥古斯都来说，还有比与亲人死别更令人难以忍受的事情，那就是亲人的可耻行为，特别是女儿尤利娅与外孙女小尤利娅的不端行为，令人头疼。

女儿和外孙女都能熟练地纺丝、织布，家教非常严格，可是事与愿违。丈夫提比略因为被疏远而赌气隐居罗德岛，尤利娅也许觉得"我终于自由了"吧。

据说奥古斯都甚至考虑过要处死女儿，但最后把女儿、外孙女都流放到了海岛。提到她们，奥古斯通的口头禅是"如果不结婚就好了。即使结婚，到死不生孩子就好了，可是……"。

不过，丈夫的背运，有时却是妻子的幸运。奥古斯都失去了所有有血缘关系的继承人，为妻子尤利娅带来的儿子提比略继承帝位开辟了道路。实际上，外孙盖约死去之后，提比略就被奥古斯都收为养子，作为帝位继承人。提比略这时已经四十五岁了。

发现悲惨的战场遗址　　几年前的秋天，笔者和朋友一起访问德国西北部城市明斯特。这一天秋高气爽，在明斯特大学担任教授的朋友开车载我们去拜访一座叫卡尔克里泽的小山村。山脚沼泽地带过去便是茂密的树林。1987年，那里发现了散乱的罗马货币，1989年开始正式发掘。随着发掘的推进，不仅发现了金币、银币、铜币，还陆续出土了武器、盔甲、工具甚至人骨。人骨全部是成年男子，其中很多都有明显的伤痕。出土的钱币全部是公元9年以前的，这是决定性的证据。在奥古斯都统治的公元9年，将军瓦卢斯率领三个军团被日耳曼军队突袭，在这里全军覆灭。

事实上，有人从文献史料中推测出该地是当年的战场。推测的人是罗马史大家蒙森（1817—1903），历史学家中唯一获得诺贝尔文学奖的人。可是，支持蒙森推断的学者很少。不过，随着金属探测器等先进技术应用在考古学上，蒙森的推测被证实了。现在，明斯特设有纪念博物馆和自然历史公园，笔者一行人访问这里时，当地正在举行"蒙森展"。

这里发生的战争被称为"条顿堡森林之战"或"瓦卢斯之战"。由于失败得非常悲惨，奥古斯都得到消息时受到强烈刺激。奥古斯都穿了几个月丧服，不刮胡子，不理发，有时一边以头撞门，一边叫喊："瓦卢斯，还我军团。"

我们来谈谈罗马损失的这三个军团。根据奥古斯都的基本方针，在确保边境安全和国土和平的前提下，常备军人数保持在必需的最小限度。亚克兴海战之后，罗马军团的数量被缩减到二十八个，几乎都配备到帝国边境地带。这次虽然只丧失三个军团，可对于以维护"罗马和平"为目标的当政者来说，没有比这更懊悔的事了。此役之后，罗马军队对于越过莱茵河、向东扩大疆土变得犹豫不决。或许是这个缘故，现在有些德国人会自嘲，把莱茵河以西称为文明地区，把莱茵河以东称为野蛮地区。

在妻子臂弯中去世

据说卢浮宫美术馆也有莉薇娅雕像，但那不勒斯南部的帕埃斯图姆考古学博物馆的莉薇娅雕像更令人喜爱。不愧是奥古斯都的爱妻，比起她美丽的外貌，雕像所体现出的男子气概更使人叹服，同时让人感到她身上隐藏的强大意志。

莉薇娅注重保持贞洁，受人敬爱，又能容忍丈夫的见异思迁，所以她绝不是一位普通的女性。她开始谋划她与前夫所生的孩子提比略和德鲁苏斯的未来，竭尽全力促使提比略继承帝位。不仅如此，她还对奥古斯都处理国政事务具有很大的影响力。她一方面是协助丈夫的忠诚妻子，但另一方面，不能否认她是一位手法巧妙的策略家。她被人揶揄为"女奥德修斯"，可谓一语中的。

莉薇娅 奥古斯都的妻子，第二位皇帝提比略的母亲。帕埃斯图姆考古学博物馆藏

"在人生的喜剧里，我扮演的这个角色还出色吧？"

在个人与统治者之间不断灵活转换角色的奥古斯都临终前，特意询问友人。而且，他还补充演员在谢幕时说的老套台词："如果满意这场戏剧，请鼓掌喝彩，并且满意地离开。"

奥古斯都屏退左右，躺在莉薇娅的臂弯里，安详地离开了人世。

"莉薇娅，不要忘记我们一起度过的日子，好好活下去吧，再见。"

公元14年8月19日，七十六岁的奥古斯都与世长辞。

理想的当政者：日耳曼尼库斯的幻影

娶奥古斯都外孙女为妻

奥古斯都死后，五十五岁的提比略即位。五年以后，一位名叫日耳曼尼库斯的青年贵族离开人世，享年三十四岁。他的父亲是德鲁苏斯，提比略的弟弟，他的母亲安东尼娅是先帝奥古斯都的姐姐屋大维娅与政敌安东尼所生，血统无可挑剔。

> 日耳曼尼库斯死的那天，神殿被民众扔石头，神的祭坛被推翻。家庭守护神（lares）像被扔到大街上，老婆刚生出的婴儿也被遗弃在外面。（苏维托尼乌斯《罗马十二帝王传·卡利古拉传》）

日耳曼尼库斯的意外死亡给罗马民众带来莫大的悲伤与愤怒，他们的悲痛与怒火令不死的众神也为之动容，抗议的方式不仅有暴动，甚至拒绝接受神赐与的生命。这种恶劣的类似流氓活动的骚乱并不是经常发生，这种不同寻常的状况说明了日耳曼尼库斯无与伦比的声望。那么，人们如此敬仰的日耳曼尼库斯生前到底是个什么样的人物呢？

首先，日耳曼尼库斯出身名门。父亲方面，他继承了克劳狄氏族的血统；从母亲方面来说，他又继承了尤利乌斯氏族的血统，可谓名门中的名门。而且，日耳曼尼库斯的妻子是奥古斯都的外孙女阿格里皮娜。这些得天独厚的条件使得日耳曼尼库斯成了最适合的帝位继承人。实际上，奥古斯都已经命提比略收日耳曼尼库斯为养子，视为提比略的继承人。

日耳曼尼库斯 与奥古斯都的外孙女结婚，在北方的日耳曼尼亚战线指挥战斗。卢浮宫美术馆藏

奥古斯都晚年的时候，日耳曼尼库斯离开罗马，到北方日耳曼尼亚指挥军队。当奥古斯都的讣报传来时，军队士兵因没有得到预期的恩赦而军心晃动。以最低层、最卑贱的士兵为首，最不满意自己悲惨现状的那些士兵希望尽快退伍并提高薪金。这些士兵越来越难以控制，不断袭击指挥他们的直属上级——百人长。

士兵动乱不断扩大，甚至连日耳曼尼库斯的妻子也陷入危险当中。日耳曼尼库斯向卷入暴动的士兵们发表演讲：

> 你们取得过无数胜利，得到过众多勋章，可你们有送过什么特别的感谢给你们的将军吗？我倒不如死了算，免得知道这些无耻士兵是我的部下！你们现在已经和过去判若两人了。如果你们还服从元老院的权威、恭顺元首，就把我的妻子交还给我，脱离谋反行列，交出煽动者。（塔西佗《编年史》）

这些话使参加叛乱的士兵们很羞愧，都低下头来承认错误，他们将心比心，平静地回到军营。日耳曼尼库斯麾下军队的叛乱就这样被平息了下来。

日耳曼尼库斯很快就率军越过莱茵河，深入日耳曼尼亚内陆。经过激烈战斗，终于夺回六年前在条顿堡森林失去的三个军团军旗中的两面，还整理了散在各处的罗马士兵尸骨，加以厚葬。

随着北部边境战况好转，日耳曼尼库斯得到士兵们越来越多的信任和爱戴。随着军功累累，他受到罗马民众的狂热崇拜，每到一处城镇，欢迎的人群就会蜂拥而至，甚至发生踩踏事件。

令民众悲痛的暴亡　　首先，日耳曼尼库斯出身名门。日耳曼尼库斯有这样的人气不只在于他是有才干的军人，他外表眉清目秀，身材高大，长得一表人才。日耳曼尼库斯还学识渊博，能言善辩，却从不以此炫耀。他勇气过人，接人待物彬彬有礼，即使对恶意诽谤自己的人也不忍伤害。所以，民众爱戴日耳曼尼库斯，对他充满期望，而他也没有辜负民众的期待。

这位品德高尚的年轻人愈发得到民众的爱戴，被寄予无限的希望。所以，奥古斯都看好日耳曼尼库斯，把他指定为年龄较大的提比略的继承人，一点也不奇怪。

不过，即使是日耳曼尼库斯这样的人物，也无法把罗马帝国的领土扩展到莱茵河以东。深知这一点的提比略皇帝把日耳曼尼库斯召回罗马，停止向日耳曼尼亚扩张。

元老院为返回罗马的日耳曼尼库斯举行了盛大的凯旋式，民众狂热欢迎的场面令最高掌权者忐忑难安。提比略似乎不喜欢日耳曼尼库斯留在罗马，马上就把他派遣到东方处理行省问题。

日耳曼尼库斯遍访希腊、色雷斯、小亚细亚各城市，参观特洛伊等名胜古迹，所到之处都会受到凯旋式般的欢迎。不过在叙利亚，他却和总督皮索相处不愉快，并且被指责在没有得到元首同意的情况下就去富饶的埃及旅行。由于日耳曼尼库斯救济了亚历山大里亚的饥荒，他的人气在民众中愈发高涨。

日耳曼尼库斯返回安条克后，与皮索的矛盾进一步加深，不久就病倒了，曾一度康复，但后来又暴亡。讣报传来，令那些仰慕、赞美日耳曼尼库斯的民众悲伤不已。亲眼见过日耳曼尼库斯的行省民众更是热泪直流，就连异国的国王与百姓都表达了哀伤之情。这是日耳曼尼库斯对行省民众礼遇有加、对敌国百姓宽大为怀的结果。

与亚历山大相似的命运　　不知何时开始，流传日耳曼尼库斯死于毒杀的说法，传言说是与日耳曼尼库斯水火不容的总督皮索指使手下毒杀了日耳曼尼库斯。不久，皮索就因为杀人嫌疑被迫自杀，又有传言说暗地里操纵皮索的正是提比略皇帝。事情的真相是什么已无法弄清，人们看到提比略对日耳曼尼库斯的死显得无比伤心，但背地里议论说，只有最想让他死的人才会表现得比其他人都哀伤。

历史学家塔西佗认为日耳曼尼库斯无论从外貌、享年以及死亡方式等方面,都与亚历山大大帝相似,仿佛是在模仿亚历山大的命运。

> 因为两人都有俊朗的外貌和高贵的家世,都才过三十岁就因为自己人的阴谋诡计倒在了异乡的土地上。日耳曼尼库斯对人友善,能节制欲望,有一个妻子就心满意足了,绝没有私生子。确实,日耳曼尼库斯不够大胆。尽管屡屡战胜,击退日耳曼人,但还是没能把日耳曼人变为奴隶。尽管如此,日耳曼尼库斯绝对是毫不逊色于亚历山大大帝的军人。如果能给予他亚历山大大帝那样一人裁量万事的国王的权限和称号,以他的宽大、中庸以及其他美德,完全可以超越亚历山大大帝。即使在战争荣誉方面,也一定可以匹敌亚历山大大帝。(《编年史》)

由于日耳曼尼库斯前途非常远大,他死后人气仍没有减弱。尽管史料中没有明确说明,但其后罗马数十年的历史简直就是在日耳曼尼库斯亡灵笼罩下发展的。提比略死后,日耳曼尼库斯的儿子卡里古拉继任元首。当卡里古拉被杀死后,日耳曼尼库斯的弟弟克劳狄被推上帝位。克劳狄死后,日耳曼尼库斯女儿阿格里皮娜的儿子,也就是他的外孙尼禄,就任罗马帝国皇帝。

历史不允许"假设",但我们梦想一下"如果日耳曼尼库斯能终其天年",一定会很有意思。当然,品德高尚的人物不见得一直能保持下去,也有人会突然摘掉假面具,干尽坏事,因为他原本就没有那样的才干。尽管如此,如果他作为当政者是众望所归的话,那历史也许会重新改写。但事实上历史并非如此。

被拆散的第一次婚姻

这个男人仪表堂堂,身材高大,军功显赫,是一位能力超群的将军,教养和学识都不错,更是一位模范丈夫。读到这里你也许会想,这是描写日耳曼尼库斯吗?但这不是。这个男人表情严峻,沉默寡言。因这个缘故,他给别人以冷淡、傲慢的印象,不大讨人喜欢。这个男人的名字就是提比略,罗马帝国的第二位元首。

提比略是莉薇娅带来的孩子,莉薇娅与奥古斯都再婚后,提比略顺理成章地成为罗马第一位皇帝的继子。在第一次婚姻期间,提比略堪称模范丈夫,奥古斯都为了使他和自己与前妻生的女儿尤利娅结婚,迫使提比略离婚。离婚使提比略非常痛苦,后来一看到前妻,他的眼里就满是泪水。

之后四年,提比略作为奥古斯都的养子,成为奥古斯都帝位的继承人。奥古斯都曾辩说:"我建立这种养子关系是为了国家。"所以,对奥古斯都来说,选提比略为养子尽管是比较妥当的人选,但绝不是心甘情愿的。大概是因为提比略看起来像是一个过于严肃、不善变通的人吧。

提比略皇帝像 第二位罗马皇帝。在他统治期间，告密、清洗等措施使罗马社会阴云笼罩。那不勒斯国立博物馆藏

但提比略是一个极其有才干的军人。他年轻时就参加过同东方大国帕提亚的战争，还曾夺回被敌人抢去的军旗。在他精力充沛的时候，还率军远征过日耳曼尼亚和巴尔干半岛。特别是公元前12年阿格里帕病死后，作为军人的提比略更加受国家倚重。但这些在外作战经验并不能直接变成统治国家的能力。

猖獗的告密者

公元14年，提比略皇帝的统治开始了。奥古斯都继承人的一项重大使命就是延续奥古斯都建立的一系列治国体制。在最初的几年里，提比略以奥古斯都为榜样，看起来是一个不错的统治者。他经常出席元老院的会议，即使在竞技场上和展览会上也能看到他的身影。他通过缩减建筑工程和停止对外战争来减少国家财政支出，使国家财政实现收支平衡。

提比略遵循奥古斯都的治国方针，尊重共和传统，重视与元老院的协调。而且，他还是一位深谋远虑的人物。

> 诸位元老院元老，我现在以及之前多次说过，诸位元老给了我这样重大、这样自由的权力，我一定要为元老院效力，即

使是为全世界的公民,即使是频繁地为每一位公民,我也必须效犬马之劳。我绝不后悔这样说。我之前一直把各位看作善良、公平、亲切的主人,今后也是这样认为的。(苏维托尼乌斯《罗马十二帝王传·提比略传》)

提比略把与元老院的协调放在首位,对元老院事务不加干涉。但谁都明白这只是表面上的,独掌大权的其实还是提比略。而且,提比略原本是一个沉闷、不乐于交友的人。他和元老院之间争执不断,相互间的矛盾开始加深。

提比略孤僻的性格变得越发严重,死板、妄自尊大的批评就连普通老百姓都知道了。不久,为了避免加重财政负担,提比略停止召开竞技比赛和展览会,这些举措招致民众的不满。

赞美提比略皇帝的声音根本谈不上有多高,相反,罗马弥漫着一股推翻提比略政权的险恶气氛。提比略几乎没什么朋友,只能依赖秘密情报,这使告密之风盛行。

在提比略统治时期度过青年时代的斯多葛学派哲学家塞内卡,生动描绘了这一时期的社会状况。

> 在提比略皇帝统治下,弥漫着告发他人的疯狂恶习。这一恶习几乎弥漫全国。其影响比任何内战更甚,使全体罗马公民疲于应对。无论是醉话,还是无意间说的玩笑,都有可能被逮捕。没有任何人是安全的。无论什么事都会给告密者好的口实。

而且，已经不需要期待被告人会得到什么样的判决结果，因为结果只有一个。(《论恩惠》)

23年，提比略唯一的儿子德鲁苏斯去世，特别是老朋友们的背叛、亲人之间的告发，使提比略的猜疑心越来越厉害，罗马继续笼罩在凄惨的氛围下。提比略似乎厌倦了宫廷和政治，最后隐居到那不勒斯湾入口的卡普里岛上。

归隐皇帝掀起的清洗风暴

提比略皇帝的别墅建在卡普里岛东北岬角的绝壁之上。从别墅遗址远眺那不勒斯湾景色，宛如人间仙境，在蔚蓝海面的远方，朦胧可以看到维苏威山，维苏威山下的原野向东西两侧延展。在这样风光迤逦的地方，即使要一直居住下去也不会觉得乏味。实际上，提比略之后一直隐居在这里，再也没回到罗马，甚至没有参加八十六岁去世的母亲莉薇娅的葬礼。本来就有传闻说提比略认为母亲在各方面干涉政务，很麻烦，因而避居卡普里岛。

现在被称为朱庇特别墅（Villa Jovis）的遗址上有一块观光指示牌，上面写着"十年间，命令从此地下达到整个罗马帝国"。但官员只能通过亲兵队长塞雅努斯和提比略皇帝联系。比起受元首信赖带来的威风，这个男人更想要真正的权力。这时，一起暗杀皇帝的阴谋被破获，不过是否有真正的阴谋，令人怀疑。日耳曼尼库斯尽管已经去世，但人气仍高，他的遗孀、长子和次子都因这次暗杀阴谋遭到逮捕，并很快被杀害。塞雅努斯陆续除掉妨碍自己夺权的人物。老皇帝开始预感到自己也处于危险之中，才知道事态已经很严重了。提比略知道只有这个塞雅努斯才是伪善者，是奸臣。

不久，塞雅努斯和其同伙被逮捕，受到残酷的拷问，最后被处以极刑。其间提比略知道了儿子德鲁苏斯原来是他的妻子和塞雅努斯合谋毒死的。为此，提比略展开可怕的报复，手段极其残忍。

尽管卡普里岛没有丝毫活跃的迹象，但提比略已经重新掌握了实权。以元首为顶点的权力机构作为国家政治的核心，具有牢固的根基。可是，由于提比略性格内向、冷淡，财政紧缩被看成是吝啬的表现，不派军队远征、维持和平局面被认为是消极主义。特别是他离开首都罗马、避居孤岛，更是极其不受民众欢迎，被视为背叛行为。

37年，七十七岁的老皇帝提比略讣告传来，民众喜极而泣。不但如此，有的家伙还叫喊："把提比略投入特韦雷河（台伯河的古称）！"元老院的贵族们在经历无端猜疑和告密之苦后，终于把悬着的心放了下来。

滥用大逆罪引起的暗杀　日耳曼尼库斯和阿格里皮娜共生育六个儿子和三个女儿，最年幼的儿子盖约出生时，只剩下了两个哥哥。这两个哥哥和母亲一起死于提比略时期的政治阴谋与清洗浪潮。他们死于非命的时候，盖约还处于青春

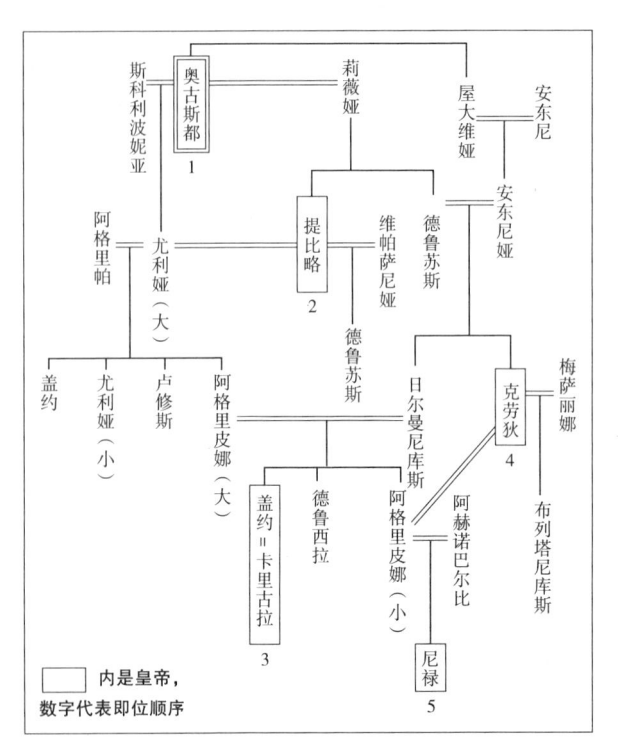

从奥古斯都皇帝到暴君尼禄

期。可以想见,亲身经历这些悲惨事实,这位少年的心灵承受了何等的伤害啊!

本来,与两个哥哥相比,盖约并不为人所看重。不过他身上毕竟流淌着日耳曼尼库斯的血液。正因为如此,危险正一步步逼近,他一定感到无比恐惧。有很多人想从这个少年那里刺探出他的不满和抱怨,但这个少年的猜疑心好像特别重,没让任何人有隙可乘。不仅如此,盖约对至亲的死显得若无其事,摆出一副完全忘记的样子。

可是，盖约对活下来的妹妹们却表现出异乎寻常的情感。一颗隐藏自己真实感情的心，也许在这找到了宣泄的出口。虽然有偏袒盖约之嫌，但可以说，巨大的精神打击使这个少年心理出现了病态。

盖约小时候被父亲日耳曼尼库斯带着远征，士兵们把盖约亲切地称为"卡里古拉"（小军靴）。这位流淌着日耳曼尼库斯血液的二十四岁青年，在崇拜父亲日耳曼尼库斯的民众的期待下登上了帝位。在罗马民众希望，这个充满朝气的青年能一扫提比略时代的阴郁氛围。

实际上，卡里古拉在其统治初期还是干劲十足的，具体措施包括大赦政治犯、成倍增加士兵的赏金、减税，中断已久的演出节目在大型宴会上重新出现。这些举措令民众拍手称快。

可是，不到半年卡里古拉就患上了重病，虽然很快康复，但此后他的行为发生了奇怪的变化。有学者推测，卡里古拉患上了精神疾病。深陷暗杀、阴谋等被迫害妄想的卡里古拉反而把他周围的人逼上绝境。

他最深爱的妹妹德鲁西拉一死，更给他的精神造成沉重的打击。卡里古拉命令为妹妹举行国葬，甚至要求把妹妹奉为神灵。而且，他让最喜欢的赛马住在大理石建成的马厩里，待遇犹如贵族，甚至立为执政官。其疯狂行为无所顾忌，大失人心。他甚至明确表示欣赏东方国家的君主制，令所有人都以轻视和厌恶的眼光看待他。罗马人讨厌墨守传统的提比略，也憎恶破坏传统的卡里古拉。尽管恺撒死后历经四帝，但共和传统在罗马人心中仍占有一席之地，并不断发生微妙的变化。

卡里古拉滥用大逆罪，被流放、没收财产和处死的人一个接一个。前面的反感和憎恶还没有消除，很快就又燃烧起来。遭到蔑视的亲信怀恨在心，预谋杀死卡里古拉。当卡里古拉走到宫殿回廊一角的时候，近卫军将领杀死了他。卡里古拉死时年仅二十九岁。

日耳曼尼库斯的弟弟被拥戴为帝

卡里古拉被杀死的消息传来，元老院称赞暗杀者们为"自由的恢复者"。元老院里，希望回归共和政体的呼声高涨起来，但这并没有用。这时的元老院已经不是之前"王者云集"的元老院了。不久，近卫军秘密找出还活在世上的克劳狄。克劳狄是日耳曼尼库斯的弟弟，凭借这一身份，他很快被拥戴为元首（皇帝）。元老院也不得不承认这一事实。知道克劳狄的日本人不多，但英国人对他很熟悉。这是因为在他统治时期，不列颠成为罗马帝国的一个行省。20世纪英国代表性作家罗伯特·格雷夫斯写的《我，克劳狄》一经出版，立刻成为畅销书。

对克劳狄这个皇帝的评价，同时代人各说纷纭。并非毁誉参半，而更多是毁贬，极少是褒誉。

不管怎么说，克劳狄被母亲称为"人形怪物"，完全看不到彼此有亲情的痕迹。不仅如此，当一个人责骂孩子笨时，往往会嘲弄说："我的儿子比克劳狄还愚蠢。"这样的话会给孩子造成严重的精神创伤。祖母也极其轻视克劳狄，很少跟他说话。他的姐姐公开说："如果克劳狄成为罗马皇帝，那可真是罗马国民的不幸。"

实际上，克劳狄小时就体弱多病，动作笨拙，有严重的口吃，脸上经常满是鼻涕、口水。特别令人吃惊的是，克劳狄记性极差。他成为皇帝后，明明已经下令处死了皇后梅萨丽娜，却还在餐厅等梅萨丽娜来吃饭，问："皇后怎么还不来呢？"从克劳狄表现出的症状来看，有学者推测他可能患了脑瘫。

克劳狄皇帝像 日耳曼尼库斯的弟弟。这尊雕像模仿朱庇特神，表现了皇帝的力量和荣光。梵蒂冈美术馆藏

对女性情爱的渴望

尽管克劳狄有各种问题，但他的智力障碍不见得那么严重。奥古斯都见过少年时代的克劳狄，他在信中暗示，尽管与克劳狄的谈话很糟糕，可是克劳狄的演讲很出色；虽不被命运眷顾，但有高贵的灵魂。或许是这个原因，据说克劳狄学习非常努力，富有学识，口才比普通人优秀。可是，当克劳狄出现在大竞技场贵宾席上时，就连亲切的奥古斯都也满是担心。毕竟克劳狄的身体缺陷还是很突出的。

而且，在哥哥日耳曼尼库斯的辉煌的对比之下，他的缺点更是显露无遗。比自己年长五岁的哥哥把民众热切的目光完全吸引过去,就连叔叔提比略皇帝都忌妒。也只有这个哥哥会在各方面保护弟弟,安慰他。克劳狄二十八岁时,对他照顾有加的哥哥突然死亡。这种打击对克劳狄造成什么样的痛苦呢?很快,有可能成为元首继承人的亲人陆续被杀死,只剩下自己还活着。面对这样的现实,克劳狄的内心自然充满了恐惧。

不过,蔑视、故意疏远克劳狄的是母亲、祖母、姐姐这些女性,这一点让人不免好奇。或许由于这个原因,克劳狄反而特别渴望女性的爱情。据史料记载,克劳狄"对女性的情欲没有止境,但对男色完全没有兴趣"。

因为迷恋女色,他会被女人欺骗。年轻貌美的梅萨丽娜是克劳狄第三任妻子,生下儿子布列塔尼库斯后,梅萨丽娜成为最有力的皇位继承人的母亲。但宫廷是个错综复杂的世界,有人会拥立其他人。对于可能的威胁势力,梅萨丽娜采取折磨手段,让这些人穿湿衣服,陆续处死。甚至为了达到和情人结婚的目的,梅萨丽娜阴谋发动政变。对妻子的行为睁一只眼闭一只眼的克劳狄终于再也容忍不了,梅萨丽娜连在元首面前辩白的机会都没有,就被处死了。不过也有可能是亲信们担心克劳狄感情用事,才这样做的。

在行政上启用家养的被释奴

作为执政者的克劳狄并不是无能的。他对近卫军给予特别的恩赏,换取他们对自己的忠诚。另外,他对元老院表示尊重,丝毫不敢怠慢。他还在罗马的外港奥斯提亚建了新港和谷仓，确保粮食供应稳定。

克劳狄还特别在行政各方面使用自己家养的被释奴，为此，有能力的被释奴成了专业官僚集团的活跃分子。大概没有比这更能提高皇帝自己决断行政的效率了。这些人虽深受皇帝信赖，但并没有公职人员服务国家的责任心。不知什么时候起，这些人大肆受贿，中饱私囊。搞邪门歪道的人横行，甚至连皇帝的命令也敢篡改。这引起了元老院贵族的反感。

元老院议员塞内卡完成一部名为《圣克劳狄变瓜记》（*Apocolocyntosis*）的奇书，揶揄了克劳狄皇帝死后的命运，多少有些恶搞的成分。该书主要记述了，成为神的奥古斯都对克劳狄这样的人进入众神的世界暴跳如雷，觉得克劳狄之流进入诸神居住的天界，世界末日也就到了。奥古斯都大声叫喊："速度尽可能要快，三十日之内把他从天界赶走，三日之内从奥林匹斯山赶走。"

塞内卡曾因通奸嫌疑被流放到科西嘉岛，因此对克劳狄满腹怨气。但他把克劳狄比作内萎的瓜，还是比较贴切的。不管怎么说，他对妻子和亲信言听计从。如果可以那样愚弄他的话，经历过克劳狄统治的人们都非常欢迎克劳狄的统治吧。

弑母杀妻的尼禄

克劳狄的第四任妻子阿格里皮娜把塞内卡从流放的海岛召了回来。阿格里皮娜是日耳曼尼库斯的女儿，也就是克劳狄的侄女。她看中塞内卡，任

尼禄皇帝　性格残暴，在民众中颇有人气。公元56—64年在位。罗马国立博物馆藏

命他为自己儿子尼禄的家庭教师。不过，这个继任皇妃特别精明强干。她计划挤掉克劳狄皇帝的儿子布列塔尼库斯，让尼禄成为皇位继承人。她促成尼禄与克劳狄的女儿屋大维娅结婚，最后疾病缠身的丈夫还没病亡，她就迫不及待地毒死了他。时间是公元54年，克劳狄统治第十四个年头的秋天。

尼禄是暴君的代名词，但他治世之初的头五年里，注重同元老院协商，施行善政。说起来，一个十六岁的年轻人掌握了国家最高权力，大概还缺乏政治判断力。在当时一流的哲学家塞内卡和近卫军队长布鲁斯的辅佐下，尼禄采取了稳重、温和的统治策略。

但在克劳狄死后不到半年，他的儿子布列塔尼库斯就被毒死了。五年之后，尼禄杀死了母亲阿格里皮娜，也许是因为他极其厌恶母亲在各个方面干预国政。尼禄制造了一场海难事故，想淹死母亲，但擅长游泳的母亲游回了岸上。阿格里皮娜逃回别墅时，被刺客杀死。在尼禄众多恶行中，"弑母"是证据确凿的。

在杀死表弟、母亲之后，尼禄还杀死自己两任妻子。克劳狄皇帝的女儿屋大维娅是尼禄第一任妻子。登上皇位不久，尼禄在他迷恋的情人、美貌少妇波蓓娅的挑唆下，给屋大维娅安上私通的罪名，将她流放，囚禁了一段时间后，把她杀死。不过，与尼禄再婚的波蓓娅也幸运不到哪里去。暴怒中的尼禄踢死了怀孕的波蓓娅，虽说是过失杀人，但毕竟是尼禄本身性格导致的。此外，由于尼禄的厌恶，身边的得力干将布鲁斯和哲学家塞内卡都被逼自杀。

尼禄自诩为艺术家。正因为如此，他对绰号为"风趣的审判者"的佩特罗尼乌斯很赏识。不久，因怀疑佩特罗尼乌斯卷入一起谋反事件，尼禄逼他自杀。但自诩为"优雅浪子"的佩特罗尼乌斯割腕自杀前，还在讲笑话讽刺尼禄，把尼禄想要的一件漂亮酒壶摔得粉碎。为了防止尼禄篡改自己的遗言，佩特罗尼乌斯还打碎自己带印章的戒指。可以说，他淋漓尽致地表达了对元首的蔑视，以及罗马人慷慨赴死的气概。

历史学家塔西佗非常推崇拥有元老院元老身份的名将科布洛。克劳狄统治时期，科布洛远征日耳曼，取得辉煌战果。尼禄即位后，科布洛留在东方行省，整顿军纪，压制亚美尼亚的潜在叛乱，他和东方相邻的帕提亚达成和平协议。在东方，科布洛被歌颂为英雄。科布洛威风凛凛的风采和毅然决然的精神为他赢得很高的人气，这样的人气对尼禄来说是极其危险的。当又一次谋反活动被发现时，尼禄利用这次事件处死了很多元老院贵族，科布洛也被命令自杀。但真正的原因一定是尼禄忌妒被歌颂为英雄的科布洛。

尤利乌斯·克劳狄王朝的终结

实际上，虽然亲信和元老院贵族极其反感和厌恶尼禄，但尼禄在民众中却颇有人气。尼禄穿着讲究的服装出现在民众面前，经常举行奢侈的大型宴会。民众给这位假装成艺术家、受人关注的元首以热烈的喝彩。尼禄大肆铺张浪费，财政面临崩溃。为填补财政赤字，尼禄流放、处死富人和贵族，没收其财产。也许是因为尼禄在花钱方面慷慨大方，使他在穷困潦倒的民众那里具有了一定吸引力。

关于尼禄的国家财政政策，有的经济学家对他的松弛财政给予很高的评价。根据20世纪最具代表性的凯恩斯经济学理论，积极的财政支出可以创造有效需求，刺激经济变得景气，这是理想的经济循环。但对尼禄来说，已经没有时间等待经济景气回升、经济状况好转、税收增加了。人们对特立独行、寡廉鲜耻的尼禄的不满，在财政好转前爆发了。

尼禄完全无视元老院和军队的利益。68年，各地的军队起来反对恶贯满盈的尼禄。元老院宣布失势的尼禄为公敌。面对追兵，走投无路的尼禄把匕首刺进自己的喉咙，享年三十一岁，死前还哀叹："多么伟大的艺术家，从这个世界消失了。"由于尼禄在民众间仍有一定人气，死后数年他的墓前仍有五颜六色的鲜花。

尼禄这个年轻的执政者，不但杀害自己的弟弟，还杀死了自己的母亲、两任妻子，就连有能力的近臣和军人也陆续被处死或被迫自杀。他一味迎合民众，尽管政治混乱，却只在意自己在民众中的人气。因为是声望极高的日耳曼尼库斯的孙子，他的下场反倒令人心酸。身处夺权恐惧中的尼禄，在名为犯罪的艺术方面，却堪称伟大的天才。

恺撒和奥古斯都出身尤利乌斯氏族，提比略出身克劳狄氏族。因此，从奥古斯都到尼禄的元首政治被称为"尤利乌斯·克劳狄王朝"。

奥古斯都的愿望是弱化个人统治特征，与元老院协调，进行个人统治之实。因此，他强调的不是权力而是权威。提比略之后的帝政，表象姑且不论，实际上已经和奥古斯都时代不一样了。如果元首的近臣能力强，行政工作就会进展顺利。有很多塞雅努斯之流，越有能力越希望自己掌握权势，但也有像尼禄那样的元首，厌恶臣下的进谏和帮助。

尽管如此，如果宏观回顾一下，罗马帝国在巧妙地统治地中海世界。随着皇帝权威的丧失，皇帝的权力往往增强。是这个帝国变得稳固，已经不需要日耳曼尼库斯、科布洛这样有为的人物作为统治者了呢，还是权力比不上权威了呢？

第七章

多神教世界帝国的出现

严肃风纪的恢复

出身乡村贵族的皇帝　　战后美国反共运动中自杀的日本研究学者诺曼,是一位具有出色世界史修养的历史学家。在他的随想录《克利欧的脸》(译注:克利欧是希腊神话中掌管历史的女神)中对塔西佗进行评论,开启了著名的罗马人心理学研究,这本书非常有趣,但写得极为主观。诺曼进一步指出,罗马历史学家没能达到高水准,恐怕是因为他们没有触及关于历史的确切问题。

可是,下面这段叙述正发现了问题,应该是例外吧?

严肃风纪的最大功臣是韦帕芗。韦帕芗本人的生活态度和服装都颇具古风。正因为如此，人们会对元首产生恭顺之意，而且，比法律的罚则和由此而生的恐惧心更有效果，会引起别人模仿的强烈欲望。不过，这也有别的解释。所有现象都存在循环法则，如有四季循环，风俗习惯也在变迁。实际上，祖先的习惯在所有方面并不比今天优秀。即使在我们的时代，也会产生很多被后世作为楷模的高贵性格和才能的范本。无论如何，在这些方面我们和祖先永远存在名誉之争。（塔西佗《编年史》）

塔西佗指出，罗马社会奢侈、放纵之风盛行，直到尼禄死了以后，严肃的风纪才开始复苏。大概是因为名门贵族和富豪沾染上恶习，失去往昔的好名声，招致灭亡。那些好不容易幸存下来的贵族，确实掌握了谦恭、谨慎的生活态度。同时，从意大利和行省各地加入元老院的元老贵族也带来了当地朴素的生活方式。

尼禄死后，不同身份和阶层的人们的思想发生很大变化。现在，人们已经不需要罗马皇帝了。罗马各地裂土称帝之风甚嚣尘上，在伊比利亚半岛有老迈的显贵加尔巴，以及表面上支持加尔巴但实际要自立为帝的奥索，还有被日耳曼尼亚军团拥立的"贪吃汉"维特里乌斯。内战大约持续了一年时间，最后出来收拾乱局的是被多瑙河军团拥立的韦帕芗。

韦帕芗出身弗拉维家族，这个家族居住在距罗马不远的萨宾，是当地乡村的名门。他本人做梦也没想到自己会成为罗马皇帝。他在公元69年的内战中崭露头角，那时显赫的家世或元老院贵族的身份都不再重要，军队的支持才是最关键的。所以，韦帕芗可以吹嘘自己只不过是一个乡村贵族。

时势造英雄，韦帕芗这位具有丰富地方行省和军事经验的土气军人被推上了帝位。韦帕芗除了贪财之外，没有什么缺点特别遭对手非难。韦帕芗身材高大、体格匀称，长相坚毅却显粗俗。韦帕芗与一名女子热恋，常带这位情人入宫鬼混，还送她巨款。国库财务官询问经费支出的理由，韦帕芗回答："这是对我付出深情的回报。"他喜欢幽默、洒脱地解决问题。

韦帕芗皇帝 尼禄死后即皇帝位，建设了圆形大竞技场

唯一的奢侈行为：建造罗马圆形竞技场

历史悠久的名门贵族，有的被尼禄处死，有的被没收财产，更多是在内战的祸乱中消失了。因此，帝国最需要的不是新的统治机构，而是新的人才，让那些令人眼前一亮的新人才加入旧的公职行列。韦帕芗周围不缺乏这样的人，他有自己的亲属、朋友和熟人，也有昔日的部下。韦帕芗从这些人里挑选能力出众者，加以重用。

民众没有感到新体制有明显的改善。不过，韦帕芗做事光明

罗马市内的圆形竞技场　有四层，高48.5米

磊落，从不矫揉造作。他谨慎推进紧缩财政、严肃风纪等政策，虽温和但决不妥协。这就解决了新体制推行的许多困难。

尽管韦帕芗是个贪得无厌的吝啬鬼，但正是这个独一无二的人物，实施了一项极不合理的奢侈建设项目，就是那个代表古代罗马建筑顶峰的圆形竞技场，当时被称作韦帕芗圆形竞技场。在这个舞台上举行角斗士比赛，这是史上唯一公认的杀人节目。这项工程到他儿子提图斯时才完工。

能代表"罗马和平"的一句话是"面包和马戏"（Panemet Circenses）。面包是指粮食，但马戏不是指杂技，而是指战车比赛的椭圆形跑道（circus）。

大众闲暇之余最喜欢的娱乐活动是观看战车比赛和角斗士表演。两匹或四匹马拉的战车在赛道上疯狂而忘我地疾驰。在罗马帕拉丁山丘和阿文丁山丘之间，有一座被称为马克西姆赛马场（现马西莫赛马场）的巨大竞技场。有一种说法称这个建筑能容纳四十万观众。

同时，罗马战士非常热衷于观看角斗士之间以性命相拼的流血角斗。罗马作为战士国家，流血和杀戮是与征服者的光荣互为表里的。也许是为了保持征战士兵的气性，在和平与繁荣环境下也保留这项杀人节目。很多城市都修建了人工战场，在娱乐大众的同时，也唤起民众勇敢的心。

慷慨赴死的勇士一登场，其健壮的筋骨、性感的身姿就让众多女观众心潮澎湃。所有的角斗士都是像奴隶这样身份卑贱的人，但也是一类明星。不管怎么说，庞贝城在此前一百五十年就修建了圆形竞技场，比较而言，罗马的圆形竞技场建设晚多了。

提图斯皇帝像 作为韦帕芗皇帝长子继承皇位。梵蒂冈美术馆藏

服务民众的统治者

韦帕芗虽然是军人出身，但在和元老贵族妥协这一点上，有非常好的政治直觉。也多亏如此，罗马帝国政治权力稳定，国家财政健全。因此，帝国可以向民众无偿供给小麦，提供各种娱乐活动。这一系列措施起到美化作用，塑造了韦帕芗爱民如子的执政者形象。

韦帕芗性情顽固，但为人诚实、宽大为怀，民众并不讨厌他。韦帕芗去世之前还不忘讲笑话："我似乎正在变成神。"

韦帕芗的长子提图斯继承了帝位。提图斯是一个很怪的人，继位时遭到民众讨厌、批判。他在父亲的麾下是一名很有能力的军人，但为人冷酷、残忍，为达目的不择手段。

但继承帝位后，他却成了一个大善人。他宣布禁止告密，采取宽大政策。为纪念罗马圆形竞技场落成，提图斯举办了百日竞技比赛来取悦民众。79年，维苏威火山爆发，火山灰掩埋了庞贝和赫库兰尼姆等城市。提图斯向灾区调配大量救灾物资，还亲自到灾区慰问。

一个深受民众、贵族喜爱的皇帝终于出现了。提图斯简直像戴上了假面具，变成一名清高的慈善家。也有学者认为提图斯本性不坏。在父亲韦帕芗统治时期，铲除政敌这种污秽角色要由他代劳。提图斯的本性到底如何？由于他死得太早，这个问题成了一个历史之谜。提图斯的突然病逝，使罗马民众非常悲伤，就像自己亲人死去一样。

可是，后世的历史学家迪奥·卡西乌斯提出疑问："如果经历更长时间统治，提图斯还能那样出色吗？假面具不会滑落吗？"

确实，卡里古拉、尼禄刚上台时都是善人。这两个人都在非常年轻的时候就登上了帝位，只是提图斯只统治了两年零三个月就在四十一岁那年去世。这个年纪已完全可以判别是非，也许他意识到要扮演一位善良皇帝的角色。提图斯仍是一个谜。

恐怖政治后期的暗杀

81年，提图斯的弟弟图密善继位，时年三十岁。父亲和哥哥统治时期行政制度健全，图密善牢固地掌握治世原则，诚实、谨慎地履行皇帝职责：罢免全部有受贿嫌疑的陪审员，尤为注重对首都官员和行省总督的行为进行规范，注重公共道德建设，禁止自行阉割，监视同性恋行为。本应保持处女身的维斯塔贞女与男人发生了性关系，作为大祭司长的图密善迫使她自杀谢罪。

为了维护帝国稳定，图密善可谓煞费苦心，重视宫廷官员和行省总督的作用，特别是行省总督。这样一来，元老院的实际权力被剥夺了，只是出于礼仪才仍受尊重。图密善在统治之初还有所节制，几年之后，他就揭下了假面具。如我们此前熟知的那样，图密善处死元老院的领袖人物，没收其财产。当时帝国财政紧张，原因之一是军费扩大，另一个原因是罗马的修复建设计划。

图密善注重军队建设，为赢得士兵支持，士兵的年收入从原来的300塞斯退斯增加到400塞斯退斯。与发动犹太战争获得功勋的哥哥不同，图密善没有什么值得特别称道的军功。为此，图密善曾与住在莱茵河对岸的日耳曼人和多瑙河对岸的达西亚人交战，虽没有取得显著战果，但在保障边境安全方面，这一政策是最具忍耐力且明智的。

哥哥提图斯统治时期，罗马曾发生火灾。图密善决心重建罗马，这是奥古斯都之后最大规模的工程建设。神殿、广场、竞技场陆续被修复或重建，其中就包括现在游客最多的椭圆形纳沃纳广场（图密善竞技场遗址）。

图密善更在马戏等大众娱乐设施方面投入巨资，这些财政开支使国库不堪负重。但处死大贵族与没收财产并不只是为了解决金钱问题。或许应该说，图密善因自身性格与社会格格不入而产生的不安全感并没有消除，所以他的猜忌心特别强烈，感情起伏非常激烈。他对暗杀的阴谋非常敏感，他曾自怜自艾地说："国王是个可怜的家伙。只要不被暗杀，就不相信确实有暗杀的阴谋。"

图密善猜疑心强烈，深受偏执型精神疾病的困扰。元老院贵族、骑士、宫廷官员不断成为牺牲品。随图密善的怀疑而来的，是告密、告发、镇压，是不折不扣的恐怖政治。结果，就连皇后也感到不安，96年夏天，她与亲信侍从合谋，在宫廷内暗杀了图密善。

元老院贵族们欣喜若狂，但民众却很冷静。经历过恐怖政治的贵族们没有忘记给图密善戴上暴君和恶帝的标签，他们决定从公文记录中抹去图密善的名字，这就是所谓"记录抹杀之刑"。在这点上他可比肩卡里古拉和尼禄，但作为统治者，图密善是有能力的。非常不幸的是，他给后人留下阴险、残酷的印象。但他与提比略皇帝有相似之处。实际上，图密善似乎特别关注提比略的人品和行政手段。

"最佳元首"图拉真

图密善皇帝被杀当天，老迈的元老涅尔瓦被推举为皇帝。涅尔瓦头脑灵活，说不定他自己就跟暗杀阴谋有关系。涅尔瓦上台后，召回那些被流放的人，返还被没收的财产。新皇帝积极协调和元老院的关系，重建国家财政。据说同时代的塔西佗就在这时恢复了自由，但这里的自由只是元老院渴望的自由。对士兵们来说，图密善的死是一件悲伤的事情。结果，近卫军发生叛乱，软禁新帝，揪出并杀死了阴谋的主导者。

高龄加上病弱，涅尔瓦看起来余生无几。看来，他必须先找出值得信赖的继承人，以稳定统治。而

图拉真皇帝胸像　创造罗马帝国最大版图的皇帝。庇奥·克莱门提诺美术馆藏

且，元老院、军队都期盼出现一位得到他们好感的人物。这样的人才很快就找到了。

日耳曼尼亚的行省总督图拉真是一位能力出众的军人，受人尊敬。他和涅尔瓦结成养父子关系，涅尔瓦的统治重新得到稳固。涅尔瓦皇帝曾说："居于皇帝高位，为了自身安全，已经没有个人私生活了，我身为皇帝却什么也做不了。"可是，在没有儿子的情况下指定有能力的人才作为继承人，这种做法成为后世的范本。

涅尔瓦是一位温和、稳重的人物，一次他情绪偶然激动起来，之后便疲惫地倒在地上，很快就停止了呼吸。涅尔瓦只统治了十六个月的时间。

图拉真凯旋柱 螺旋形的浮雕描绘了达西亚战争中的要塞建设和战斗场面

98年，身在日耳曼尼亚、正值壮年的图拉真没有立刻奔赴罗马。他必须先稳定莱茵河与多瑙河周边的军队，因为这些军队仍在怀念死去的图密善皇帝。

99年夏末，图拉真即位一年半后才进入罗马城。群众的欢呼非常热烈，图拉真下马步行，边走边和欢迎者拥抱，其谦逊的态度使他在民众中大受欢迎。

当时的贵族文人普林尼也给这位非凡的皇帝献上赞歌。据这首赞歌，图拉真是一个有胆量、忠诚、自信心十足的人。在元老院，图拉真也受到了热烈欢迎，他重用有能力的元老院元老。图拉真与被派遣到行省的元老院元老间书信往来不断，关心他们所辖地域的统治政策。图拉真和小亚细亚长官普林尼之间的往来书信至今还保存着，从这些书信中，我们能想象出皇帝的工作是多么繁重。

道路网被修复，要塞修筑起桥梁。多瑙河上桥梁的建筑艺术，就连后世的历史学家也不禁惊叹。在首都修建了广场、市场、浴场，还修筑了最大规模的高架渠。在罗马外港的奥斯提亚，建设了一个六边形的新港。在行省修建提姆加德（北非）、克桑腾（日耳曼尼亚）等城市，安置退伍老兵来进行殖民活动。

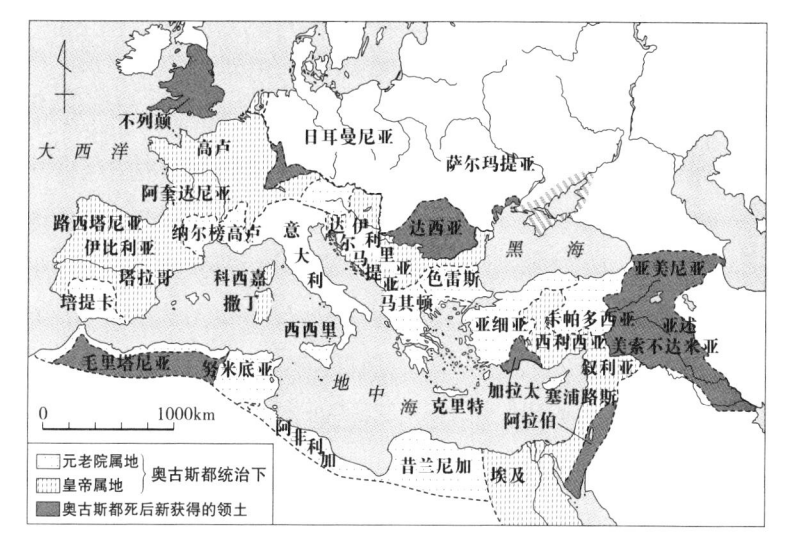

罗马帝国的版图（2世纪初）

不过，图拉真也没有忽视对民众的关心。他向贫民提供必要的生活必需品，为无家可归的孩子设立被称为"alimenta"的养育基金。这些充满爱心的政策延续了两百年。由于不断推出这些充满仁爱的政策，图拉真被称赞为"最佳元首"。

通过远征，版图扩张到最大

不过，图拉真毕竟是一个标准的军人，唯有战争才是他的天职。图拉真统治时期，边境没有可以威胁帝国的强大势力，而且，奥古斯都之后的一百年间，除了克劳狄吞并布里塔尼亚外，罗马人并没有大的征服活动。

尽管如此，或许是作为军人的血液在沸腾吧，图拉真开始了大规模的对外扩张。

图拉真统治罗马的十九年间，吞并了达西亚、美索不达米亚、亚述等地，使罗马帝国的版图达到历史最大。特别是达西亚战争（101—106），是最精彩的部分。这场战争的场面被刻在图拉真皇帝凯旋柱上，立于罗马城一角。螺旋形的浮雕上，身材高大的图拉真很是引人注目。风度高贵、体格健壮的图拉真接见外国使者，指挥作战，向众神奉献牺牲，允许战败者投降。这些征服活动所得到的战利品充实了国库，用于公共工程和公共政策。

图拉真是为政者的榜样，但他的酗酒和同性恋问题被人诟病。不过，他喝酒只量力而行，或者不喝醉，而且不伤害任何一位美少年的心。图拉真作为"最佳元首"是合乎条件的。

图拉真是第一位出身行省的元首，他出生在伊比利亚半岛南部的名门。他作为涅尔瓦皇帝的养子被指定为继承人，所以面对自己的继承人问题，他想仿照前例。堂弟的儿子哈德良开始登上历史舞台，不过，指名哈德良为继承人这件事有很多未解之谜。不管怎么说，图拉真在远征地的床上告别了人世，这消息被掩盖了几天才对外发布。尽管疑点很多，但可以肯定，元首的妻子普洛提那确有参与此事。

虔诚罗马人的本色

威望的核心是众神的威力　　表面上看,罗马人是现世主义者,为功利而奔波,其实罗马人在宗教上十分虔诚,这一点颇令人意外。身为希腊人的波里比阿也看到了这一点,说罗马人是"畏惧诸神的民众",就连地道的罗马人西塞罗也自负地说:"罗马人对诸神的虔诚超过任何民族。"

在古代世界,恺撒是一个合理主义、现实主义都深入骨髓的人。恺撒曾经有一个古怪举动。他二十七岁时成为主持国家祭祀的十个祭司之一,三十七岁时竞选负责管理这些祭祀的大祭司长。因为大祭司长这一职务通常由有公职经历、经验丰富的长者担任,所以有人认为这一举动很鲁莽,但恺撒很认真地对待这次竞选。在竞选当天的早晨,恺撒离开家前,心情忐忑地说:"母亲,今天你的儿子会就职大祭司长,还是成为流亡者呢?"恺撒借来巨款进行贿赂,取得成效,最终被选为大祭司长。大祭司长这个地位是终身的,恺撒到死一直是主持国家祭祀的最高负责人。

恺撒被暗杀后,大祭司长这一职位由恺撒派的实权人物雷必达接任。成为元首的奥古斯都认识到雷必达的年纪和自己的父亲相当,没有接受这一职务。公元前12年雷必达死后,奥古斯都成为大祭司长。此后,由元首来担任大祭司长便成为惯例。

为何恺撒非要固执地做大祭司长,历代元首也把担任大祭司长视为理所当然？罗马人总是说"以威望来统治"，其中威望的核心就是众神的威力。我们进一步思考的话，罗马人的本色不正蕴含其中吗？

恺撒比任何人都更深刻地理解罗马这个统治地中海世界的大帝国。这个大帝国的统治者在拥有武力、权力的同时，一定还要有威望。所谓有威望的人，一定是格外虔诚的人。在这方面，罗马人的意识特别强烈。

宗教（英语 religion）的词源是"谨慎"（拉丁语 religio），和"谨慎"同义的是"虔诚"（拉丁语 pietas）。只有谨慎的人才是虔诚的。

这里有一个问题需要我们留意，生活在罗马帝国的人是怎样想象元首的形象的？对此，随处可见的雕像可以帮我们解决这个问题。其中奥古斯都留下了数量众多的雕像，其中最著名的是"第一门的奥古斯都像"。高举右手的军队最高指挥官显示出强有力的身姿。另一个雕像是大祭司长的形象，身着盛装，披着外袍，神情谨慎、沉着。其形象最打动人的不是力量，而是虔诚。据说奥古斯都晚年最喜欢的就是这座大祭司长形象的雕像。

重建万神殿

在罗马众多的古代遗迹中，和圆形竞技场一样游人如织的地方是万神殿。把众神集中起来、创建这座万神殿的是阿格里帕。阿格里帕是奥古斯都最亲近的亲信，也是他的女婿。皇帝本人以及他的左右手最希望的还是世界帝国的安宁。

说起来，对于罗马人来说，诸神的善意、敌意都有清楚的表示，如黑白般分明，绝对没有灰色地带。敌意是诸神的愤怒，善意是诸神的满足。如果重视崇拜诸神的祭祀，世界就会太平。一旦触怒诸神，就会招致灾祸，所以必须无比镇静地完成崇拜诸神的工作。

万神殿 阿格里帕初建，哈德良重建

罗马人虽然在地中海世界建立了巨大的霸权，但苦于百年来同室操戈的内战，奥古斯都忏悔地认为这一定是触怒诸神的结果。神殿一个接一个地被修复、新建，万神殿就是其中之一。不过，阿格里帕创建万神殿的初衷是为了彰显尤利乌斯家族的荣耀。

现在的万神殿里，壮丽的圆形穹顶倍显庄严，从内部天窗洒下的阳光带来虔诚的氛围。阿格里帕修建的方形神殿在80年的火灾中烧毁，修复后又遭雷击起火。后来，哈德良皇帝重建了万神殿。他把帝国境内所有的神供奉在万神殿里，这个具有半球形穹顶的神殿体现了执政者的世界观。在哈德良皇帝的眼中，统治地中海世界的罗马帝国已经是一个终结的世界了。

采取扩张主义、把帝国版图扩展到最大规模的图拉真皇帝死后，哈德良回到奥古斯都的初衷，放弃一部分侵占的土地，竭

哈德良皇帝胸像 他尽全力保卫边境安全，修建了不列颠长城。罗马国立博物馆藏

力确保边境安全。哈德良最引人注目的举动是他煞费苦心地重建万神殿。他统治期间有一半时间花在了巡视行省、团结帝国各地的人心上。

哈德良巡视各地的路线及时间如下：高卢及日耳曼尼亚（120—121）、不列颠（121—122）、希斯帕尼亚（122）、小亚细亚（123）、希腊（125），并经由西西里岛返回罗马。之后，访问非洲（128）、雅典（同年冬）、卡里亚、西里西亚、卡帕多西亚、叙利亚（129）、埃及（130），131年返回罗马。因此，在原罗马帝国行省的地方出土了很多刻有"皇帝陛下驾到"的货币。

这位巡视帝国各地的统治者认为，各地崇拜的神明全都不应该被轻视。只有崇拜所有的神明，才能给帝国带来繁荣和安宁。到此，我们明确感知到罗马从地中海世界的帝国变成了多神教世界的帝国。奥古斯都向众神忏悔的祈愿，在哈德良对众神的恭顺中复苏了。

爱好艺术和狩猎的人

哈德良一族出身希斯帕尼亚，因为图拉真的关系，哈德良家族的人成名较早。哈德良继位时是四十一岁。"哈德良身材高大，举止优雅。用梳子把头发做成卷发，为遮住与生俱来的伤疤，蓄了很浓密的络腮胡子。"（《罗马皇帝传》）后世的皇帝因为有相似的络腮胡子，都毫不犹豫地模仿哈德良。

哈德良长城　在不列颠行省和凯尔特人居住区的边境附近修建的长城。笔者摄

哈德良不是纯粹的军人，但取得了军队的忠诚，他还加强军队纪律。巩固边境安全，确保和平局面，恐怕是哈德良最大的功绩。在不列颠行省建造的"哈德良长城"就体现了他的和平政策。

哈德良视察行省和关心边境安全，但并没有轻视内政。他重用骑士身份的人，任命他们担任文职官员，整顿皇帝的顾问机构。但因为哈德良继承帝位之后处死过元老院元老，与元老院关系不睦。虽说元老院贵族对哈德良评价不高，但他确实是一位有能力的执政者。

哈德良还对艺术和狩猎情有独钟。他特别爱好希腊文化，被人称为"希腊迷"。他心目中的圣地是雅典，一生曾三次造访该地。

坚持和平政策，充实文官队伍，减轻皇帝繁重的公务，才会有更多的闲暇时间享受生活的乐趣。他在罗马近郊的提沃利建造了华丽别墅，庭院园林是按照他在行省旅行时的所见所闻建造的。往昔荣华之地现在已完全化为废墟，但在这里，我们仍能体会到这位爱好学术和艺术的皇帝的梦想。哈德良皇帝晚年的大部分时间是在这座别墅里度过的。

孝子的政治手腕 在哈德良统治下的公元130年,一个叫盖伦的男孩在小亚细亚的佩加蒙出生了。在富裕的建筑师父亲的支持下,盖伦游学各地,在亚历山大里亚勤学数年。他最初学习哲学,不久立志从医。亚历山大里亚是当时唯一允许进行医学解剖的地方,盖伦在此磨砺经验、钻研技术,这对他的医学理论和临床经验起到了不可估量的作用。

二十七岁时,盖伦返回故乡佩加蒙,成为角斗士的治疗医生。角斗士在比赛中经常断筋折骨、流血不止,外科医生盖伦从中获得了无可替代的经验。

在故乡工作了四年时间后,三十一岁的盖伦踏上了帝国首都罗马的土地。就在这一年,也就是161年,哈德良皇帝的继任者安东尼皇帝病逝,马可·奥勒留与表弟卢修斯·维鲁斯作为共治皇帝即位。

奥勒留皇帝这样评价养父安东尼皇帝:

> 要学习父亲温和的处事原则,深思熟虑后,一旦决断就会毫不动摇,坚持到底。绝不怀有关乎所谓名誉的、空洞的虚荣心。热爱劳动并有坚韧的性格。为了公共利益,虚心倾听他人意见。始终公平地分配与每个人价值相应的利益。

根据经验,知道何时紧张起来,何时舒缓这种紧张。停止社会上的娈童行为。(《沉思录》)

安东尼统治时期大体上保持了和平与繁荣局面。因为国家安宁无事,几乎没有什么特别值得一提的事。尽管存在政敌,但政治斗争没有流一滴血。为此,也有人讽刺安东尼统治时期没有历史。安东尼一心想神化与元老院关系不睦的哈德良皇帝,因此获得了"孝子"的绰号。

安东尼仪容高贵,性格温和,具有与生俱来的沉着性格,口才出众,但他总是侧耳静听别人讲话。他出身富贵之家,但从不炫耀自己的富有和身份。所以,他这样的人物更应该入选《圣者传》而不是《英雄传》。

由于没有浪费国库,安东尼死后留下 6.76 亿第纳尔。可是,我们观察安东尼皇帝的品质,就会懂得他不仅品德优秀,还具有天生的政治手腕。他能与元老院进行良好的沟通,绝不把权力强加于人。他还整顿官僚体制,建立起稳固的行政机构。

最早的共治皇帝时代　　安东尼皇帝死了以后,医生盖伦才来到罗马,这时医学各派都云集在首都。盖伦公开展示解剖技能,名医的声望越来越高。他能对患者的病情和恢复期做出正确的诊断,由此名震都城。盖伦的名气越来越大,终于引起皇帝的注意。他给奥勒留皇帝诊治,赢得了皇帝的信任。

166年，罗马帝国境内发生瘟疫，当瘟疫流行到意大利时，盖伦离开罗马，回乡暂避。但这只不过是借口，由于医学争论，盖伦感到了对手对自己构成了人身威胁。盖伦这个名字有"稳重的人"的意思，但盖伦本人与此相差太远，他好辩论，容易激动。成为名医的期望还没有实现，他很快就被皇帝的命令召回了罗马，成为宫廷御医。

据说，马可·奥勒留幼儿时期就给人严肃的印象。从很小的时候开始他就执意要成为哲学家，一离开乳母，他马上就被托付给出色的哲学学者们。他模仿希腊哲学家，披着粗糙的斗篷，睡在地上，在母亲一再求下，才勉强答应睡在床上。

奥勒留十六岁时，被迎为他所仰慕的安东尼皇帝的养子。小他九岁的维鲁斯也同时被迎为养子，成为奥勒留的义弟。二十三年之后，罗马历史上最早的共治皇帝诞生了。

奥勒留曾这样谈论维鲁斯："弟弟本性善良，促使我注意全面反省自己。同时，他的尊敬和亲情使我很欣慰。"共治初期，罗马基本保持了和平局面，但很快，战争、洪水、饥馑、疾病甚至战争接踵而至，使罗马难以喘息。

为了争夺亚美尼亚的控制权，罗马与帕提亚发生战争并取得胜利，罗马举行了凯旋式，自图拉真以来已经五十年没有举行过凯旋式了。但从东方战线送来的不仅是战利品，士兵带回来了传染性疾病。疾病以惊人速度传播，给人口密集的大城市造成了沉重打击。

很快，北方边境的日耳曼人开始南侵，共治皇帝又被推上战场。奥勒留皇帝希望盖伦能随军远征，但盖伦坚持拒绝。在这次远征的关键时期，维鲁斯皇帝因脑溢血而死。二人共治维持了八年时间。

哲人的期待被辜负

为维持罗马帝国扩张后的版图，要处理的各种问题大概堆积如山。

马克·奥勒留皇帝骑马像 五贤帝中的最后一位。斯多葛派哲学家，著有《沉思录》

奥勒留皇帝统治的后半期几乎都置身于战场，难有片刻安宁。边境上的战争主要是防卫性质的，这些战争给财政造成巨大压力，有时为了达成和平协议，往往还要支付金银财宝。

在北方前线，奥勒留皇帝夜以继日写就《沉思录》。在这部著作里，他用希腊文袒露了世界帝国最高统治者的内心世界。在书中他用斯多葛学派的传统思想阐述了皇帝的责任、他与神的关系、宇宙的原理和人生的处世原则等问题，人们能感到从他高尚的人品流露出聪明，以及他对宗教和道德的深刻洞察。

奥勒留作为统治者可谓多灾多难，但他的妻子福斯蒂娜生了十四个孩子。不过，这些孩子里只有六个度过危险的幼儿期，男孩中则只有康茂德活了下来。奥勒留皇帝把年幼的康茂德视为继承人加以培养，同意盖伦留在罗马，作为培育康茂德的官员之一。

涅尔瓦、图拉真、哈德良、安东尼、奥勒留被称为"五贤帝",这一时期是"罗马和平"的顶峰。最合适的人被指定为皇帝的继承人,最有能力的人掌握最高权力,统治天下。这些皇帝中有的没有儿子,即使有也早夭,继承人的选拔原则得以沿袭了下来。但是,即使世界史上罕见、高尚、聪明的皇帝也会犯预测不了的过错,那就是对儿子康茂德的期待。

180年,十八岁的康茂德与奥勒留皇帝一起驻扎在多瑙河沿岸,奥勒留在这里去世。康茂德理所当然地继承帝位。不过,康茂德为了能立即从北方撤兵,实现和平局面,采取支付赔款的办法。这一定让那些重视名誉的人感到非常不快。

此外,康茂德把政治的实际工作委托给偏爱的亲信,毫无顾忌地放纵自己懒惰、放荡的性格。康茂德放荡、荒唐的行为令人侧目,暗杀他的阴谋开始酝酿。暗杀未遂,但康茂德越来越不信任元老院。他一直认为有人要暗杀自己,精神大概开始异常。康茂德夸张的妄想越来越严重,他把罗马改名"康茂德的殖民市";假装自己是赫拉克勒斯的化身,装扮成角斗士进入竞技场。暗杀阴谋再次开始酝酿,在192年的最后一天,康茂德被他的情妇、侍从、近卫军长官合谋杀死。

盖伦作为宫廷御医,历经了奥勒留时期、康茂德时期及其后的内乱期、塞维鲁王朝初期。盖伦是名满天下的名医,无论是作为临床医生、病理学者还是医学教育者,都声名显赫。在他晚年,与他作对的各医学派别几乎都失势了。他称得上是地中海世界医学领域的胜利者与王者。

盖伦集以希波克拉底为首的古代医学之大成,在这位巨人眼中,皇帝及其周围发生的事是怎样的呢?在盖伦的众多著作中,几乎没有任何线索可寻。或许正因为他埋头医学,才在权谋旋涡中心的宫廷社会生存了下来,一直活到七十岁,寿终正寝。

第八章

混乱与不安的世纪

军队拥护的皇帝们

被拍卖的帝位

对于18世纪的启蒙思想家孟德斯鸠来说，罗马的盛衰是一次非同寻常的历史教训。当时，路易十四确立了绝对的王权，无论如何也要从根源上考虑国家的理想状态。孟德斯鸠对于五贤帝时代及其以后的时代这样表述：

> 涅尔瓦的睿智、图拉真的荣光、哈德良的勇气、两个安东尼的美德给士兵们自尊心。当新的怪物代替他们登场时，军事政权的弊端已达极端程度。而且，把帝国当商品的兵士们暗杀皇帝，给空出的皇位定出新的价格。(《罗马盛衰原因论》)

塞维鲁皇帝的凯旋门 为纪念远征帕提亚胜利而建造。古罗马城遗址

路易十四实行独裁统治，发出"朕即国家"的豪言壮语，除了既有能力又有德行的统治者之外，没有人这样说过。提倡三权分立的孟德斯鸠以敏锐的眼光捕捉到了罗马皇帝的事例。

皇帝权力的支柱是军事实力。这在尼禄死后的内乱中表现得非常明显，任何人都非常清楚这一点。但是权力不喜欢以那样露骨的形式暴露在外，最好用类似面纱这样的东西掩盖一下。这种"面纱"，我们可以称作"威望"。五贤帝自然而然地就拥有这样的"面纱"。当然，每个人都有别人不知道的窍门，但这不是重点。

然而对贤帝之子康茂德这样无与伦比的人来说，这种"面纱"没什么魅力可言。比如他喜欢扛着缠有狮子毛皮的棍棒，假装赫拉克勒斯神。尽管如此，他对权力的核心有着敏锐的嗅觉，给军队方方面面的好处，士兵也越来越骄纵。

康茂德被暗杀后，高龄的罗马执政官佩蒂纳克斯被拥戴为皇帝。但这位热爱正义的老人的改革似乎过于着急，还触及了蛮横的近卫军的利益，招致其反感。士兵蜂拥而至，他苦心劝说，但还是被士兵杀死，悲惨地死去。此时距他登基还不足三个月。

之后，异想天开的事情发生了，足以把人吓破胆。近卫军将帝位拍卖给佩蒂纳克斯的岳父和富豪，规定出价高者获胜。当然，资产丰厚的尤利安努斯得到帝位。同时又有三个人在各自行省被拥戴为帝。在这四人争斗的乱局中，莱茵河、多瑙河地区军团推举的塞普提米乌斯·塞维鲁最终胜出，在193年即位，随后花了数年时间对政敌进行镇压和肃清。

卡拉卡拉皇帝胸像 他建造了一个大型公共浴场，至今还保留在罗马市区内。卡拉卡拉皇帝二十九岁就被暗杀。庇奥·克莱门提诺美术馆藏

"让士兵发财"的遗言

塞维鲁出身北非，生活在原属于腓尼基人殖民的迦太基国家势力范围内，因此属于塞姆语系人。据说，他本人说一口腓尼基口音的拉丁语，姐妹只能讲腓尼基语。具有被罗马人消灭的迦太基人血统的人当上了罗马皇帝，真是讽刺至极了。

罗马的豪门贵族已经荡然无存，塞维鲁皇帝的改革比较彻底。他解散了被意大利人控制的近卫军，向行省出身的人开放，消除军队内部的身份差别，根据实力确定高级武官的职位。另外，军官也可担任行政职务，使行政组织带有军人色彩。增加士兵报酬，优待退伍老兵，允许现役士兵结婚。这样，皇帝和军队之间的纽带越发牢固。

古罗马遗址是罗马旅游热门景点之一。在广场、神殿等众多公共建筑里，有塞维鲁皇帝为祝贺远征帕提亚胜利而修建的凯

旋门。帕提亚首都泰西封被攻陷,这个东方宿敌已失去了抵抗能力,罗马士兵尽情劫掠。让士兵高兴,这才是最重要的事。

塞维鲁执政的最后五年,都是在远征不列颠的军营中度过的。在生命的最后时刻,他给两个儿子留下遗言:"你们兄弟和睦相处,让士兵发财,其他的都不重要。"可是,长子卡拉卡拉和次子盖塔相处得并不和睦,在周围人的煽动下,兄弟间很快势同水火。211年,哥哥假借和解之名,将弟弟引出来,杀死了他。

卡拉卡拉皇帝时期最著名的建筑是罗马市区的大型公共浴场。浴场建设规模空前,其温水浴厅就连后世的建筑家都自叹不如。现在,建筑的上半部已经坍塌,但从它巨大的结构里,我们仍可以想象到往昔的豪华。

说到卡拉卡拉皇帝的事迹,就要提到安东尼敕令。根据这个敕令,所有居住在帝国境内的自由人都可以获得罗马公民权。从塞维鲁时代开始,罗马、意大利都已不把公民权放在眼里,公民权所代表的特权与传统已不那么重要了。所有地区一律平等,罗马帝国是一个整体。乍看起来,这好像是对自由民的恩惠,但其目的是为了增加税收。在这之前,没有公民权的人,就不用缴纳遗产税和解放奴隶税。

父皇塞维鲁留下了前所未有的巨大资产,但对卡拉卡拉皇帝来说还远远不够。卡拉卡拉忠实地执行了"让士兵发财"的遗言,将士兵的薪俸从500第纳尔增加到750第纳尔。或者说,他只能依靠士兵来支持自己了。卡拉卡拉杀害弟弟盖塔后,必须防备支持弟弟的政敌暗杀自己。于是他开始肃清政敌,受牵连而死的人多达两万。其中,很多都是未经审判就被处死的。

卡拉卡拉与元老院关系恶化后,很难再在罗马待下去,于是以巡幸为名,开始旅居各地。他在士兵中间颇有人气,所到之处也许会受到士兵欢迎。卡拉卡拉的东方之旅,突然变成一场远征帕提亚的行动,利用敌国内部纷争,伸出侵略之手。

埃拉伽巴路斯皇帝 据传是卡拉卡拉皇帝的私生子,十四岁即位,统治时间只有四年。卡比托利欧美术馆藏

但暗杀计划正在暗中推进。行军途中卡拉卡拉腹泻,解手时成为袭击目标。为了不对皇帝失礼,近卫军士兵都转过身去,卡拉卡拉裤子才褪去一半,刺客的刀锋已穿过他的胸膛。这年是217年,卡拉卡拉尚未满二十九岁。

好男色的女装皇帝

暗杀行动的组织者是近卫军长官马克利努斯,他带着假装出来的悲伤,登上了帝位。但远征帕提亚之旅注定要失败,为了保持和平,不但要支付大量金钱,还要降低士兵的优遇。士兵们的不满情绪日益高涨,就等点火爆发的那一刻。

塞维鲁的妻子尤利娅·多姆纳是叙利亚祭司长的女儿,素以美貌和智慧而闻名。她的妹妹马伊莎有两个女儿,这两个女儿各有一个儿子。姐姐的孩子名叫埃拉伽巴路斯,妹妹的孩子名叫亚历山大。

马伊莎煽动不满马克利努斯的士兵,秘密拥立自己的外孙埃拉伽巴路斯,宣称他是卡拉卡拉皇帝的私生子。尽管卡拉卡拉被杀,但他在士兵中还享有很高声望。有传言说,这对表兄妹有染。士兵们发生暴动,马克利努斯被追杀,易装逃走,但很快就被捕获、处死。

218年,新帝登基,这位出生在叙利亚的少年刚满十四岁。身为太阳神祭司,他却以奇怪的装束出现在首都罗马。他身穿一套用金线缝制的紫色丝绸衣服,戴着珍珠首饰和翡翠手镯,头上戴有一顶镶嵌了宝石的金冠。唇上涂口红,用墨描眉。在罗马人看来,这完全是女性装束。

他和女性结过三次婚,但埃拉伽巴路斯是同性恋的传言不绝于耳。事实证明,他的确喜好男色。据记载,"皇帝派人出去,寻找生殖器巨大的男人"。他不但夸张地卖弄风骚,诱惑情夫,还冒充街头娼妓,招揽男客人。他在宫廷设立专门的房间,全裸的年轻男娼以甜言蜜语引诱客人。埃拉伽巴路斯甚至用巨额奖金鼓励那些在自己的身体上做女性生殖器手术的男人。同性恋皇帝喜欢被人谈论为"荡妇",伟大的罗马皇帝的威望早已不见踪影。

埃拉伽巴路斯的怪癖不只表现在性关系上。他还为其崇拜的太阳神修建了壮丽的巨大神殿,每天拂晓都来到寺庙朝拜,还杀死很多的公牛和羊供奉在祭坛上。祭司长埃拉伽巴路斯穿着丝绸衣服，脱了毛，涂着白粉和胭脂，描了眼影，佩戴华丽的饰物。在祭坛周围，各种乐器在演奏，叙利亚风的风骚少女与浓妆艳抹的皇帝一起翩翩起舞。

年纪轻轻的毛孩子，大概还不能理解等级的差别，埃拉伽巴路斯任用出身卑贱的人物来担任宫廷的要职。罗马一片喧嚣，"厨师、理发师、车夫正统治这个帝国"。

这样的皇帝，帝位不可能稳固。叛乱和暴动不断发生，甚至受庇护的家族和亲信都对埃拉伽巴路斯的奇特行为不满。就连左右的士兵们也抛弃了他，埃拉伽巴路斯逃到厕所，被士兵杀死。他和母亲一起被砍了头，一丝不挂的遗体被拖拽着游街，之后被抛入台伯河。埃拉伽巴路斯统治不过四年，死时只有十八岁。后世的历史学家哀叹，连卡里古拉、尼禄都没有那样的先例，他们甚至坦言："就连埃拉伽巴路斯是罗马皇帝这一事实也不想用文字记录下来。"

减薪的谎言成为致命一击

取而代之的是埃拉伽巴路斯的表弟亚历山大，当时他不过是一个十三岁的少年。其温和、沉静的性格博得人们好感，不过正因为过于和善，他对母亲唯命是从，即使违背自己的意愿，也要顺从母亲。母亲十分爱管事，对他来说也许是一种幸运。由于这个原因，人们对亚历山大的评价一直不错。皇帝的顾问团里有明智的元老院元老，他听

亚历山大皇帝 软弱的皇帝招致军队的反感，与母亲一同被杀。卢浮宫美术馆藏

取周围人的意见，延续稳健的政治。

可是，军队的动向很不稳定。不管怎么说，康茂德以来的四十余年间，士兵们完全处于放纵状态，军纪极差，稍不如愿就起来反抗。就连作为法学家闻名于世的近卫军长官乌尔比安，因为要整肃军纪，招致反感，最后被杀害。不光是近卫军蛮横，军纪的混乱还扩展到驻扎在各行省的军团。

那时的东方边境可以说是阴云密布，以骑兵战力让罗马头疼的帕提亚王国灭亡，但226年新的强国萨珊朝波斯兴起。萨珊王朝信奉琐罗亚斯德教，民族复古主义趋势兴起。他们力图驱逐罗马帝国在东方各国的势力。萨珊侵入美索不达米亚，威胁叙利亚行省。

231年，亚历山大出征，苦战之后，好不容易使波斯军队退却。但己方的损失也不小。罗马军队的士气不高，亚历山大非但没有显示出皇帝的勇武，连外界传闻自己是胆小鬼的诽谤都未能摆脱。

233年，日耳曼人越过西北部边境，袭击罗马军队。西北部边境陷入混乱，但是，亚历山大听从母亲的忠告，拿出补偿金，寻求和平解决边界问题。这一举措使他被视为软弱皇帝，不像军人，为军队所轻视。不但如此，因为削减了战争经费，削减士兵薪饷的谎言随之广为流传，导致军队怨声载道。235年，亚历山大与母亲一起被杀害。亚历山大共统治十三年，享年二十六岁。

这位性格温和的皇帝不懂军事，不能领会时代潮流，因而丢掉了性命。可以说，亚历山大目前经历的时代，后来被称为"军人皇帝时代"，足足有半个世纪长。

3 世纪的危机与混乱

老迈皇帝的悲剧

杀害亚历山大的是马克西米努斯的叛军。元老院很不情愿地承认了马克西米努斯的帝位。马克西米努斯出身色雷斯贫农家庭，是一位身高超过两米、体格强健的大汉。在繁华的首都，像他这样没有学问、出身卑贱的人显得格外刺眼，或许是这个原因，在统治罗马的三年间，他一次也没有踏上首都的土地。

马克西米努斯特别喜欢军营生活，具有优秀的军事才能。他热衷战争，击退日耳曼人，袭击达西亚人，征讨萨尔马泰人。他取得了令人瞩目的成功，但军费支出巨大。为此，马克西米努斯采取没收财产、强制征收等手段，加重了富裕阶层的负担。

负担的加重引起行省的不满，在北非尤为严重。大地主们推举行省总督戈尔迪安对抗马克西米努斯，但这支军队的表现却不尽如人意。统率军队的戈尔迪安已经是八十岁的老人,他信赖的儿子也战死沙场。戈尔迪安悲伤过度,自杀身亡。可悲的是,他自杀二十天后传来了元老院承认他帝位的消息。

戈尔迪安父子有教养,元老院满心期待,等死亡消息传来,元老们顿时惊慌失措。如果粗野的马克西米努斯率军进入罗马,整个罗马一定是血雨腥风。元老院直接选出经验丰富的两位老人普比恩·马克西姆和巴尔比为共治皇帝,他们中的一人留在罗马,另一人迎击向意大利进军的马克西米努斯。

不过,马克西米努斯军队的士兵们久经战阵,战斗一个接一个,他们已经厌烦了,而且敌军还是自己的同胞。刺杀皇帝的士兵冲入营帐,杀死马克西米努斯。马克西米努斯死亡消息传来,罗马举城欢庆。但想不到幸运转瞬即逝,共治皇帝的关系开始恶化。而且,近卫军对贵族气息浓厚的新政权非常不满。他们冲进宫廷,把两人拖到街上杀死。

建国千年庆典与哥特人的入侵

戈尔迪安家族在民众中人气颇高,戈尔迪安十三岁的孙子被推出来即位,称戈尔迪安三世。当然,他不可能独立进行统治,实权落入左右的亲信手中。

从这时开始,史书记录的内容不再可靠。后世作者只能根据模棱两可的传说来编写相关传记。这反映了那个时代的无秩序状态。了解这些情况,我们只能对这段历史进行概览。

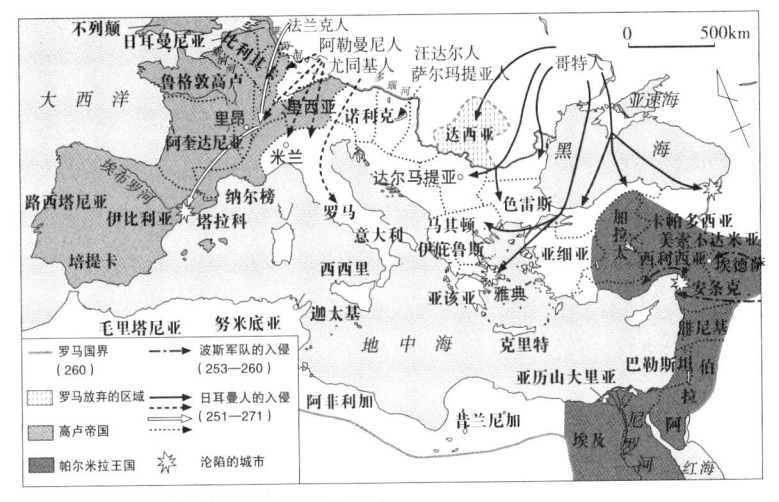

蛮族入侵和叛乱频发的动荡帝国（250—271）

正直的义父担任近卫军长官时，戈尔迪安的内政还是无可非议的。义父病死后，继任的是阿拉伯人菲利普。这个人认为年轻的皇帝看起来没什么能力，拉拢军队，在远征波斯过程中杀死了戈尔迪安三世。

244年，成为皇帝的菲利普与波斯军队议和，甚至不惜支付赔偿金，因为他必须返回罗马，巩固政权。不久，菲利普远征多瑙河流域，获得胜利，举行了凯旋式。248年，举行了壮观的罗马建国千年庆典。从那时起，各地叛乱不断，令罗马中央政府焦头烂额。特别是哥特人入侵多瑙河周边地区，使混乱达到了顶点。派遣来镇压的将军德修声望很高，大败哥特人，被几个军团拥立为皇帝。很快，德修军队打败菲利普军队，菲利普战死。

巴尔干出身的德修皇帝统治时间不过两年，如果生逢其时的话，博得贤帝的声誉是不成问题的。德修信奉罗马的传统秩序，规定必须参拜罗马传统诸神。他一边全力进行改革，一边与入侵的哥特人交战。但他陷入敌人的包围，与儿子一同战死。

即使德修皇帝的统治时期短暂，还是有两个人试图篡夺帝位，但都被杀死。刚记住皇帝名字，下一个皇帝就出现了。所以，记忆力不好的人根本记不住。或许到这个时候，民众认为谁当皇帝都无所谓。

接任的高卢斯统治时期，罗马与哥特人用贡税方式取得和解，但却苦于瘟疫的威胁。不久，萨珊朝波斯开始入侵罗马东部边界。同时，哥特人无视和平协议，到罗马境内洗劫。多瑙河流域的行省总督埃米利安努斯率军抵御哥特军队，士兵们乘势把统帅推举为皇帝。埃米利安努斯随军团一起急袭意大利，巧妙地使摇摆不定的高卢斯部下杀死了高卢斯。可是，这位新皇帝也只统治三个月就被士兵杀死了。忠于高卢斯皇帝的瓦莱里安，在其主人死后自行称帝。

波斯猛攻东部、异族入侵西部

253年，瓦莱里安的皇帝身份迅速得到元老院的承认，长子加利恩努斯被列为共治皇帝。瓦莱里安作为公职人员受人称赞，父子共同统治，六十岁的父亲统治东部，四十岁的儿子统治西部。

帝国东部秩序混乱，饱受外敌威胁。沙普尔国王率领的波斯军队是极难对付的对手，尽管罗马取得局部胜利，波斯军队的攻势还是非常猛烈。而且军队内部疾病流行，严重削弱了战斗力。不久，罗马军队被波斯军队包围，瓦莱里安被俘虏，受尽虐待。尽管瓦莱里安是位优秀的、能力出众的皇帝，但在人生的最后阶段却受到极大屈辱。因此，他作为皇帝的声望并不高。

防卫西部的加利恩努斯也不断受到外族入侵。为此他进行了各项军事改革，特别是创建独立的、机动性强的骑兵军团。加列恩这个人深谋远虑，决断力强，充满勇气，要是遇到好的时机，他一定会集武功与贤帝荣光于一身。但如今的罗马已经不能自豪地向别人展示自己坚不可摧的军事实力了。

日耳曼人的各部族出没在莱茵河流域，哥特人、马科曼尼人、夸迪人则连续不断攻掠多瑙河流域。罗马帝国面临着生死存亡的危机，如茫茫大海中的大船，不知漂向何方。

不幸中的万幸是，东方的态势有所好转。盟友帕米拉国王奥登纳图斯击退波斯军队，帮助镇压了行省的叛乱。加利恩努斯皇帝为报答奥登纳图斯的功劳，授与他"东方统治者"的称号。奥登纳图斯并没有停止对波斯的攻势，甚至攻占其首都泰西封。在小亚细亚北部，奥登纳图斯抵御哥特人的侵略，确实显示出与"东方统治者"相应的实力。但不幸的是，他在王国内部的纷争中被杀。

接手管理这个王国的是王妃季诺碧亚。据后世的历史传记

罗马人与蛮族的战斗　3世纪石棺上的浮雕描绘的战斗场面。罗马国立美术馆藏

记载,"她的脸像被太阳晒得那样黑,但却是那样难以置信的美丽"。季诺碧亚不但才貌兼备,还很勇敢,罗马不得不默认了帕米拉的霸权。

我们把目光转到西部,事态更为严重。为此,后世的《罗马皇帝传》把加利恩努斯皇帝称为"邪恶君主","对抗加利恩努斯称帝者多达二十人"。西部的混乱确实相当严重,难对付的敌人就有七个,其中最棘手的是"高卢帝国"。

260年,日耳曼尼亚总督波斯图穆斯自称皇帝,统治高卢、不列颠、希斯帕尼亚地区。经过数年与加利恩努斯皇帝的战争,这个分离帝国得以存续下来。

罗马帝国东部有帕米拉王国,西部有"高卢帝国"为所欲为,同时还有异族入侵。在严重的内忧外患中,"邪恶君主"历经十几年也没能扭转局面。但不得不承认,加利恩努斯皇帝为恢复帝国秩序而做过艰苦卓绝的工作,至少他的努力和诚意被大家认可。但加利恩努斯也因为近臣的阴谋而悲惨地死去。

统一罗马的"世界复兴者"　268年,加利恩努斯皇帝的一个将军克劳狄二世成为皇帝。他对杀害加利恩努斯皇

地中海世界与罗马帝国

帝的人没有任何处罚，大概自己也参与了这次阴谋。克劳狄二世执意远征哥特人，要是他成功击退哥特人，便能获得哥提库斯（Gothicus，即"哥特征服者"）的称

残留在罗马市区的奥勒良城墙 为防备外敌侵略，奥勒良皇帝不得已在罗马修筑城墙

号。但事实上，他只是勉勉强强取得了胜利。当地出现传染病疫情，就连皇帝自己也被感染，丢掉了性命。这时是270年夏天。

元老院承认的继承人是克劳狄二世的弟弟昆提卢斯，但他没有得到军团支持，深感命运无常，最终自杀身亡。士兵们期待的皇帝是骑兵队长奥勒良。他出身伊利里亚的贫农，是一个身心都非常坚强的人。奥勒良虽天生是一块军人的料子，同时也很擅长政治权谋。他认为四处征讨解决不了问题，转而采取威吓与怀柔交替使用的政策。

经过苦战，罗马击退深入境内的日耳曼各部族，把汪达尔人赶到多瑙河腹地。尽管罗马给强敌哥特人造成了沉重打击，最终还是放弃了达西亚行省，努力确保边境稳定。这本来是图拉真皇帝征服的地区。这样做是为了积蓄国力，一举解决东西方的难题。

借罗马默认的机会，季诺碧亚女王的帕米拉王国势力深入埃及和小亚细亚。罗马已经不能容忍这个独立王国的存在，只有通

第八章　混乱与不安的世纪

过远征来使其屈服。罗马俘虏了美丽的季诺碧亚，带回罗马，在凯旋式上示众后，她被幽禁在皇帝别墅里，平静地度过余生。

"高卢帝国"是西部的分裂势力，但已经不是军纪严明、战斗力增强的罗马军队的对手了。罗马军队获得压倒性的胜利，高卢重返帝国版图。

274年，解除东西方忧患的奥勒良皇帝被授予"世界复兴者"称号。但异族的入侵问题只不过暂时得到了回避，奥勒良非常清楚这一点。而首都的街道却一点儿防备也没有，为了防范可能的外敌入侵，罗马必须修筑城墙。这就是现在还残留在罗马城区的"奥勒良城墙"。

可是，这个"世界复兴者"在远征途中打算渡过博斯普鲁斯海峡时，被亲信杀害了。杀人动机现在还没有完全弄清，可能是个人恩怨，也可能是对违法行为惩罚过重导致的对皇帝的怨恨。奥勒良之死完全是个谜。总之，作为皇帝，奥勒良实行多项改革，战功赫赫，深受士兵爱戴。

半个世纪里出现了七十个皇帝

继任皇帝是高龄的元老院元老塔西佗。他是一位稳重、谦恭的退役将军，但不足半年就被杀害。之后是近卫军长官弗洛里安继任，但这时出现了拥立军事将领普罗布斯的势力。很快，弗洛里安军队内部发生叛乱，弗洛里安被杀死。

普罗布斯即位，他是一位光明正大、充满热情的人物。在异族不断入侵、其他对抗势力不断僭越称帝的情况下，军人是最合适的执政者。他的墓碑上刻着这样一段话："普罗布斯长眠于此，这位高风亮节的皇帝，是所有野蛮人的征服者，是僭帝的征服者。"尽管如此，由于近卫军长官卡鲁斯的出卖，失去理智的士兵们倒戈，杀死普罗布斯。这样的悲剧已经是军人皇帝时代的通病。

地下墓室里的壁画 阿庇亚大道附近基督教徒的地下墓室里的圣餐式壁画。3世纪

接下来的卡鲁斯皇帝把两个儿子指定为继承人，接连对外远征。胜利一个接着一个，可他却在军帐内离奇死去。有一种说法是被雷击中而死，但真相还是一个谜。

当时在卡鲁斯皇帝身边的是次子努梅里安。他是一个患有眼疾的诗人，以父亲的死为理由，命令罗马军队撤退。但在路上他被人发现死于车舆之内，死因不明，不过应该与皇帝近卫军长官戴克里先有关系。

长子卡里努斯与父亲是共治皇帝。后世的《罗马皇帝传》指出"卡里努斯皇帝的放纵行为罄竹难书"。但我们应该看到，卡里努斯令人厌恶的众多丑闻都是戴克里先的支持者散布出来的。卡里努斯军队与戴克里先军队发生激烈冲突，眼看卡里努斯方面即将取得胜利，卡里努斯却被一个部下刺杀身亡。可能是他们过去的怨恨导致卡里努斯自食恶果。卡鲁斯王朝三代皇帝，三年

第八章　混乱与不安的世纪

时间就结束了。同时，军人皇帝时代也就此终结。

这半个世纪是一个极其混乱的时期。期间被认为是正统皇帝的有二十六人，其中二十四人被杀或死于战场。如果加上共治皇帝三人，僭越皇帝四十一人，半个世纪实际上出现了七十个皇帝。这些皇帝几乎都是军人出身，被各自的军团拥立，大都死在自己士兵的手上或被敌军杀死。皇帝数量大大膨胀，使皇帝的威望也随之跌落。

在社会危机中萌芽的基督教

我们把目光都集中在了皇帝身上，就关注不到民众生活了。皇帝的更换速度让人目不暇接，不过对广大民众来说，皇帝是谁都无所谓吧。普通人身上发生了什么事情？不知道答案，我们就不能了解历史的真实面目。但挖掘这些也不是简单的事情。

军人皇帝时代被称为"3世纪危机"，侧重于军事的财政政策加重了国家的财政负担，国家财政濒于破产，而政府却用最简便的增发通货的做法来挽救危机。货币质量下降导致物价，特别是银币品位急速下降，使银币发行量增加七倍以上。

财政危机进而发展成经济危机和社会危机。处于社会底层的人们在危机中受害最深，彷徨无助，找不到出路，这些人只能寄希望于世俗彼岸的神明。在这类心存渴望的人心中，神明是怎样的形象呢？

早在提比略皇帝统治时期，耶路撒冷有一个叫耶稣的男子被钉死在十字架上。人们相信耶稣死而复活，把他奉为救世主，这些人被称为基督教徒。宣传基督教的保罗在尼禄统治时期来到罗马，后来尼禄迫害基督教徒，保罗遇害。

在帝国前期，确实存在对基督教徒的迫害和镇压现象。但冷静地看，到3世纪中期，基督教还是一个不被罗马国家认可的宗教势力。

在罗马帝国全境对基督教徒进行迫害的是3世纪中期的德基乌斯皇帝。虽说如此，但德基乌斯只是要求尊重传统，崇拜罗马旧有的神明，并非专门迫害基督教徒。只是这些基督教徒坚决拒绝供奉罗马传统神明，特别引人注目。有罗马官员表示"再也无法忍耐那些厌恶罗马人宗教的家伙们"，这种看法代表了整个罗马贵族阶层的声音。

本来，像在哈德良皇帝的万神殿里看到的那样，罗马社会几乎无条件地接受外来宗教。无数的神被崇拜，可以说，罗马承认信仰自由。在这一背景下，外来的宗教与罗马人的宗教之间有着种种默契。

埃及系统的伊西斯女神在被埋没的庞贝古城也有壮观的神殿。伊西斯女神本是冥界之神奥西里斯的妻子，但她与阿匹斯神合体作为塞拉匹斯重生，被人崇拜。她还融合了地中海沿岸各地的爱和丰收女神特征，犹如主神一样被人崇拜。

叙利亚体系的诸神比较分散，以天空之神或丰收之神巴尔为代表。另外，塞维鲁时期也有很多人崇拜不灭的太阳神。不仅叙利亚，就连首都罗马也有他的神庙，埃拉伽巴路斯皇帝就用太阳神替换了国家神朱庇特作为主神。

小亚细亚体系的西布莉女神作为大地之母被广泛崇拜。早在汉尼拔战争威胁出现时，罗马就以国家祭祀的规格来崇拜这个女神。同时阿提斯的神话也深入人心，这个年轻人得到了女神的爱，受难后又复活了。

伊朗系统的密特拉信仰是一个神秘宗教，采用杀牛、吸吮牛血的方式来祈求来世的幸福。这个信仰对军人们很有吸引力，也被商人广泛接受。北到不列颠和莱茵河流域，南到撒哈拉沙漠，都留有密特拉神殿的遗迹。

希腊系统的神自然也被罗马社会广泛接受，甚至可以说与罗马诸神融合在一起，成为同一神格。尤其是酒神狄俄尼索斯的祭典，沉浸在酩酊大醉与狂热氛围里的人们被带入另一个世界，从中确实感到神的救赎。据说这里有人们对来世的期待，具有强大的影响力。

可是，在叙利亚和埃及之间产生的犹太教和基督教，与这些宗教完全不同。这两个宗教只崇拜唯一的神，在多神教世界引起非议。早在哈德良皇帝时代，犹太教神殿就被破坏，犹太人离散各地。

在重视罗马旧有宗教礼仪的人看来，基督教是一个由顽固的、讨厌的无神论者组成的集团。但是，这个信仰确实抓住了那些在危机与不安中苦苦挣扎的灵魂。

第九章

转向一神教世界

给动乱时代带来秩序

策略家戴克里先　　日本人说起乱世，往往会想到战国时代，即从应仁之乱（1467）到织田信长放逐足利义昭（1573）为止的一百余年。但天下的霸权很快转到丰臣秀吉手上，进而落入德川家康手中。关于这几位天下霸主的器量，日本有一个著名的寓言故事。对于不叫的杜鹃鸟，织田信长是"不叫就杀掉"，丰臣秀吉是"设法让它叫"，而德川家康则"等待它叫"。

被称为"军人皇帝时代"或者"3世纪危机"的半个世纪约为战国时代的一半。但其激烈和混乱程度远超过战国时代。经历过这段动乱时代，地中海世界又恢复了稳定。这时期的主要人

戴克里先皇帝 在位二十一年间，再次给地中海世界带来了稳定的秩序。伊斯坦布尔考古学博物馆藏

物是戴克里先。这个男人究竟是信长类型、秀吉类型，还是家康类型呢？对此，我们有依据可循。

从日本战国大名，经过织丰政权，再到幕藩体制，以这个推移过程来做对比，罗马军人皇帝时代以后的隐藏问题也就了然于胸了。戴克里先虽说已经一统天下，但也还存在出现僭越皇帝和篡位者的可能。

戴克里先谋略过人。暗杀努梅里安的是他的舅舅——近卫军队长阿培尔，但这个人马上被拥立的戴克里先处死。这个结果太过完美，我们不得不认为，也许戴克里先就是暗杀努梅里安计划的主谋。

但只有智谋无疑是不够的。弟弟努梅里安死后，哥哥卡里努斯还活着。打败卡里努斯后，戴克里先成为罗马帝国唯一的统治者。但他几乎没有对卡里努斯的支持者进行报复，不但如此，很多人还被委以国家要职，真正显示了执政者的慈悲与胸怀。

但令人意外的事情发生了，戴克里先把曾经的战友马克西米安立为共治皇帝。戴克里先治理帝国东部，马克西米安治理帝国西部。在最初的几年，他们各自展开军事行动。帝国东北部边境有萨尔马泰人；东部边境有波斯人出没；在西部的高卢，农民起义风起云涌；日耳曼人威胁西北部边境。

为了安定政情、稳定边境，公元293年，罗马确立了"四帝共治制"，由两个正帝和两个副帝共同治理国家。导入这个共治体系具有事先明确继承人的意味，不管怎么说，觊觎帝位的人在暗处让人防不胜防。无论谁要篡夺帝位，他都要同时对付剩下来的三个人，只要四人不同时被杀，篡夺帝位就只是非分之想。

戴克里先还做了更让人吃惊的事。登上帝位二十年间，他为国家可说是鞠躬尽瘁、倾尽全力了。或许他对皇帝这一公务极其繁重的重要职责有了更深的思考。这样的沉重负担，尚未成熟的青少年承担不了，对于体力和精神都已衰弱的老人来说也是如此。305年，在位的第二十一个年头，六十岁的戴克里先在尼科米底亚从正帝位置上退了下来。同僚马克西米安也恋恋不舍地退了位。

最高神朱庇特之子

虽说是四帝共治，戴克里先的智慧和判断不用说是最受尊重的。据历史学家记载，"他们仰视戴克里先皇帝，就像仰视父亲或最高神一样"。在他的指导下，罗马开始着手进行各种改革。

像最后的军人皇帝一样，他首先成倍增加兵员数量，强化军事力量。在帝国行政方面，他重新划分行省，并把全国划分成十二个行政区。同时，他改革官僚体制，实行文官与武官分离。专门进行军事行动的武官行动范围不受行省和行政区限制。

为了实施这些改革，特别是为了维持军队和官僚组织正常运

戴克里先皇帝的浴场复原断面图 配备了大游泳池（左边）。巴黎国立美术学校藏

转，必须要整顿税制、安定通货，这是最重要的。为此，把人头税和土地税合并起来，建立人头、土地合一的制度。297年，罗马全境进行人口调查和土地测量。鉴于军人皇帝时代以来严重的通货膨胀，301年发布"限价令"，对违反者处以重罪。但我们不能确定这些改革取得了怎样的成效。

这些改革中，让人耳目一新的是宗教改革。戴克里先身穿金线缝制的丝绸礼服，脚上穿的是用宝石装饰的靴子，他以这样一身打扮出现在祭典现场。他要求下属行东方式的跪拜谒见礼，并称皇帝为主人。尊重自由人是古典时代的常识，从这点来看，这是古代社会的一次大转折。

在3世纪的混乱时代，来自边境地区的人充斥于宫廷、军营，连所谓蛮族出身的将领也在军营里昂首阔步。在这些身份复杂的人中，很多都不懂罗马人应有的教养与习惯。他们之间几乎没有共同的纽带，这种情况就连对罗马、意大利没有什么亲近感的戴克里先都感到痛心。实际上，他一生只到过罗马一次。尽管如此，他还是希望尊重罗马传统的神明。他宣称自己是最高神朱庇特之子，在这光环笼罩下，叫臣下行跪拜之礼。戴克里先期待利用神的权威来培养民众的忠诚心、爱国心。

因此，在统治后期，戴克里先希望重新复兴传统宗教。每个人都有义务礼拜罗马神明，违反者将接受处罚。特别引人注目的是，很多基督教徒拒绝礼拜罗马众神，他们遭到迫害，很多人被处死，殉教事件发生了不少。

戴克里先希望复兴拉丁文学，因此把拉丁语修辞学教授、出身非洲的拉克坦提乌斯招到小亚细亚来。但这个文人是基督教徒，在大迫害时期失去了职位，所以他对皇帝的批评非常严厉，甚至说"戴克里先是犯罪的创造者，是邪恶的设计者"。

基督教合法化后，像戴克里先这样迫害基督教徒的皇帝在死后被追究责任。在基督教时代成书的著作中，5世纪的佐西莫斯即使对非基督教徒皇帝也给予了公平的评价。可是，他的历史记录中缺失了戴克里先统治的二十年。也许在狂热的基督教徒占据主导地位的情况下，高度评价这位迫害基督教徒的皇帝会显得很不合适。尽管如此，谁都不能否认，戴克里先开启了新时代的大门。

君士坦丁承认基督教合法　戴克里先引退后，居住在克罗地亚的亚得里亚海沿岸的萨罗纳（现斯普利特）。这位住在乡间豪华别墅的老人，只有一次因为公务出现在人们的视野中。由于继承人之间斗争激烈，劝其复位的呼声很高。他只回答说："我费心尽力地照顾菜园中的卷心菜。如果你们知道这一点，就明白这种请求是不可能的。"311年初冬，戴克里先在别墅里停止了呼吸。有一种说法认为，是他自己绝食而死，也许是要效法斯多葛派贤人清高的死法。

返回本章开头所说的话题，戴克里先作为变革期的统治者，究竟属于信长、秀吉、家康中的哪种类型呢？具有决断力的快速行动，这属于织田信长类型；有智谋、通达人情，与丰臣秀吉相似；具有明晰的洞察力，做事稳重，就如德川家康的性格一样。与其说他属于哪种类型，还不如说他兼具他们所有的特点，是一个随机应变的人物。如果没有那样的自制力，就不能使地中海世界帝国度过前所未有的危机。

和戴克里先一同退位、但对帝位恋恋不舍的马克西米安，在儿子马克森提乌斯篡位后，被从隐居地召回。为结成同盟，他把女儿嫁给君士坦丁。但随着混乱加深，马克西米安很快就被君士坦丁打败，被迫自杀。

311年，正帝伽勒里乌斯死亡后，罗马四位统治者分成两个同盟，一方是君士坦丁与李锡尼的同盟，另一方是马克森提乌斯和马克西明的同盟。双方对立激化，312年，君士坦丁在米尔维安大桥之战中打败了马克森提乌斯。此后，君士坦丁成为罗马帝国西部的君主，李锡尼成为东部的君主。

让人头昏脑涨的人名一个接一个登场，像戴克里先担心的那样，争夺帝位者层出不穷，战争没有片刻停歇。但性格耿直、慷慨的君士坦丁统一了各分立势力，确立了唯一的统治地位。君士坦丁承认饱受镇压、迫害之苦的基督教徒的合法地位，313年发布了历史上著名的"米兰敕令"。根据传说，在进军罗马途中，君士坦丁和士兵们看到，天空出现了形如十字架般的明亮火焰，以及"你，克敌制胜"的文字。正因为有了这样坚定的信仰，君士坦丁才决定承认基督教的合法地位。

超越民族和阶层局限，基督教扩张

历史学家迪奥·卡西乌斯出生于小亚细亚的尼西亚。他用希腊语写成《罗马史》，时间截止到292年。关于罗马这段历史的书籍多达八十卷，但其中几乎没有关于基督教徒的内容。这要是在一百年前的家乡，行政当局想必会感到相当为难，但在与他同时代人眼中，这不是什么大不了的问题。

君士坦丁大帝的凯旋门　4世纪初，为纪念君士坦丁大帝战胜而建造的，是罗马最大的凯旋门

到这位历史学家之后的第三代，米兰敕令已经颁发了。如果君士坦丁皇帝改宗基督教的故事不是传说的话，卡西乌斯的曾孙一定生活在皇帝自己都是基督教徒的时代。在这三代人时间里，基督教徒数量以惊人速度增加。为什么会取得这么大的飞跃呢？

早期（到2世纪末左右）的基督教徒大多是犹太人和希腊人。而且经过离散、迁徙，其中大部分人都住在大城市。这时迫害基督教徒的地方是士麦那、亚历山大里亚、卢格敦（今天的里昂）、迦太基、罗马等大城市，殉教者大多也是犹太人和希腊人。基督教徒中富人很少，大多数都是中下阶层民众。耶稣为贫苦、悲伤、忍受苦难的人们带来祝福，所以这样的状况也理所当然。

第九章　转向一神教世界

因此，基督教徒数量增加，意味着基督教打破了民族、居住地、阶层这三个限制。不仅犹太人和希腊人，在大城市之外，甚至上层的人都接受了基督教。

随着基督教的普及，人们不再转信其他宗教。多神教世界转换为一神教世界，这是人类史上的大事件。为什么多神教世界的人们会愿意崇拜唯一神呢？

如前所述，地中海世界的"3世纪危机"类似日本的战国时代。而且，战国时代基督教传到日本，就连战国大名也改宗基督教，这一点也与当时的地中海世界有些相似。16世纪后期，日本基督教最鼎盛时期，基督教徒人数扩大到二十万人，教会数量扩大到两百个。可是，经过不断的限制、镇压，信徒数量锐减，基督教渐渐消失在历史的舞台上。

当然，从基督教兴起到基督教全面扩张，其间隔时间的长短也是一个值得思考的问题。到扩张的时间点之前，地中海世界的基督教蛰伏了两百年以上。但从传教士沙勿略登陆鹿儿岛（1549）到丰臣秀吉发布"伴天连追放令"（1587年。译注："伴天连"是葡萄牙语"Padre"的日文旧译，意为神父、传教士。）为止，时间还不到四十年。这样看来，两者并没有可比性。两地的信仰基础应该有不同的地方，而这一定是触及了基督教信仰的核心问题。

作为牺牲仪式的耶稣之死 基督教信仰的核心是"救世主耶稣背负人类的罪恶于一身,被钉死在十字架上"这个故事。罗马的帕拉丁山丘上发现了一处戏弄基督教徒的著名涂鸦,借此我们可以看到耶稣的形象。其图案是一个驴头人身的人物被钉死在十字架上,一个男人举着一只手在仰视。下面用粗陋的文字写着"亚历萨美诺在崇拜他的神"。这个涂鸦形成于2世纪,它攻击的是基督教信仰的核心。

帕拉丁山丘的涂鸦 图案中央是一个驴头人身的人物被钉死在十字架上,左侧一个男人举着一只手,下面写着"亚历萨美诺(Alexamenos)在崇拜他的神"。出自皮特·布朗《古代晚期的世界》

尽管饱受镇压和迫害,在罗马帝国统治下的地中海世界,基督教信徒不但没有减少,反而不断增加。但在16世纪的日本,随着禁教和镇压力量越来越强,隐藏起来的天主教信徒只能小心翼翼地苟延残喘。信仰的土壤都是多神教世界,它们之间的差异在哪里呢?

斑马群被狮子袭击时,如果有一匹斑马被捕杀,那么受惊的斑马群就会安定下来吃草。随便哪一匹斑马,只要成为牺牲品,其他的斑马就会本能地感到安全。这种克服威胁和不安的牺牲模式,也深深地植根于同为生物的人的意识之中。

这样想来,在古代地中海世界的多神教中,这种奉献牺牲类型的宗教仪式占有很突出的地位。古时以活人为牺牲，但不久改为杀绵羊或山羊作为贡品。我们现代人若是用理性的思考方式去理解古人的想法，是无法看清他们的心思的。况且，崇拜超自然力量的信仰是精神世界的核心部分。对古代地中海世界的人们来说，奉献牺牲是令神灵息怒、回归平静不可或缺的重要仪式。

五贤帝时代的地中海世界是"罗马和平"时期最繁荣的阶段。但到了2世纪末，支配皇帝权力的明显是军队的力量，军队自己也毫不掩饰这一点。国家政策偏重于军人，其他的被弃置不顾。边境地带异族频繁入侵，有时甚至侵入地中海沿岸地区。

在毫无秩序可言的社会中，旧有的人际关系发生动摇，传统的社会关系遭到破坏。连接人和人之间的纽带弱化，每个人都处于孤立的状态。自然而然地，他们每个人各自求救时，很多都把救赎的希望寄托于来世。这些人盼望救世主降临，拯救自己。

在这个大潮流中，人们把钉死在十字架上却又复活过来的耶稣当作救世主来崇拜。由于上帝之子耶稣的死，整个人类都被拯救了，他复活后又永远守护所有人的生命。为了祈求神的宽恕，采用奉献牺牲的方式合乎古代人的常识。而且，上帝之子以自己生命作为牺牲，具有强大的冲击力。这样我们就容易理解基督教的主题。基督教所具有的巨大弹性使其信徒数量得以快速增长。

禁欲意识的土壤

另外有一个观点值得注意，即贫苦的下层平民才应该得救。他们都是被欺辱的劳苦大众，是最希望得救的人们。"富裕的人是不幸的，因为在这个世上人更需要的是抚慰"，这句话对于备受欺凌的贫苦大众来说如同福音，消除了他们对富裕阶层的怨恨和嫉妒，让他们对神的恩惠寄予希望。信徒中贫苦大众占了压倒性的多数，但也有富人捐出自己的财富，奉献给唯一的神。如某个社会心理学家指出的那样，被欺凌、被压制阶层的大声疾呼像迫近的大风暴一样猛扑过来。

可是，为什么必须是一神教呢？多神教的神明没有窥视礼拜者的内心，也没有那么严格的戒律，比较随意。而一神教的神却进入世俗的世界。首先，它要求皈依唯一神，绝对遵从"你要尽心、尽性、尽意、尽力爱主你的神"这一规章。此外，如果以前只禁止"奸淫"的行为，现在则把"有淫秽思想的人，见到别人妻子就已经在心里侵犯了她"的灵魂钉在耻辱柱上。基督教持之以恒地对人们的物欲进行劝诫。

基督教把人们的欲望看成是肮脏的东西，禁欲意识浓厚。希腊精神形成以来，斯多葛学派和伊壁鸠鲁学派中就已有浓厚的禁欲色彩。地中海世界经历了长时间的和平与繁荣，在这样的世界里，人们的物质条件丰富，精神上也许反倒是前所未有的空虚。这不仅是禁欲意识，还是追求内心充实的精神土壤。在这个土壤上，基督教这样的一神教被接纳进来并不断扩大。

君士坦丁大帝的巨大石像一部分 高28米的石像被放在罗马市政美术馆的院子里

促使基督教不断扩张的因素，我们可以归纳出三点：一、救世主在十字架上牺牲，这个故事通俗易懂；二、被压抑的人们的怨恨；三、为追求内心充实的禁欲意识。在这些因素的相互作用下，基督教在混乱与不安的时代里震撼着广大群众的灵魂。3世纪后期，基督教超越民族、居住地、阶级，取得飞跃的发展，因为相应的条件都已经具备。

当然，多神教世界向一神教世界转换这样大的问题，无论写多少页也写不完。应该列举的论点还有很多，即使千言万语也说不清楚，这里笔者只想留意这三点。

保值七百年之久的金币

我们换一个话题，美元的货币符号为什么不是"D"而是"$"呢？为解开这个谜团，我们必须追溯到君士坦丁大帝时代。

帝国西部皇帝君士坦丁打垮东部皇帝李锡尼，成为唯一的统治者。他继承了戴克里先的改革路线，对以官僚体制为基础的阶级社会进行改革；又创建野战机动部队，灵活调动帝国境内的军队；他还禁止小农迁移，力图实行职业世袭化，努力安定社会和税收。不久他迁都拜占庭（现伊斯坦布尔），帝国的重心东移。

同时，君士坦丁下定决心实施货币改革。他之所以这样做，也许是意识到了所谓"劣币驱逐良币"的格雷欣（Gresham）法则。

3世纪依靠军队起家的皇帝为了保证士兵薪俸，不断改铸含银量低的银币，造成货币贬值，物价上升。尽管进行了多次货币改革，但仍没有制止住通货膨胀，戴克里先时代确定各种商品的最高价格，对违反者处以重罪，但成效不大。

君士坦丁大帝的苏勒德斯金币 纯度高，七百年间一直作为国际通货使用。出自皮特·布朗《古代晚期的世界》

普通人一般只考虑自己的生存状况如何。能为儿子一辈，甚至为孙子、曾孙辈之后的时代着想，这不是件容易的事。身材格外高大、体魄健壮的君士坦丁在精神上也非常坚毅。为安定混乱的经济活动，他坚定不移地建立稳固的货币制度。

罗马人的重量单位一磅黄金能制造72枚金币，其金币命名为"苏勒德斯"（solidus）。英语把可信赖的、可靠的、坚固的状态称为"solid"，其词源就是这个拉丁语。苏勒德斯金币的含金量是4.48克，纯度极高。同时还发行银含量为2.24克的银币，如果金银的兑换比例是1比12的话，一枚苏勒德斯金币相当于24枚银币。

而且，令人吃惊的是，这种纯度极高的金币大约流通了七百年的时间，理论上维持到1453年君士坦丁堡陷落，实际上维持到11世纪后期。

理所当然，苏勒德斯金币在国际贸易中普遍使用，被认为是信用度最高的货币。现在，不过是纸片的美元纸币之所以能得到人们信任，用作国际通用货币，是因为经济实力、军事实力强大的美国政府保证它的信用。可是，在贵金属含量保证货币价值的时代，必须依靠其高纯度来保证货币稳定。苏勒德斯金币成功地做到了这一点。

君士坦丁一定认识到了货币质量低劣是导致社会混乱和经济混乱的原因，所以才下决心进行改革。虽然如此，可后世的皇帝们轻易就降低了金币的含金量，不加节制。

君士坦丁说："所谓最好的行为，就是所有事情都遵从神的意见，践行神的命令。"拥有绝大权力的君士坦丁承认基督教合法，给予基督教众多优遇措施，为了重塑罗马帝国，他甚至大胆迁都。至此，神圣皇帝的形象大概已经很明显了，其威望的光辉历经数百年，仍照耀在以地中海世界为中心的欧亚大陆西端。这不正是纯度极高的苏勒德斯金币在继续闪光吗？美元的货币符号用的是"$"，应该是想效仿苏勒德斯金币长期稳定的流通能力吧。

从叛教者的异说到全面禁止基督教

声望提高的副帝　　337年,六十五岁的君士坦丁大帝去世。据说,他临终时接受基督教的洗礼,被葬在君士坦丁堡的教堂。这对仍怀念故都罗马的君士坦丁堡市民造成了很大的冲击,他们对去世的皇帝满腔怒火。但他的葬礼让基督教合法化这件事广为传播。同时,受唯一神拯救的民众的心情和试图重建帝国的统治者的意志暂时结合在了一起,使多神教世界帝国开始向一神教世界帝国转变。

但转变过程并不平坦。君士坦丁死后,首都君士坦丁堡就发生军队叛乱。除了他的三个儿子,其他亲属几乎全部被杀。历经艰险逃此大难的,还有君士坦丁的外甥尤利安,当时他还不到五岁,因此得以幸免。

君士坦丁的三个儿子经过协商,把帝国分成三部分进行统治。但彼此间没多久就相互攻击,还出现篡夺帝位者,加剧了帝国混乱。很快,君士坦丁的三个儿子中,最小的儿子君士坦提乌斯二世(一世是君士坦丁大帝的父亲)成为唯一皇帝。历史学家批评"他是一个虚荣心极强的蠢材,被左右的宦官杀害"。不过,应该指出的是,君士坦提乌斯二世不断强化君士坦丁大帝时期的统治体制,努力稳定统治。

君士坦提乌斯二世没有儿子,也深切感到单独统治的难度。在355年,他把已经成年的、正在雅典留学的表弟尤利安迎为

尤利安皇帝像 恢复对众神的祭祀，被称为"叛教者"。卢浮宫美术馆藏

副帝，并立刻把他派往不稳定的边境高卢。在那里，尤利安击退了日耳曼人的入侵。而且，他在比较稳定的行省实施减税政策，声望大为提高。军队趁此良机，拥立尤利安为帝国西部的正帝，这为君士坦提乌斯二世所不容。他亲自率军西进讨伐尤利安，却在行军途中暴亡。令人意外的是，君士坦提乌斯二世在他的遗书里仍指名尤利安为继承人。

信奉罗马诸神的尤利安 由于一心要复兴对旧有诸神的祭祀，尤利安被称为"叛教者"。也许在某种意义上，他切身感受到了时代的氛围。经过只满足于追求物欲的时代，人们对炫耀财富和欲望的生活感到无限空虚。正因为如此，安贫乐道的基督教势力才得以扩展。

在这个风潮中，基督教取得了合法地位，被赐予很多财物，得到当权者的保护。越是这样，体制化的宗教就越容易滋生腐败。所以，如果擦亮眼睛、冷静观察，可以看到基督教会的疯狂行为，实在令人寒心。对于神经敏感的尤利安来说，基督教只是骗局而已，令人厌烦。他自己奈何不了这些令人气愤的基督教徒。

"不害怕神明的加利利人"用美味的点心诱骗儿童，用友爱、邻居的爱和自我牺牲等甜言蜜语诓骗众人，使人们不再敬畏本应受崇拜的诸神。尤利安已经完全倒向哲学领域，加入以密特拉信仰为首、具有各种秘密仪式的宗教。对于那些敬畏神的信徒来说，一神教拒绝祭祀守护人类的诸神，是名副其实的无神论罢了。

虽然如此，他没有用暴力镇压基督教徒。如果迫害基督徒的话，一定又有殉教者的美谈陆续产生。尤利安批判这些无神论者的迷妄，展开激烈辩论，但效果不显著。不但如此，尤利安还蔑视剧场、战车竞技等娱乐活动，引起民众反感。

讽刺的是，只有尤利安的态度才是基督教徒应该有的虔敬态度。也许只有他最先注意到了基督教的堕落。尤利安的异教复兴政策不是时代错误，反而是很早就感觉到了隐藏在时代底部的声音。

降临在尤利安身上的命运非常残酷。363年，在远征波斯的战争中，他被射过来的标枪所伤，不久死亡。距他单独成为皇帝还不到两年时间。

禁止异教，定基督教为国教

尤利安死后，帝国再次被阴云笼罩。混乱中先后出现"偏爱基督教，嫌恶知识分子"的兄弟皇帝瓦伦提尼安一世和瓦伦

狄奥多西皇帝在位十周年纪念币　他在行政、军事上精明强干，把基督教作为国教

斯、欠缺执政能力的年轻皇帝格拉提安、年幼皇帝瓦伦提尼安二世，以及篡位皇帝马克西穆斯。混乱不断加深。

同时，住在边境之外的日耳曼人突然骚动起来。主要是因为来自东方的骑马游牧民族西迁，进逼日耳曼人的居住地。376年，西哥特人渡过多瑙河，开始移居罗马帝国境内，开启了史称"日耳曼民族大迁徙"的序幕。但当地官员残暴不仁，粮食供应不足，引起日耳曼人暴动，前来镇压的罗马军队几乎全军覆灭。

379年，在混乱的军事形势下，军事将领狄奥多西成为东部皇帝。他在军事、行政方面都显示出老辣的手腕。在东部，他与日耳曼人结成同盟，稳定东部。在西部，镇压叛乱、铲除篡位政权。但需要注意的是，罗马帝国所倚重的军事力量主要由日耳曼人等异族组成。这里也许隐藏着帝国大转折的征兆。

狄奥多西作为虔敬的正统派信徒，满腔热情拥护基督教，更在392年禁止所有异教的祭祀仪式，事实上把基督教定为了国教。

这些举措背后，有一位就连深谋远虑、勇猛果敢的狄奥多西皇帝都为之低头的人物。他就是米兰主教安布罗西乌斯。前一年，狄奥多西的心腹部下被帖撒罗尼迦的市民杀死，为了泄愤，他命令屠杀该市市民。勇敢的安布罗西乌斯直接面见狄奥多西，随后狄奥多西表现出温顺、悔改之意，重新回归教会。

可是，基督教的势力不断扩张，异教徒贵族誓死反抗。当元老院决定撤下维多利亚女神像时，像辛玛古这样有骨气的人表示强烈抗议。了解这些情况的米兰主教安布罗西乌斯写信给罗马皇帝（瓦伦提尼安二世与狄奥多西共治时代）：

> 如罗马帝国统治下的民众为地上的统治者皇帝陛下而战一样，陛下则为全能的神和神圣的信仰而战。因为每个人只要不真心礼拜神，即统驭万物的基督教徒的神，就不能得到救赎。只有这个神才是应该从内心崇拜的唯一真神。因为如《圣经》所记载的那样，异教徒的神都是恶魔。(《西方古代史料集》)

到4世纪末，随着异教神殿被关闭，异教被全面禁止，基督教成为罗马国教。三年之后的395年，不到五十岁的狄奥多西在米兰去世。罗马帝国被他的两个儿子分割继承，从此东西分裂的帝国再没有统一。

第十章

文明的改变与帝国的终结

巨大的变动与民众的心声

奥古斯丁的洞察

387年复活节前夜,在一群接受米兰主教安布罗西乌斯洗礼的孩子中间有一位中年男子。这个男子有一位共同生活十五年却没有正式结婚的妻子,最后两人不得不分别。男子不久便返回非洲,与几个友人过起安静的修道生活。但由于他学识渊博、人品高洁,被选为北非沿岸城市希波的神父,396年成为主教。男子把后半生的三十几年都奉献给了基督教会。

这个男人的名字叫奥古斯丁,是古代世界最伟大的教父。这时,所有人都感觉到罗马帝国的威势已如晚霞般没落了。特别是410年夏,阿拉里克率领的西哥特日耳曼军队侵入罗马,大肆破

《书斋里的圣奥古斯丁》佛罗伦萨诸圣教堂的壁画。1480年，波提切利（Botticelli Sandro）画

坏，形势危急。有异教徒攻击基督教，认为这些不断的灾祸来源于基督教的扩展。为回击这些非难、指责，维护基督教声誉，他执笔完成二十二卷的巨著《上帝之城》。

这部巨著与其说是信仰之书，还不如说是一部历史哲学之书，该书试图说明，在神的意志引导下这一历史大转折时期的意义是什么。首先，奥古斯丁指出，对神的崇拜是世界繁荣不可或缺的前提，躲开了异教徒的非难。同时，他驳斥说灾祸在任何时代都不断发生，如果对神的礼拜只是为了得到来世的救赎，那这种礼拜是毫无作用的。接着，他认为热爱唯一真神的谦虚信徒构成了上帝之城（天上之城），只爱自己的傲慢之辈构成了恶魔之城（地上之城），把人类的历史描绘成这两座城相互对立、斗争，最后各自安定的过程。

富于理性和洞察力的奥古斯丁认为人是由看不见的巨大力量支配的，只有在这个力量支配下的自己，才是真正的自己，这个力量被称为"灵魂"。

3世纪有一位哲学家叫作普罗提诺，他的哲学思想是万物为一，最后归于"太一"。他自己是新柏拉图主义者，不是基督教徒。但他在临终时说："现在，我正努力使我们内在的某个神圣的东西上升到万有的内在的神圣的东西。"奥古斯丁提起这个临终遗言，一定很仰慕。我们从中可以知道，无论是异教徒还是基督教徒，都把目光投向某种内在的东西，人们开始自省世界存在某种神圣的东西。

因此，人们对上帝的关注度提高了。人们感到世界正酝酿着无法认识的巨大变动。所以，对超越这种变动的巨大存在予以依赖，就成为自然而然的趋势。众多神灵已经无能为力，无法施以援手，民众必须直面这一局面。因此，能救民众于水火的只能是全知全能的唯一真神。奥古斯丁适时地捕捉到了这样的时代气息，从繁杂的事态中发现、厘清神的意志。

被虐杀的女哲学家

距奥古斯丁时代六百年前，希腊历史学家波里比阿真切感到一股巨大力量正在吞没这个世界，于是写就了历史名著《历史》。这是一个拥有强大军事力量的罗马将要统一世界的时代。谁都清楚这一潮流。六百年后出生的奥古斯丁，感受到与此完全不同的巨大变化。虽然眼睛看不到，但这个世界正在发生更深刻的、更大规模的变化。

这种变化时常会形成狂热的风暴。在亚历山大里亚有一位名叫希帕提娅的中年女性，她有一个男人专属的身份——哲学家。不论是谁提出的问题，她都能根据提问人的知识、身份给出得体的回答。如果问关于柏拉图、亚里士多德、普罗提诺的问题，她不用翻阅书籍就能流利地说明。她是当时著名的哲学家。

可是，基督教徒认为希帕提娅是个出入巫师飨宴的淫乱女人。而且，她还经常出入行省总督的公馆，而该总督曾严刑拷打、处死那些扔石头的基督徒。基督徒开始计划杀死希帕提娅。

有一天黄昏，回家途中的希帕提娅被人用石块袭击，石块雨点般袭来，她只好逃入附近的教堂躲避，但那个教堂正是神父们等着杀死她的地方。希斯帕亚一死，就被剥光了衣服，砍碎了躯体。基督教徒们举着她滴血的残体沿街狂欢。

这个事件发生在415年，是奥古斯丁出生的年代。根据教诲，基督教徒应该"爱你的敌人"。本应是虔敬的信徒，为什么会变得如此盲信呢？

虽不完善，但基督教最终成了国教。不过，也有人以皈依基督教为耻。很多基督教徒敌视这些异教徒，有些甚至不允许别人不信奉基督教。在这种氛围下，出现了基督教徒迫害异教徒的情况。希帕提娅的故事就是其中一个小例子。

反映民众信仰的圣者传

如果信仰之心高涨，迫害现象就会出现，这是其负面影响，或者说是邪道。信仰的热情中，也有和信徒的理想相结合的正道。在圣人受到仰慕的情况下便会出现这种理想状态。记录这些理想人物言行的，就是圣人传。

圣人传由后人执笔书写。活跃在古典时代后期的人之中，有很多留下了这样的圣人传，这些人受到当时民众的尊敬。圣人传从3世纪后期开始书写,到4世纪、5世纪已经十分突出。

一般认为,这些圣人传记载的都是超能力者的荒诞故事,因此不适用于历史学的实证研究,几乎完全被忽视。直到20世纪后期,牛津大学出身的古代史学家彼得·布朗出现,事态才为之一变。他与他的支持者们认为,即使在荒诞无稽的故事中,也包含着那些把苦行者作为圣人进行崇拜的民众的期待,隐藏着民众的憧憬,反映了民众的内心状态。大多数民众只能生活在小城镇与村落中,他们有什么样的期待和憧憬呢?布朗的方法就是以人们的心性为核心来思考社会生活。这种关注点的背后是对以往情况的反省。只关注执政者和高级教会职员等重要人物,是不能了解这个时代和社会的。

圣人传描写的对象是修士,特别是那些在埃及、叙利亚荒野上苦行的隐修士。他们离群索居,一心修行。如果追溯其源,当然就是耶稣基督本人。

《新约圣经》记载了耶稣在荒野中禁食四十天的故事。恶魔进来诱惑饥饿的耶稣,怂恿他说:"你若是神的儿子,可以吩咐这些石头变成食物。"耶稣回答说:"人活着不是单靠食物。"魔鬼带他进了神殿,叫他坐在殿顶上,对他说:"你若是神的儿子,可以从这里跳下去。"耶稣反驳说:"不可试探主,你的神。"魔鬼又将世上的荣华都指给他看,对他说:"你若在我面前下拜,这都要归你。"耶稣便让恶魔退去了。

《圣经》描绘了苦行的典型情况,于是出现了仿效耶稣在荒野苦行的隐修士。后世的圣人传中大多数都描写了这样的隐修士。其开端是4世纪亚历山大里亚主教阿塔纳修写的《安东尼传》。

根据该书记载，埃及的群山成为苦行的隐修士们的居所，荒野上到处都是这些隐修士，他们舍弃自己的家，发誓在尘世过天上的生活。也许有点夸张，但这样的隐修士陆续登场，其中安东尼被认为是圣人的原型。

据说，安东尼二十岁时听到了耶稣的声音："舍弃全部，赠与贫者，请追随我。"因此，他通过苦行完善自己德行，闭门不出，过着冥想和禁食的生活。这样的生活持续了十五年，但他还没有十分满意，他来到更艰苦的、荒无人烟的野外，过上更清苦的苦行生活。

安东尼苦行到这般程度，到底想要做什么呢？归根到底，这是自己和谁在进行斗争的问题，经过反复思考，我认为是欲望。想听到人的声音、想和别人说话、想看新奇的东西，这些欲望一直围绕着自己。尽管如此，安东尼终于坚持到了最后。什么是人欲望的底线呢？那就是邪淫。他认为杜绝对异性的欲望是最困难的。他一边否定对肉欲的渴望，一边抵挡恶魔所有的诱惑，和其搏斗。他很快战胜诱惑，打退恶魔，觉悟的人终于改头换面，重新出现在世人面前。

修道院的诞生与修行传说　住在沙漠的苦行者的传说流传很广，感动了无数人。各地都出现仰慕安东尼的人，不断有人效仿这位圣者，舍弃红尘，成为隐修士。

在这个过程中，修道院产生了。作为一个团体，修道院吸收这些离家修行的人。一般认为，最早创立修道院的是6世纪意大利的本尼狄克派，但开其先河的是聚集在埃及和叙利亚的隐修士。首先，隐修士一个接一个登场了，他们慢慢形成一个团体，开始组织化，并在此基础上形成戒律。这些是近年来对修道院形成问题的解释。从某种意义上来说，《安东尼传》对普及修道理念起到了很大作用。

圣凯瑟琳修道院 527年，东罗马帝国皇帝查士丁尼在西奈山建立。据传是最早修道院的样子

除此之外，还有数量众多的圣人传。例如，与奥古斯丁同时代的主教帕拉迪奥斯也写了关于修道士的故事。书中的马卡里奥斯在洞窟中生活，他为了不落入恶魔的陷阱，极力控制自己内在的欲望。比起外来的欲望，内在的欲望更难以让人抵挡。而且，为了表现他独力否定、对抗内在的欲望，埋头进行的禁欲苦行，书中保留了一段象征其形象的小故事。

在帕拉迪奥斯所写的传记中，马卡里奥斯在修行时边编篮子，边祷告。突然，一只蚊子叮了他的脚，愤怒的马卡里奥斯用手打死蚊子。他在冥想时，为刚才突然发生的暴行深感羞愧，于是，裸身跳入满是蚊虫的沼泽。这真是令人不寒而栗的苦行。

第十章 文明的改变与帝国的终结

其实，该书原文本来是用希腊语写的，但在译成拉丁语时发生错误。拉丁语的文本没有任何关于蚊子的记载，而是说马卡里奥斯羞愧于自己对性的欲望，为惩罚自己而裸身跳入沼泽。

在书中，我们感受到当时人们的思考方式。一般认为，在恶魔的诱惑中，最根本的是性的诱惑。如何断绝性欲的诱惑呢？另外，是否要把超越性欲的人作为圣人来崇拜呢？在这背后一定蕴藏着虔诚民众内心的摆动和期待。因此，他们目睹这些圣人治愈各种疾病，创造各种奇迹。

此外，有一个圣人传描写了一位名叫西缅的人物。他出生在叙利亚北部，是一个没什么教养的牧羊人。十岁时，西缅洗心革面开始了禁欲生活，很快又进行更苦的修行。但他不满意集团式的禁欲修行，于是在洞窟内禁食度日。不久，他又进入荒无人烟的沙漠。最终，他能登上竖起的高柱，端坐其上。西缅实践了令人望而生畏、彻底的禁欲生活，因此被称为"柱顶圣人"。这样的圣人传说流传各地，为后人所效仿。人们开始聚集在其周围。

罗马帝国灭亡了吗？

杀死罗马帝国的凶手

古代末期往往被认为是罗马帝国没落或衰退的时代。18世纪启蒙思想家吉本（1737—1794）著有《罗马帝国衰亡史》，这部著作使他一跃成为

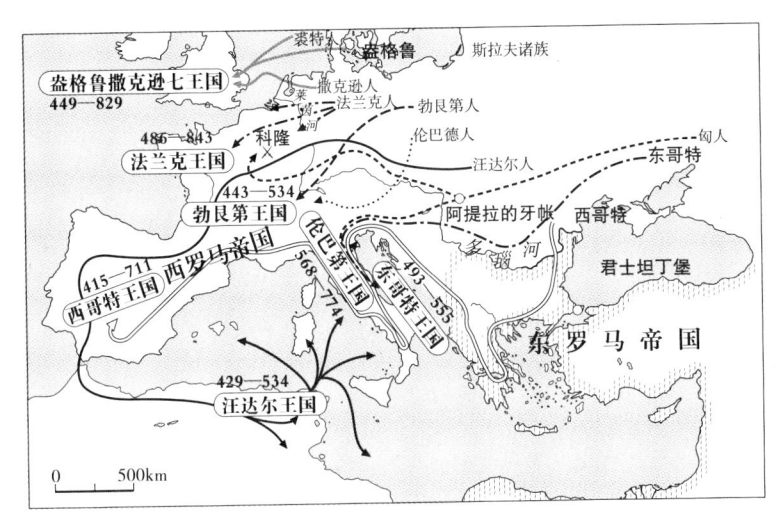

匈人的入侵和日耳曼民族大迁徙

时代的宠儿，之后这种观点一直被广泛认可。

随着罗马的兴起并不断发展，其和平与繁荣达到鼎盛，但很快罗马帝国就走向了衰弱。即便是这样伟大的世界帝国，也躲避不了走向灭亡的命运。罗马帝国的死因是什么呢？无论是专家还是广大民众，大概都非常关心这个问题。

关于罗马帝国没落的原因，从古至今就有各种议论。其中，20世纪法国学者皮噶尼奥尔的解释更容易令人理解。他认为罗马帝国不是寿终正寝，而是死于谋杀。这可以称为罗马帝国他杀说，不过，如果这一说法成立，那凶手是谁呢？自然，第一个浮出水面的嫌疑人是日耳曼人。日耳曼人大举侵入、迁徙到罗马帝国境内，是罗马帝国没落的原因。

为了方便大家理解日耳曼人进入罗马帝国境内的情况,我想先出示一份5世纪中叶的史料。这份文件可以题为"一位精通多国语言的东罗马军人手记"。

我出生在君士坦丁堡的一个商人家庭。从小学习拉丁语,能像希腊语一样流利地读写。青年时期被选拔到皇帝的警卫部队,驻扎在黑海西岸的色雷斯。

有的时候,外敌即将入侵的传言让人寝食难安。不管怎么说,这些敌人前所未有的凶残、野蛮。他们在自己孩子的脸上弄出一道道交错的伤口,似乎是为了不长胡子。这些人身材矮胖,脑袋出奇的大,感觉就像怪物。他们不生火做饭,吃草木的根和腐肉,简直像野兽一样生活。由于他们过着游牧生活,从小就习惯了忍受饥饿与严寒。

这些家伙被称为匈人,每次战斗前,他们都发出尖利的叫声,猛扑上来。遇到抵抗,就会四散而去,不过很快会返回,沿途一路破坏。他们不会架设梯子来攻击要塞,也不会袭击堑壕围起来的野营地。但他们射箭技术之高超乎想象。箭头是尖锐的骨头,具有和铁一样的破坏力。

传言不虚,几天之后,大批匈人兵临城下。他们袭击近郊的城镇和乡村,我们抱着必死的决心出动迎战。但他们骑术精湛,行动敏捷,神出鬼没,令人叹服。当我们进入森林追击敌人时,不知从哪里射过来一支箭,击中我的右腕,我落马，被敌人擒住。

落到这个地步，我也只能任人宰割，但我通晓拉丁语、希腊语，因此免于被杀的命运。匈人侵略西方，有时会进行外交交涉，需要有人为他们翻译。我用半年时间学习匈人语，很快就熟练掌握了匈人的语言。得益于我的语言天赋，最初叽叽喳喳的匈人语，如今能透彻理解了。

不久，我被召入宫廷，见到了匈人首领阿提拉（Attila，406—453）。阿提拉身材不高，但肌肉发达，给人以非常强壮的感觉。匈奴人的长相通常是大头、眼窝深陷、眉毛较长、鼻子低平、皮肤黝黑。

阿提拉对不顺从自己的人非常残暴，但对忠诚于自己的人却格外优待。他的生活非常简朴，从不使用金银餐具，只使用木制的餐具。但他好喝酒，极其相信占卜。

当时，西罗马帝国答应给匈人赔款却百般拖延，引起阿提拉的愤怒。他寻找借口，对罗马帝国全境发动进攻，仿佛执意要构筑一个匈人帝国。很快，匈人主力转向帝国西部的高卢。日耳曼各族意识到需要联合其他势力来自保，处于劣势的罗马军队拉拢他们作为援军，严阵以待。我这时作为翻译，随军行动。匈人与罗马军队有两次大的战役。

第一次，匈人军队包围卢瓦尔河沿岸的一座城市（现在奥尔良）达三十天以上。但由于罗马援军陆续赶到，匈人军队不得不半途而废，放弃进攻。罗马军队与日耳曼联军乘胜追击，威胁匈人后方。

决战时刻终于来了,战场在坎普斯·马乌里阿库斯。在广阔的平原中央有一座小山丘,两军隔山对峙。战斗极其激烈,战场血流成河,尸横遍野。日耳曼军队矛头直指阿提拉,阿提拉撤回营地,虽然被包围,但仍依托营垒负隅顽抗。但奇怪的是,罗马军队与阿提拉暗中通好,我作为翻译知道这件事情,但不了解详细内容。大概罗马人担心如果把匈人彻底消灭,日耳曼人的势力必然会威名远播,难以控制。

我在黑暗中混入罗马使节队伍,逃出了匈人军营。这场会战之后,阿提拉构筑匈人帝国的野心化为泡影。他之后曾率军进攻意大利北部,但匈人军队已经失去以往的威势。

最后的西罗马帝国皇帝

这篇东罗马军人手记,内容天马行空,缺乏可信性。甚至可以说,这是作者的创作,是不折不扣的伪作。不过,稍作辩解的话,这一内容虽非原创,但也差得不是太多。因为他参考了古代末期作家马赛林努斯、希多尼乌斯、普利斯库斯、约达尼斯的著述。虽说是创作,但其内容也符合当时的时代背景。另外,他所说的古战场坎普斯·马乌里阿库斯,就是今天法国的卡塔隆尼平原。

狄奥多西皇帝死后,罗马帝国分为东西两部分。而5世纪的西罗马帝国已如风中残烛,危机四伏。不仅苦恼于日耳曼人的入侵和迁徙,还有来自东方的匈人的威胁,令人闻风丧胆。曾经的庞大帝国现在不得不依靠势力强大的日耳曼人，采取"以毒攻毒"政策。

这不过是西罗马帝国的落日余晖。455年，进入北非并在此建立王国的汪达尔人攻占罗马，大肆掠夺、破坏。这次的破坏非常严重，很快，皇帝权力就被架空。而且，罗马皇帝所依靠的罗马军队，其核心部分都由日耳曼雇佣兵组成。

伊斯坦布尔的战车竞技场遗址　左边是竞技场，中央是蓝色清真寺，后面是圣索菲亚大教堂

476年夏，日耳曼雇佣兵将领奥多亚克夺取政权，废掉少年皇帝罗慕路斯·奥古斯都。这个失意的少年退居那不勒斯湾沿岸，过起了寂寥的隐居生活。就连他什么时候去世，史书也无从记载。可以肯定的是，他永远失去了西罗马帝国皇帝的地位。至此，虽没尽兴，但罗马帝国谋杀案落幕了。

探索别样命运的东罗马帝国

位于地中海进入黑海入口位置的拜占庭，被北岸的金角湾、南岸的马尔马拉海、东岸的博斯普鲁斯海峡环绕，最初不过是一个小集镇。君士坦丁大帝时期才开始大规模建设，形成一个大都市。经过六年大兴土木，城市初具规模。330年，这里被宣布为帝国首都,命名君士坦丁堡。

建设新都,首先是为了对抗异教徒的首都罗马,衬托出君士坦丁堡是基督教徒的首都。为此,居士坦丁大帝花费巨资来建设教堂和巴西利卡(译注:basilica,古罗马的一种公共建筑形式,这个词来源于希腊语,原意是"王者之厅"的意思)。或许是为了表明要和异教一刀两断吧,君士坦丁大帝在他统治的最后二十年间,只去过一次罗马。

尽管是新首都,皇帝却不常住于此。其后五十年,皇帝的宫廷都在小亚细亚东北部的尼科米底亚(即现在土耳其的伊兹密特)。不仅如此,皇帝们的行宫驻扎各地,甚至有的皇帝一次也没踏足过君士坦丁堡。因此,当时的人们几乎没有意识到迁都是多么大胆的事情,应该说后人过于强调这件事情了吧。新首都的城墙所占范围比原来的集镇扩大了数倍,但城墙内的建设却空空如也。

不过,推动罗马帝国未来发展的动力明显已经不在意大利半岛了。帝国西部异族入侵,交易停滞,城市居民减少;而东部却几乎不必为异族入侵烦恼,与东方之间的贸易也十分繁荣,城市居民也不断增加。

可是,城市的扩大也带来了新的问题,那就是产生了人数众多的贫困群体,这一群体数量还不断增长。政府不仅要给他们提供食物,还必须提供娱乐活动,这种所谓的"面包与马戏"的惯例被君士坦丁堡继承下来。做面包的谷物作为贡品从产地埃及输入,进入百姓口中。属于马戏的战车比赛是市民最喜欢的娱乐项目。现在伊斯坦布尔的战车竞技场遗址虽然感觉上比马克西姆大竞技场局促，但在折返的拐角处设置了急转弯，使比赛特别惊险。现在站在战车竞技场遗址上，仿佛仍能看到当时民众疯狂喊叫的模样。

狄奥多西一世（379—395年在位）是第一位在君士坦丁堡度过大半统治时间的君主。他死后，罗马帝国分裂为东西两部分，之后再也没有统一过。东部的皇帝们从此常驻君士坦丁堡。因为皇帝的宫殿紧邻战车竞技场，民众能够经常见到皇帝的身影。对民众来说，这里也是一个政治舞台。赛车比赛分为蓝队和绿队两个粉丝团，此外，拉拉队带头请愿或抗议等吵闹的场面，在赛场已经成为家常便饭。

狄奥多西一世的孙子狄奥多西二世（408—450年在位）继承皇位时还不到七岁，他在位时间达四十多年，但实权却掌握在姐姐普尔卡利亚手中。狄奥多西二世是虔诚的基督教徒，所以，宫廷洋溢着修道院般虔敬的气氛。

皇帝本人似乎不愿介入政争，而热衷于生活在信仰和学术中。他收集君士坦丁大帝以来的各项法令，编撰成《狄奥多西法典》，名垂后世。而且，由于以匈人为首的异族入侵的威胁还没有消除，东罗马修筑了"狄奥多西城墙"。新城墙高高耸立在君士坦丁大帝修建的旧城墙外侧，南至马尔马拉海，北至金角湾。后来城墙因地震受损，因此又被改建成具有三重结构的高大城墙，坚不可摧。

实际上，这条防线阻挡外敌达一千年之久，一直坚持到15世纪奥斯曼土耳其军队攻占君士坦丁堡。这些壮观的城墙遗址现在仍能看到。较之5世纪后期分崩离析的西部帝国，这些城墙或许就已暗示了东部帝国的将来。其霸权以拜占庭帝国的形式，顽强地延续了下来，完全可以称为"中古时代的罗马帝国"。

死因是癌症还是中风

话题再次转到西部帝国。也有人把罗马帝国的衰亡比作人的生老病死。如果是病死，就要有病因。其中，死于癌症的说法最具说服力。如果是癌症，癌细胞就是基督教。

如前所述，3世纪后期以后，基督教徒数量不断增加。异教徒指责说，从这时起罗马帝国就不断遇到异族入侵、内战、自然灾害。确实，对于多神教社会的地中海世界来说，信奉唯一神的基督教是一种异质宗教，基督教的扩大动摇了罗马帝国的根基。所以，即使在古代末期，很多同时代的人都认为，罗马帝国的衰退是基督教徒的缘故。对此，像奥古斯丁那样的基督教领袖必须不断反驳这些指责。

可是，为什么这些异质的人们一出现，帝国就衰落了呢？例如，在法西斯统治下的意大利，研究古代史的著名历史学家莫米利阿诺对此进行了清楚的说明。导致罗马帝国衰落的主要问题是，随着基督教普及，优秀的人才被吸收进教会里。同时，国家本身也没有汇集优秀的人才。这是罗马帝国没落的主要原因之一。如果是因为癌症死亡，那癌细胞会蚕食掉人体的健康细胞。

如果考虑别的疾病的话，那很可能是中风。如果发生中风就会导致半身不遂，体现在罗马帝国身上的话，这又是怎样的症状呢？4世纪末，罗马东西分裂后，东部罗马帝国以拜占庭帝国的形式继续繁荣了数个世纪。可是，西部的罗马帝国在公元5世纪末就灭亡了。这便是半身不遂的症状。

只要认定军队是国家的支柱，统治阶级就会不断增强军队的力量。在这种想法的支配下，罗马帝国越来越专制，越发重视军队。为此，国家背负了莫大的财政负担。对当时的执政者来说，增强军事力量就能延续帝国的生命，所以特别重要，其紧迫程度，甚至是除此之外别无他途。就好比自觉体力衰退的人吃补品来补充体力一样，本来应该更老迈、衰弱的身体，通过用药，短暂变得强壮起来。

罗马帝国包含了整个地中海世界，这样臃肿的身躯也许根本就是不合理的。在东、西分裂阶段，任何人都看到了左半身和右半身行动的不一致。东、西之间的平衡已经被打破了。也就是说，东部、西部的发展差异显著，由于这种紧张状态导致的动脉硬化，引起半身不遂。

生产力枯竭与自然死亡说　除了以上说法外，还有其他各种各样的说法。例如，人口资源枯竭的营养不良说。正如有的学者指出的那样，罗马帝国的人口数量明显减少了。这和气候变化有关系，我们不能忽视气候史学的贡献。以公元400

年左右为分界线，亚欧大陆进入一个小的冰川期。这样的气候变化或许是人口减少的重要原因。

另外，从社会经济结构本身来说，罗马帝国的"身体"出现了大的弊端。其原因有各种议论。

古代地中海世界是奴隶制社会，随着和平状况持续，奴隶的来源枯竭了。奴隶的主要来源是战争俘虏，在大规模战争减少的时代，奴隶来源枯竭是迟早的事。奴隶来源枯竭是一个重大的社会问题，毕竟，把弃婴作为奴隶的事情已经如此之多，我们不能不将其看作社会的黑暗史问题。

此外，还有耕地减少和贫瘠的因素。奴隶和土地是支撑奴隶社会生产力的骨架，和罗马帝国庞大身躯相比，这副骨架却变小了。关于这一点，20世纪初的大学者马克斯·韦伯已经指出。

除此之外，帝国在各地设置行省，这些行省活跃的经济活动也隐藏着问题。处于帝国中心的意大利失去了经济中心的地位，这也是罗马帝国没落的原因。这是20世纪最具代表性的古代史学家罗斯托夫采夫的主张。

我们这里所例举的只是罗马帝国没落原因论中很小的一部分而已。为了探寻罗马帝国没落的真正原因，学者提出了多种多样的解释，所下的诊断书也是五花八门。

笔者个人认为，如果我们只看事态的一个侧面，确实能描绘出罗马衰退的脚本。可是，如果把罗马世界或古代古典文明作为一个整体加以考虑的话，笔者认为，或许可以考虑把罗马帝国的灭亡看成是寿终正寝，或者诊断为衰老所致。文明也会有生老病死，古代地中海世界可以说是自然死亡。

传统世界的复活　　从古至今，人们都把罗马帝国的衰落作为镜子，比照自己所处的时代。如此繁荣的文明衰退了，有什么经验教训值得我们的世界借鉴呢？

可是，到了20世纪后期，这种观点被批判为"欧美中心论"。这样一来，就出现了否定以前的衰退、没落史观的见解。而且，还出现从根本上重新思考"古代晚期"具有的时代意义的苗头。这些意见在20世纪70年代特别高涨。

彼得·布朗在他的著作《古代晚期的世界》中，提出了一个重要问题。尽管这本书是面向一般读者的启蒙书，但却提出了新的历史见解。该书认为，公元200年到700年的地中海世界里，发生变化的部分和延续传统古典文明的部分处于关系紧张的状态之中。在这个时代，很多问题是不能用没落或衰退的观点来解释的。

3世纪中叶的人们还在延续古典的制度和社会。但到了半世纪后的4世纪，一种他们难以想象的制度和社会出现了。的确，476年西罗马帝国灭亡；651年，西亚的萨珊朝波斯灭亡。如果关注这些事情，就会得出古代末期就是处于衰退、没落的低谷状况。但这不过是以印象和感觉为评价标准得出的结论吧。只不过是西方罗马帝国没落，伊朗波斯帝国消失而已。

《祈祷的人》象征性表现4世纪的壁画。大英博物馆藏

如果反过来看，这个时代开启了一个显著的全新局面。在欧洲，基督教合法化并广泛传播。在西亚，伊斯兰教在7世纪产生。我们应该更积极地重新审视这个时代，也就是说，这是一个在新的基础上形成的时代。这种观点已经有人明确地提出来。

我们再纵观一下以宗教为中心的世界。在西欧，天主教世界建立起来；在东欧，希腊正教世界产生；特别是在西亚，伊斯兰教世界登上历史舞台。

从希腊化时期到罗马帝国时代，上述这三个世界统一构成整个地中海世界。但地中海世界很快就分裂成三个世界。结果真是这样吗？如果我们回溯一下这个地区的历史，未必能说是分裂。

因为，这三个世界都有作为各自原型的世界。在西欧天主教世界，自古以来是拉丁文化、日耳曼文化、凯尔特文化的世界。而且，东欧的希腊正教世界普遍接受了希腊人的文化。西亚则有东方世界的传统，建立了历史悠久的高度发达文明。

作为一个政治实体的古代地中海世界，是由罗马帝国完成统一的。到古代晚期，统一之前风俗各异的传统世界再次复兴，建立起属于自己的、古已有之的世界。如果我们注意这些方面，确实不能得出古代晚期没落或衰退的结论。古代晚期的地中海世界是包含着多种可能性的世界。

古代晚期的同时代性　可是，即使在这种多样性中也隐藏着同质的部分。其中，古代晚期地中海世界表现在宗教、文化上的同时性特别引人注目。例如，我们纵观壁画那样的表现艺术，现代人所谓的抽象艺术这时就已经出现了。

这与古典时代栩栩如生的写实性雕刻、绘画完全不同，变成极其简单化的风格。这些艺术作品象征性甚至是观念性地表现某些事物。古典古代的画风是向外界如实地重现现实，而古代晚期的艺术则向人们的内心传达某种观念。表面上极其简单，但把更深奥的东西象征性地表达出来。

不仅在表现艺术上，在思想上也有所体现。比如先前提到的圣人传的例子。圣人们聚在一起，显示禁欲者的理想状态，但其生活方式本身就有抽象的气息。

可是，对于把"古代晚期"作为新时代的观点，并不是没有人反驳。他们批判这个观点局限于狭隘的宗教和文化方面，在经济和政治层面上并没有根据。根据这个观点，古代晚期的经济和政治没有成长或发展的痕迹。

对此，又有人进行反驳。4世纪以后，新的统治阶层出现。经过至少两个世纪的发展，这些统治阶层形成了统治秩序。这时期出现了刻有"恢复神圣统治"（Reparatio Saeculi）理念的货币、

阿尔梅里纳广场别墅华丽的马赛克画 上图是狩猎的场景。下图是岸边的别墅和天使们的游船。从墙垣之间可以看到当时富人的生活。3世纪末—4世纪。笔者摄

碑文，从中可以看到新秩序的形成。

在古代晚期的北非和西西里岛，到处都有制作华丽的镶嵌画。最具代表性的作品是保存在西西里岛阿尔梅里纳广场上的华丽的镶嵌画，令人叹为观止。从画面上可以看到，这些土地上的大地主过着极其丰富的生活。我们可以想象，政治、经济层面已经产生新的秩序，再臻繁荣。

观察古代晚期可以有多种多样的视角，但现在还有很多人仍固执于衰退、没落史观。我们最应该关注的是古代晚期民众的心性。可以说，3世纪到7世纪不仅仅是"古典时代的黄昏"，也是一个产生新秩序、萌发前所未有的观点和感觉的时代。

21世纪的帷幕在拉开之时，作为历史认识论的问题，古代晚期社会论迎来了大转折时期。这也许是最新的历史话题。在本卷《兴亡的世界史》就要结束之际，我们应该从这本书里接收新的信息。

在世界史上，再没有比罗马帝国更典型的兴亡史了。但这时不会再有迦太基灭亡时小西庇阿流出悲伤的眼泪的场面了。可是，阅读历史的乐趣就在于重新认识历史。

古代晚期不应认为是衰退、没落的时代，而应尝试把它理解成是人类为了生活而奋斗的时代。我们应该重新认识那个时代，将其看作人类不断挑战新事物的时代。这样看来，当我们反省历史观点时，古代晚期社会论是一个范例。而且，从世界史的视角来考量，无论哪一方面，罗马帝国或古代地中海文明不是都有我们可以为之借鉴的材料吗？

主要人物小传

塔克文·布里库斯（Tarquinius Priscus，约前616—约前579）

罗马第五代王。从伊达拉里亚城镇塔尔奎尼亚移居罗马，名字也从具有伊达拉里亚风格的卢库莫改为卢修斯。一被人民大会选举为王，就开始同萨宾人等外敌作战，此外还实施了扩大骑兵队、增加元老数量等各种政策。根据传说，他修缮了罗马城内的低洼地带，特别是中央广场周边的排水设施，还创建了大竞技场。他是代表伊达拉里亚文明给罗马带来影响的国王。

塞尔维乌斯·图里乌斯（Servius Tullius，约578—约535）

罗马第六代王。根据传说，他对内政进行各项改革：把公民编到各部族；筑造现在尚存的塞尔维乌斯城墙；实施人口调查；基于财产来划分阶级，按阶级设立军事、投票单位百人队。对外方面，他打退强敌维爱的挑衅。他是王政时代使罗马走向繁荣的国王。但由于政治斗争，他出身奴隶的污点被其女婿"傲慢者"塔克文利用，王位被夺，他自己也遇害身亡。

傲慢者塔克文（Tarquinius Superbus，约前534—约前510）

罗马第七代王。从塞尔维乌斯那里夺得王位，是一个压迫公民、为所欲为的暴君。但另一方面，他重新和周边城市结成拉丁军事同盟，开始实施大规模建设工程，首要项目便是朱庇特神殿和大型下水道,他还强化罗马的对外地位,推进基础设施建设。他的儿子凌辱了贵族妇女鲁克丽霞,以此为导火索,罗马民众赶走塔克文,从此罗马进入共和时代。

马尔库斯·弗里乌斯·卡米卢斯(Marcus Furius Camillus,约前445—约前365)

共和时代具有代表性的军人、政治家之一。公元前4世纪初,成功攻占邻近的伊达拉里亚城市维爱,但由于一时政治失意,不得不流亡海外。在此期间,罗马在同凯尔特人的战争中败北,罗马城惨遭占领和掠夺。卡米卢斯返回罗马,打败凯尔特人。为了攻占维爱和对付凯尔特人,他五次担任独裁官,被认为是继罗慕路斯之后的第二建国者。

阿庇乌斯·克劳狄·卡阿苏斯(Appius Claudius Caecus,约前350—约前271)

公元前307年和公元前296年的执政官,公元前312年担任监察官。在监察官任内,他修建了从罗马到卡普阿的阿庇亚大道,以及罗马城最早的水渠——阿庇亚水渠。他晚年失明,但仍在元老院发表慷慨激昂的演说,元老院本来倾向于与伊庇鲁斯国王皮洛士达成和平协议,阿庇乌斯的演说使他们决心抵抗到底。晚年他仍意气风发。添加名"卡阿苏斯"是因其双目失明而来。

科尔内利乌斯·西庇阿·阿非利加努斯(Cornelius Scipio Africanus,约前236—约前185)

罗马取得第二次布匿战争胜利的核心人物。一般称为"大西庇阿"。他二十多岁就被赋予执政官的代理指挥权,开赴伊比利亚半岛,把包括迦太基据点新迦太城在内的半岛大部分地区置于罗马势力范围内。公元前205年,就任执政官后,着手远征非洲。公元前202年，在扎马会战中打败迦太基军队，罗马取得第二次布匿战争的胜利。晚年苦恼于政敌执拗的攻击。

马尔库斯·波尔基乌斯·加图（Marcus Porcius Cato，约前237—约前149）

以清廉和攻击型性格著称，罗马共和国具有代表性的政治家。一般称为"老加图"。在第二次布匿战争时参军，后进入政界，公元前195年就任执政官。其后远征伊比利亚半岛，为他博得了名声。公元前184年就任监察官，着手公共工程建设事业，取得一定功绩。他冷酷无情，因此树立了很多政敌。晚年力主消灭迦太基。他在学术方面也很出色，著有《农业志》等作品。

西庇阿·埃米利安努斯（Scipio Aemilianus，约前184—约前129）

通称"小西庇阿"。埃米利安努斯·保卢斯的次子，后过继给西庇阿家族做养子。参军后，在伊比利亚半岛、非洲征战，受到社会舆论支持，公元前147年就任执政官，取得对迦太基战争的指挥权，翌年攻灭迦太基。公元前142年，被选为监察官。其后，他两次当选执政官，率军镇压伊比利亚半岛的叛乱。与希腊历史学家波里比阿交往密切。

提比略·格拉古（Tiberius Graacchus，约前163—约前133）

格拉古兄弟中的哥哥。曾远征伊比利亚半岛，公元前133年，被选为保民官。在元老院资深元老的支持下，提出土地改革法案，主张限制贵族阶层拥有过多土地，把土地分给无地或少地的平民，但该法案受到其他保民官和一部分元老院元老的阻挠。此外，提比略决定把佩加蒙王国的遗产作为分配土地的财源，加深了己方和政敌的对立。在卡皮托利山丘，他与其支持者一起被杀害。

盖约·格拉古（Gaius Gracchus，约前153—约前121）

格拉古兄弟中的弟弟。公元前123年，被选为保民官。通过政府收购粮食，建立平抑粮价机制，稳定了粮食价格，获得平民支持。另外，他通过在行省导入包税制来解决财政危机，并支持骑士阶层崛起。第二年再任保民官，积极推动向迦太基故地移民，给予罗马同盟者以公民权。但元老院的反对力量根深蒂固，元老院提出最后警告，进而爆发骚乱，盖约被迫自杀。

盖约·马略（Gaius Marius，约前157—约前86）

在对努米底亚国王朱古达和日耳曼人的战争中脱颖而出的政治家。不以传统的自备武器的有产公民组成军团，而是以无产公民为主的志愿兵为军队。加强军事将领与士兵的私人纽带，给选举、人民大会都带来很大影响。马略的军事改革为后来罗马的内乱准备了条件。后被曾经的部下、"阀族派"苏拉逐出罗马，但在苏拉远征小亚细亚时，趁机夺取政权，肃清"阀族派"。

苏拉（Lucius Comelius Sulla Felix，约前138—前78）

生于无名贵族之家，马略部下，但得到"阀族派"支持，成为对抗马略的势力。当征讨蓬托斯国王米特里达梯斯六世的军事指挥权遭受威胁之际，他挥兵罗马，放逐马略。远征小亚细亚后，他掌握了权力，公元前81年就任独裁官，进行改革，恢复传统做法，如削弱保民官权限、强化元老院权力等。改革后，辞去独裁官，以一介平民的身份离开人世。

克拉苏（Marcus Licinius Crassus，约前115—前53）

出身名门贵族李锡尼家族，父亲和哥哥在马略的政治清算中死亡后，投靠苏拉派。由斯巴达克领导的奴隶起义席卷整个意大利，这位政治家镇压有功。他是大富豪，恺撒的资助者。与庞培对立，但在恺撒的调解下，三者结成第一次政治同盟。为求军功，远征帕提亚，在卡莱战败身亡。

庞培（Gnaeus Pompeius Magnus，前106—前48）

率领私兵投靠苏拉，具有卓越军事才能，二十五岁就举行凯旋式，得到"Magnus"（马格努斯）的添名。在地中海东部清剿海盗。罗马同米特拉达梯斯国王进行战争，他取得指挥权。由于这些反传统的特殊经历和巨大权力，他遭到元老院猜忌，与克拉苏、恺撒结成第一次三头政治。克拉苏死后，同盟解体，被阀族派推举出来，与恺撒为敌。在希腊的法萨卢斯战役中战败，逃亡埃及，在当地被杀。

尤利乌斯·恺撒（Gaius Julius Caesar，前100—前44）

平民派政治家，与庞培、克拉苏结成第一次政治同盟。从公元前58年开始，七年间转战高卢，最终控制高卢。公元前49年，无视元老院让他解散军团的劝告，渡过卢比孔河，攻入意大利。第二年，在希腊法萨卢斯打败以庞培为首的阀族派，但他宽恕了大多数政敌。恺撒就任终身独裁官后大权独揽，加上他的一系列言行，使人们预感到他要建立王政。公元前44年，被共和派分子暗杀。

小加图（Marcus Porcius Cato，前95—前46）

老加图的曾孙，出身传统贵族，共和政体的热烈支持者，斯多葛派哲学的信奉者。认为恺撒威胁共和政体，对恺撒采取敌视态度，对抗第一次三头政治。在恺撒和庞培的斗争中，站在了庞培阵营一边。法萨卢斯战役之后，统治非洲的乌提卡地区，由于不愿投降恺撒，在当地自杀身亡。

西塞罗（Marcus Tllius Cicero，前106—前43）

作为雄辩家而崭露头角的"新人"政治家。根据他自己的演说《反喀提林》传达的信息，在就任执政官的公元前63年，阻止了喀提林颠覆国家的阴谋，被誉为"国家之父"。在后来的内战中追随庞培，但得到恺撒宽恕。恺撒被暗杀后，由于发表攻击恺撒部将安东尼的演说《腓利比克》，触怒了安东尼，不久被杀害。他不仅留下了在法庭辩论的文章,还保留下很多哲学著作、书信,是罗马历史上最伟大的知识分子、文化大家。

克里奥帕特拉(Cleopatra,前69—前30)

托勒密王朝最后的女王。恺撒追击庞培来到埃及,克里奥帕特拉得到恺撒的支持,在与弟弟王位争夺中取胜,和恺撒育有一子。恺撒被暗杀后,和奥古斯都的对手安东尼联合,图谋延续、复兴埃及王国。此外,她还向奥古斯都献计,让奥古斯都笼络安东尼,把安东尼作为威胁罗马的势力。公元前31年,亚克兴海战失败,翌年,在亚历山大里亚自杀。

奥古斯都(Gaius Julius Caesar Augustus,前63—14)

根据舅舅恺撒的遗言,作为恺撒养子,成为他的继承人,改名奥古斯都。为了报复暗杀恺撒一派,和安东尼、雷必达形成第二次三头政治。之后,打败安东尼,掌握控制罗马大权(公元前31年)。尽管掌握最高权力,君临天下,但在表面上仍维持共和政体,树立元首政治。公元前27年,被元老院授予"奥古斯都"(神圣)称号。设立常备军,改造罗马城,整顿粮食供给和治安机构,巩固帝国的基础,还实施了道德法令等尚古政策。

阿格里帕(Agrippa,约前63—前12)

奥古斯都一生的密友和支持者。公元前37年以后,对海军进行重点建设,为取得亚克兴海战的胜利做出贡献。进入帝国时代后,他担任行省总督,倾尽全力来建设公共建筑和水渠。和奥古斯都的女儿尤利娅结婚,生育五个子女,被推举为奥古斯都的继承人,但在公元前12年死去。

莉薇娅（Livia Drusilla，前58—29）

曾是一个贵族之妻，后离婚嫁给奥古斯都。这个婚姻维持了一生，但两人没有生育子女。作为一个好妻子，她被誉为妇女楷模。但为了把她和前夫所生的儿子提比略推向帝位，据传她暗杀了很多与奥古斯都有血缘关系的人。奥古斯都死后，她被授予"奥古斯塔"称号，甚至被认为和提比略共同统治。据说她晚年时与儿子关系恶化。

提比略（Tiberius Julius Caesar Augustus，前42—37）

奥古斯都妻子莉薇娅与前夫所生的儿子。有一定军功，但因为奥古斯都想让自己的子孙继承帝位，所以在奥古斯都外孙、被作为养子的卢基乌斯和盖约死后，才被指定为继承人。公元14年即帝位，但和元老院没有建立良好的互动关系。其前期的统治特征是用告密和谋反罪打击政敌。统治后期，他隐居卡普里岛，通过近卫军长官塞雅努斯继续掌控政权。

日耳曼尼库斯（Germanicus，前15—19）

第二代皇帝提比略弟弟克劳狄·德鲁苏斯的儿子，提比略的养子。两次率兵进攻莱茵河以东的日耳曼尼亚，虽没有扩大罗马的疆土，但声望很高。很快被提比略召回罗马，陪养父就任公元18年的执政官，向外界表明自己作为继承人的身份。随后，他被派往东方，因和当地总督不和并擅自访问埃及，引出纠纷。翌年，在安条克死去。

（小）阿格里皮娜（Julia Agrippina，15—59）

日耳曼尼库斯和阿格里皮娜（大）的长女。与多米提乌斯·阿埃诺巴尔布斯结婚，生下后来的尼禄皇帝。其后和克劳狄皇帝再婚，得到"奥古斯塔"称号。传说她为了让自己的儿子尼禄继位，毒死克劳狄皇帝，但还没有定论。尼禄皇帝即位之初,她在政治上具有较强的影响力。后来被疏远而失势,被尼禄皇帝下令杀害。

尼禄(Nero Claudius Caesar, 37—68)

54年即位,最初几年有近卫军长官布尔斯和哲学家塞内卡辅佐,施行善政。但从统治初期的异母兄弟开始,相继迫害、杀害妻子、母亲和辅佐的大臣,被称为暴君。64年,为了确保自己的宫殿用地,火烧罗马城,遭到社会非议,他把基督徒作为替罪羊,大肆迫害。68年,以高卢总督温代克斯为首,各行省军团开始站出来反对尼禄,尼禄被元老院宣布为公敌,自杀身亡。

塞内卡(Seneca, 约前4—65)

哲学家、文人。出生在西班牙南部富裕的骑士家庭。在罗马学习,就任公职,后被判通奸罪,流放科西嘉岛。在克劳狄皇帝妻子小阿格里皮娜的帮助下,返回罗马,成为其儿子尼禄的家庭教师。尼禄即位后,作为顾问辅佐尼禄。后与尼禄失和,受65年皮索谋反连累而自杀。他是著名的斯多葛派哲学家,对自然科学也有很深的造诣。

科布洛(Cobulo, ?—约66)

罗马帝政初期的名将。担任下日耳曼尼亚行省总督期间,主要防卫日耳曼人入侵。他受尼禄赏识,全力解决东方的亚美尼亚王位问题。58年,科布洛率军攻占亚美尼亚首都,放逐亲帕提亚的前国王,扶植亲罗马的国王。其后,科布洛担任叙利亚行省总督,但尼禄以谋反的罪名,强迫其自杀。

保罗(Paulus)

活跃于公元1世纪。最初属于犹太教的法利赛派,迫害基督教徒,后改宗基督教,积极到塞浦路斯、小亚、巴尔干半岛等地传播基督教。他写往各地教会的书信，对原始基督教教义的形成产生巨大影响。据说保罗有罗马公民权，被犹太人控告，为了向皇帝申述，他奔赴首都罗马，但因为尼禄迫害基督教徒，他被处死。

韦帕芗（Titus Flavius Vespasianus，9—79）

虽然父辈只是具有骑士身份的新兴贵族，但他却进入元老院。尼禄死时，他正在指挥镇压犹太人起义，得到东方军团的支持而称帝（69）。打败维特里乌斯，平息了尼禄死后混乱的局面。虽然不属于尤利乌斯·克劳狄王朝血统，但元老院承认了新帝统治的合法性。韦帕芗个人生活简朴，但另一方面，却大肆增税，修建众所周知的"Colosseum"（现 Colosseo）即圆形竞技场。

阿格里科拉（Agricola，40—93）

不列颠尼亚行省总督。出身南高卢，元老院元老。历史学家塔西佗的岳父，塔西佗著作《阿格里科拉》详细记载了他的经历。他在不列颠、高卢担任过军事和行政职务，78 年担任不列颠尼亚行省总督。划定行省的北方边界后，他一度侵占苏格兰，取得一定战果。同时，通过树立公正、宽容的统治姿态，赢得行省居民的好感，为行省的安定做出了贡献。

图拉真（Tralanus，98—117 年在位）

出身西班牙南部。上任日耳曼尼亚行省总督时，被五贤帝中的第一位皇帝涅尔瓦收为养子，98 年，即皇帝位。其军事才能和节制的态度，使他与元老院、民众、军队都构筑了良好的关系。他通过两次远征，把达契亚（现罗马尼亚）变为罗马行省。在东方，通过对帕提亚战争的胜利，一度把整个美索不达米亚纳入罗马版图。北方边境不稳，他从东方返回，途中于小亚细亚病亡。

哈德良（Hadrianus，117—138年在位）

出身西班牙南部的家族。幼年时受到图拉真的庇护，在图拉真的推动下，哈德良历任要职，即皇帝位时已是叙利亚总督。他在统治初期和后期，处死了和自己有过节的势力强大的元老，为世人所诟病。但哈德良走遍帝国各地，注意加强帝国防卫。另一方面，他完善并实施先帝开创的优秀政策，如贫困家庭子女养育基金。他还爱好希腊文化，致力于建筑、诗歌创作。

安东尼·皮乌斯（Antoninus Pius，138—161年在位）

出身势力强大的富裕家族。138年，他成为哈德良皇帝的养子，不久即皇帝位。与养父形成鲜明对比的是，其统治的大半时间是在首都罗马度过的，他巧妙地管理各地的行省总督，维持了二十三年之久的安宁局面。由于其宽容、公正的性格，为百姓所爱戴，据说他的"皮乌斯"（孝顺者）之名就是因其人品而受赠的。

马可·奥勒留（Marcus Aurelius Antoninus，161—180年在位）

五贤帝中的最后一位皇帝。出身西班牙南部一个名门家族，138年，安东尼·努斯·皮乌斯即位前，他成为其养子。161年，与弟弟路奇乌斯·维鲁斯一起即皇帝位，成为罗马历史上最早的共治皇帝。刚取得在东方对帕提亚战争的胜利，便立刻忙于处理首都的瘟疫和多瑙河流域的日耳曼人入侵。他在远征前写成的《沉思录》，显示出其卓越的精神和深厚的哲学素养。

塞普提米乌斯·塞维鲁（Septimius Severus，193—211年在位）

出生于北非的莱普蒂斯·马格纳，罗马元老院元老。190年，担任执政官。任职潘诺尼亚总督期间，193年佩提那克斯皇帝被暗杀，塞维鲁被他的军队推举为帝。197年，结束内战，把帝国全部领土置于其一人统治之下。战胜帕提亚，在美索不达米亚设立新的行省。通过改善军队待遇等措施，以武力巩固帝位的基础。

211年，病死在远征地约克。

朱丽娅·多姆娜（Julia Domna，170—217）

叙利亚城市埃梅萨祭司的女儿。187年，和即位前的塞普提米乌斯·塞维鲁斯结婚，生下两个儿子，即后来的皇帝卡拉卡拉和盖塔。丈夫死后，卡拉卡拉杀盖塔。她因保护学术和艺术而广为人知，菲洛斯特拉托斯撰写《提阿纳人阿波罗尼奥斯传》的契机也是她。

加利恩努斯（Gallienus，253—268年在位）

在父亲瓦莱里安的扶持下，在253年成为正帝，260年父亲被波斯俘虏以后，成为唯一的统治者。在他统治时期，哥特人的入侵成为帝国心腹之患，高卢也从帝国分裂出去。在东方，帕尔米拉也扩展了势力。自己也被部下暗杀。在他统治时期，罗马帝国开始走向混乱，史料上对他的评价不高。但他推进的军制改革等措施，近年来重新受到重视。

奥勒良（Aurelianus，270—275年在位）

出身多瑙河流域，以军人的身份崭露头角。即位后，除了放弃多瑙河对岸的达契亚行省外，还在罗马城修筑了防御城墙。此外，他攻占泽诺比亚控制的帕尔米拉，打败分裂出去的高卢政权，完成帝国的统一。虽然也着手进行通货改革等措施，但在远征东方的路上被暗杀。

戴克里先（Diocletianus，284—305年在位）

出生在达尔马提亚，284年，在尼科米底亚即位。为处理持续的内战和外敌入侵，286年把同僚马克西米安立为正帝，293年把同乡加莱里乌斯与君士坦乌斯立为副帝。为收拾3世纪后期的混乱局面，进行了税制、地方行政制度、通货制

主要人物小传

度、宫廷礼仪等种种改革，为帝国的稳定开辟了道路。另一方面，在他统治末期的 303 年，开始迫害基督教徒。或许是由于病重的原因，305 年退位，隐居。

君士坦丁大帝（Constantinus，306—337 年在位）

父亲君士坦乌斯死后，306 年在约克即位。收拾戴克里先退位后政治上的混乱局面，324 年，把帝国全部疆土置于自己统治之下。这期间，313 年发布所谓"米兰敕令"，公开承认基督教的合法性，之后又采取了一系列措施扶持基督教的发展。除确立新的通货制度外，330 年迁都君士坦丁堡，奠定了后来帝国的基础。在远征波斯途中，于尼科米底亚死去。

尤利安（Julianus，361—363 年在位）

因君士坦丁二世突然死亡，被立为正帝。他在很大程度上改变了原来君士坦丁大帝以来的政策，如缩小宫廷官僚机构、实行宗教宽容政策、废除和大臣接触的繁文缛节，等等。他虽然接受基督教教育，但因为在思想上倾向新柏拉图主义，且发布禁止基督教徒担任教职的法令，被称为"叛教者"。他对外发动对萨珊朝波斯的大规模远征，自己也战死沙场，远征以失败告终。

狄奥多西（Theodosius，379—395 年在位）

罗马军队在阿德里安堡战役中被哥特人打败，狄奥多西就是在这样的混乱局面下即位的。他竭力重建军队、镇压哥特人，并两次打败在帝国西部僭越称帝的分裂势力。在内政上，他采取的重要措施是拥护信仰尼西亚信条派的基督教徒；发布严厉的敕令谴责异端、异教。米兰主教要求狄奥多西忏悔的故事非常有名。另外，在他死了之后，罗马帝国东西分治局面成为常态。

奥古斯丁（Augustinus，354—430）

北非城市希波的主教。由于和摩尼教徒关系亲密，他在宫廷出人头地的想法落空。转向基督教后，在自己的故乡北非，与异教徒、摩尼教徒、基督教分支多纳徒派展开激烈争论。有两本著作最为有名，一本是描写自己改宗过程的《忏悔录》，一本是以哥特人劫掠罗马城为题材的历史哲学著作《上帝之城》。他致力于结合希腊哲学与基督教思想，对西欧中世纪神学思想的形成产生巨大影响。

李维（Livius，前59—17）

出生于意大利北部城市帕塔维的历史学家。其代表作《罗马史》描写了从罗马建城到公元前9世纪的历史，全书共142卷，但现留存于世的只有1—10卷和21—45卷。其著作既记录了罗马兴盛的历史，又对罗马的堕落进行批判。李维虽生于奥古斯都治下的盛世，理念相通，但并不是体制的代言人。

苏维托尼乌斯（Suetonius，约70—约130）

一般认为他出身北非的希波王室。作为著名的传记作家，其代表作《罗马十二帝王传》记录了从恺撒到图密善共十二位皇帝。这部著作不是编年史风格，其叙述方式瞩目于皇帝个人。苏维托尼乌斯在小普林尼的书信中出现过，可见他在罗马是知名作家。另外，他历任与骑士身份相应的公职，生活在图拉真和哈德良皇帝治下。

塔西佗（Tacitus，约56—约120）

出生于意大利北部或法国南部。多次担任元老院元老，97年担任过执政官。比起政治家的身份，他的历史学家头衔更广为人知。其著作除《历史》《编年史》外，其岳父的传记《阿格里科拉传》和日耳曼人的民族志《日耳曼尼亚志》等作品也保存了下来。和小普林尼的书信往来表明，他在当时就已驰名天下。

普鲁塔克（Plutarchos，50年以前—120年以后）

出身希腊中部喀罗尼亚的名门望族，著名的传记作家、哲学家。一生的大部分时间在喀罗尼亚度过，但也访问过罗马、雅典和埃及，曾和元老院元老们交流过。其著作很早就受人欢迎，在4世纪时就被奉为经典。其代表作《英雄传》由二十二组"对比列传"和四篇单独传记组成。此外，他的杂文集《道德论集》也收录了很多作品。

迪奥·卡西乌斯（Dio Cassius，约164—229以后）

元老院元老，出生于小亚细亚的尼西亚，历任法务官、亚细亚行省总督，在229年，与亚历山大·塞维鲁一起担任执政官。他留下的历史著作记载了从罗马建城到229年的历史，一般认为他去世时间至少是在229年以后。他的著作只有部分流传了下来，但比较好地保存了从共和国后期到帝国建立初期的部分，是非常重要的史料。

《罗马皇帝传》作家（Scriptores Historiae Augustae，4世纪后期）

《罗马皇帝传》虽有部分缺损，但这部传记集记载了从哈德良到戴克里先即位前的诸位皇帝。这些传记由六位作者写成，被献给戴克里先、君士坦丁等皇帝。但现在一般认为，这本书是由一位作家写成的，完成时间还不确定。作为史料的可信度较低，但由于同时代的史料有限，因此仍经常被引用。

尤西比乌斯（Eusebius，约260—339）

巴勒斯坦城市恺撒利亚的主教。戴克里先皇帝和其后继者迫害基督教时，其境遇不佳，在君士坦丁皇帝统治时期比较活跃。写了很多有关基督教的著作，特别是《基督教会史》，用丰富的史料介绍了罗马帝国统治下的基督教情况，给后世教会史学家造成了巨大影响。另外，在其颂词演说和《君士坦丁传》等作品，从基督教视角解释当时皇帝的政策。

阿米阿努斯·马尔切利努斯（Ammianus Marcellinus，约330—391）

公元4世纪的历史学家。出生于叙利亚的安条克。其《罗马史》用拉丁语写成，记录了从1世纪末涅尔瓦皇帝到378年的阿德里安堡之战瓦伦斯战死的历史。他立志继承塔西佗的历史叙述，该书共31卷，只有14卷以后的部分保存下来。他身为罗马军人曾很活跃，虽然从他的行文中能看到对尤里安皇帝的崇拜，但该书却向我们生动地描绘了罗马末期的政治和经济情况。

参考文献

笔者执笔时参考的文献，只列出重要的和最新的资料。

古代史研究的基本资料

伊藤贞夫、本村凌二编，《西洋古代史研究入门》，东京大学出版会，1997年。
　　为专业研究希腊史及罗马史的学生编写的研究参考书。每个主题都贴合整体学术研究动向。

松本宣郎、前泽伸行、河原温编，《文献解说——欧洲的形成与发展》，南窗社，2007年。概观古代史、中世纪史的同时，围绕主题传达学术研究动向。特别列出日本最新研究文献，作为《西洋古代史研究入门》的补充。

概说、辞典、通史等

岩波讲座，《世界历史》4、5、7卷，岩波书店，1998年。岩波讲座《世界历史》整理了从罗马建城到古代晚期的基本问题，也有很多论证研究。

D. 博德，《古代罗马人名事典》，原书房，1994年。关于罗马历史人物和作家的简介解说书。

Ph. 马迪扎克,《古代罗马历代志》,创元社,2004 年。详细阐述了王政时期的七代王和共和国时期的领袖人物。对于大概了解罗马兴盛时期的各个人物事迹,非常适合。

C. 斯卡,《罗马皇帝历代志》,创元社,1998 年。通过文字,详细解说了从第一代皇帝奥古斯都到西罗马帝国最后一位皇帝各自的生平和事迹。

长谷川岳南、樋胁博敏,《古代罗马事典》,东京堂出版,2004 年。重点归纳整理、解说关于罗马史的各种各样的话题。

E. 吉本,《罗马帝国衰亡史》1—10 卷,筑摩学艺文库,1995—1996 年。英语学者中野好夫等翻译的 18 世纪启蒙思想家的名著,值得一读。

E. 吉本,《图说罗马帝国衰亡史》,东京书籍,2004 年。罗马史学家吉村忠典、后藤笃子在《罗马帝国衰亡史》缩印版翻译基础上,配上图像,使之容易理解。

Th. 蒙森,《罗马历史》I—IV 卷,名古屋大学出版会,2005—2006 年。19 世纪代表性的通史,由罗马史学家长谷川博隆翻译,时间从村落初期到共和国末期。至今都感念其渊博的学识。著者被称为罗马史学的创建者,因为此书,蒙森成为唯一获得诺贝尔文学奖的历史学家。

G. 费雷罗、C. 巴尔巴加洛,《古代罗马一千年史》,骑虎书房,1988 年。费雷罗从研究法律制度转而专注研究罗马兴亡史,这本书是他在世界史学家巴尔巴加洛协助下完成的,是面向学生与教师的通史。

村川坚太郎、长谷川博隆、高桥秀,《希腊与罗马的盛衰》,讲谈社学术文库,1993 年。本书虽聚焦古代公民的活动,但也概括了从地中海世界的城邦到大帝国兴亡的历史。

弓削达，《永远的罗马》，讲谈社学术文库，1991年。这部力作虽着眼于罗马理念的形成，但也涉及罗马帝国时期的社会、政治。

樱井万里子、本村凌二，《希腊与罗马》，"世界历史"第5卷，中央公论社，1997年。是关于希腊、罗马的简明通史。特别是以罗马社会和制度为背景，更多地关注生活在这一时期的罗马人。

盐野七生，《罗马人的故事》全15卷，新潮社，1992—2005年（便携版共28册，新潮文库现刊行中）。是一部由作家叙述的通史。作者凭借一人之力书写长达一千二百年的宏大罗马史，这在世上并没有先例。随处都能感受到作者的人生观、历史观，作为纲领性的历史教科书，是一部具有可读性的优秀作品。

通过外文文献，深入学习

The Cambridge Ancient History, Vol. VII–XIV, Cambridge University Press, 1984–2005.

Storia di Roma: I, II 1/2/3, III 1/2, IV, Torino, 1988–1993.

专题文献

青柳正规，《皇帝们的首都罗马》，中公新书，1992年。

石川胜二，《古代罗马统治意大利》，溪水社，1991年。

岩井经男，《罗马时代意大利城市研究》，密涅瓦书房，2000年。

大月康弘，《帝国与慈善——拜占庭》，创文社，2005年。

小川英雄，《罗马帝国的神灵》，中公新书，2003年。

岛田诚，《古代罗马的公民社会》，山川出版社，1997年。

——，《从圆形竞技场解读罗马帝国》，讲谈社，1999年。

新保良明，《罗马帝国愚帝列传》，讲谈社，2000年。

砂田徹，《罗马共和国与三权分立》，北海道大学出版会，2006年。

高田康成，《西塞罗》，岩波书店，1999年。

土井正兴，《新版斯巴达克斯起义》，青木书店，1988年。

丰田浩志，《基督教的兴起与罗马帝国》，南窗社，1994年。

长谷川博隆，《恺撒》，讲谈社学术文库，1994年。

——，《汉尼拔》，讲谈社学术文库，2005年。

——，《古代罗马政治与社会》，名古屋大学出版会，2001年。

——，《古代罗马的自由与隶属》，名古屋大学出版会，2001年。

半天元夫，《基督教的形成》，近藤出版社，1970年。

比佐笃，《作为"帝国"的中期罗马共和国》，晃洋书房，2006年。

秀村欣二，《尼禄》，中公新书，1967年。

平田隆一，《埃特鲁斯奇国家体制研究》，南窗社，1982年。

保坂高殿，《罗马帝国初期迫害犹太、基督教》，教文馆，2003年。

松本宣郎，《迫害基督教徒研究》，南窗社，1991年。

——，《从高卢到罗马》，山川出版社，1994年。

——，《基督教徒生活的罗马帝国》，日本基督教团出版局，2006年。

南川高志，《罗马皇帝及其时代》，创文社，1995年。

——，《罗马五贤帝》，讲谈社现代新书，1998年。

——，《大海彼岸的罗马帝国》，岩波书店，2003年。

本村凌二，《阴暗的罗马世界——遗弃婴儿与奴隶制》，东京大学出版会，1993年。

——,《罗马人的爱与性》,讲谈社现代新书,1999年。

——,《优雅而淫荡的庞培》,讲谈社,2004年。

——,《多神教与一神教》,岩波新书,2005年。

安井萠,《罗马共和国寡头政治体制》,密涅瓦书房,2005年。

山行孝夫,《沙漠里的修道院》,平凡社文库,1998年。

弓削达,《罗马帝国的国家与社会》,岩波书店,1964年。

——,《地中海世界与罗马帝国》,岩波书店,1977年。

——,《罗马为何灭亡》,讲谈社现代新书,1989年。

吉野悟,《罗马法及其社会》,近藤出版社,1976年。

吉村忠典,《人的世界史4 统治天才罗马人》,三省堂,1981年。

——,《古代罗马帝国》,岩波书店,1997年。

——,《古罗马帝国研究》,岩波书店,2003年。

L.安比斯,《阿提拉与匈奴族》,白水社文库合集,2003年。

P.维纳,《面包和竞技场》,法政大学出版局,1998年。

M.韦伯,《古代社会经济史》,东洋经济新报社,1959年。

A.埃弗里特,《西塞罗——另一种罗马史》,白水社,1998年。

L.卡松,《古代旅行故事》,原书房,1998年。

P.加恩西,《古代希腊罗马的饥荒与粮食供给》,白水社,1998年。

F.屈蒙,《古代罗马的来世观》,平凡社,1996年。

P.格里马,《古代罗马的日常生活》,白水社文库合集,2005年。

K.格林,《罗马经济考古学》,平凡社,1999年。

P.克鲁塞尔,《文学表现的日耳曼大迁徙》,东海大学出版社,1974年。

L. 科佩,《从碑文考察古代罗马生活志》,原书房,2006年。

M. 格利泽,《恺撒》,筑摩书房,1968年。

K. 凯伦依,《神话与古代宗教》,筑摩学艺文库,2000年。

A. N. 肖恩·怀特,《新约圣经与罗马法、罗马社会》,日本基督教团出版局,1987年。

E. R. 多斯,《动荡时代的异教与基督教》,日本基督教团出版局,1981年。

Ch. 哈比希特,《政治家西塞罗》,岩波书店,1997年。

M. 福柯,《性的历史》II、III,新潮社,1986、1987年。

P. 布朗,《古代晚期的世界》,刀水书房,2002年。

——,《古代晚期的形成》,庆应义塾大学出版会,2006年。

J. 伯克哈特,《亚历山大大帝时代》,筑摩书房,2003年。

T. 霍兰德,《卢比孔》,中央公论新社,2006年。

K. 霍普金斯,《古代罗马人与死亡》,晃洋书房,1996年。

——,《众神的世界》(上、下),岩波书店,2003年。

E. 梅耶,《罗马人的国家与国家思想》,岩波书店,1978年。

E. S. P. 里科蒂,《古代罗马的飨宴》,平凡社,1991年。

J. 鲁热,《古代的船和航海》,法政大学出版局,1982年。

M. 罗斯托夫采夫,《罗马帝国社会经济史》(上、下),东洋经济新报社,2001年。

史料(笔者在引用时,部分进行了意译)

《西洋古代史料集》第2版,东京大学出版会,2002年。

《西洋法制史料选1 古代》,创文社,1981年。

埃利乌斯·斯帕提阿努斯等,《罗马皇帝群像》1、2,南川高志等译,京都大学学术出版会，2004—2006年。

阿普列乌斯，《金驴》（上、下），吴茂一、国原吉之助译，岩波文库，1956—1957年。

维吉尔，《埃涅阿斯纪》，冈道男、高桥宏幸译，京都大学学术出版会，2001年。

尤西比乌斯，《教会史》全三卷，秦刚平译，青木书店，1986—1988年。

——，《君士坦丁传》，秦刚平译，京都大学学术出版会，2004年。

恺撒，《高卢战记》，国原吉之助译，讲谈社学术文库，1994年。

——，《内战记》，国原吉之助译，讲谈社学术文库，1996年。

盖伦，《自然的机能》，种山恭子译，京都大学学术出版会，1998年。

色诺芬，《居鲁士的教育》，松本仁助译，京都大学学术出版会，2004年。

西塞罗，《西塞罗选集》全16卷，岩波书店，1999—2002年。

苏维托尼乌斯，《罗马十二帝王传》（上、下），国原吉之助译，岩波文库，1986年。

塞内卡，《道德论集（全）》，茂手木元藏译，东海大学出版会，1989年。

——，《道德书简集（全）》，茂手木元藏译，东海大学出版会，1992年。

——，《悲剧集》1、2，小川正广等译，京都大学学术出版会，1997年。

塔西佗，《编年史》（上、下），国原吉之助译，岩波书店，1981年。

——，《罗马史》，国原吉之助译，筑摩书房，1996年。

——，《日耳曼尼亚志·阿格里科拉》，国原吉之助译，筑摩学艺文库，1996年。

帕萨尼亚斯，《希腊游记》（上、下），马场惠二译，岩波书店，1991—1992年。

普林尼（大），《普林尼博物志》1—3，中野定雄等译，雄山阁出版，1986年。

普林尼（小），《普林尼书信集》，国原吉之助译，讲谈社学术文库，1999年。

普鲁塔克，《普鲁塔克英雄传》（上、中、下），村川坚太郎编，筑摩学艺文库，

1996年。

——,《道德小品》2、6、11、13、14,户塚七郎等译,京都大学学术出版会,1997—2004年。

佩特洛尼乌斯,《萨蒂利孔》,国原吉之助译,岩波文库,1991年。

波里比阿,《历史》1,城江良和译,京都大学学术出版会,2004年。

马可·奥勒留,《自省录》,神谷美惠子译,岩波文库,2007年。

马尔提阿里斯,《警句诗集》(上、下),藤井升译,庆应义塾大学语言文化研究所,1973—1978年。

尤维纳利斯,《讽刺诗集》,藤井升译,日中出版,1995年。

约瑟夫,《犹太战记》1—3,秦刚平译,筑摩学艺文库,2002年。

历史年表

公历	世界史上的主要事件
前753	罗慕路斯建罗马城
前509	打倒王政建立共和国
前494	建立保民官制度
	前550年,阿契美尼德朝波斯建国(前550—前330)
	前490年,第二次波斯战争,马拉松之战
	前480年,第三次波斯战争,温泉关之战
约前450	制定《十二铜表法》
前390	高卢人劫掠罗马城
前367	制定李锡尼·绥克斯图法案
	前333年,伊苏斯之战,亚历山大大帝打败大流士三世
	约前317年,孔雀王朝建立
前287	霍腾西阿法案成立
前272	攻陷他林敦,罗马称霸意大利半岛
前264—前241	第一次布匿战争。罗马夺取西西里岛
	约前247年,阿尔萨斯建立帕提亚帝国(约前247—前224)
	前221年,秦统一中国
前218—前201	第二次布匿战争。
前214—前205	第一次马其顿战争
前202	扎马之战,大西庇阿击败汉尼拔军队
	西汉建立(前202—8)
前200—前197	第二次马其顿战争

前192—前188	安条克战争	
前149—前146	第三次布匿战争	
前146	迦太基灭亡。破坏科林斯，设置马其顿行省	前141年，汉武帝即位
前135	西西里岛奴隶起义	
前133	提比略·格拉古改革	
前123	盖约·格拉古改革	
前107	马略军事改革	
前91—前88	意大利同盟战争	
前88—前85	第一次米特拉达梯斯战争	
前82—前80	苏拉担任独裁官	
前73—前71	斯巴达克斯起义	
前60—前53	第一次三头同盟（庞培、恺撒、克拉苏）	
前58—前51	恺撒远征高卢	
前44	恺撒被暗杀	
前43—前31	第二次三头同盟（屋大维、安东尼、雷必达）	
前31	亚克兴海战，屋大维打败安东尼和克里奥帕特拉联军	
前30	罗马攻灭托勒密王朝（埃及成为罗马行省）	
前27	屋大维获得奥古斯都称号（开始罗马帝国）	
6	犹太成为罗马行省	8年，王莽建立新国（8—23）
9	条顿堡森林之战，日耳曼人大败罗马军队	
14	提比略皇帝即位	

年代	事件
	25年，东汉建立（—220）
约30	耶稣基督被处死
51—57	保罗开始传播基督教
54	尼禄即位
64	罗马城大火，尼禄开始迫害基督教徒
79	维苏威火山爆发，庞贝被埋
96—180	五贤帝时代
117	图拉真统治时期，帝国疆域达到最大
161	马可·奥勒留即位
166	马科曼尼战争。此后，罗马帝国领土开始被异族侵扰
	184年，大秦王安敦使节到达日南郡。黄巾军起义
212	卡拉卡拉皇帝赋予帝国境内全体自由民公民权（安东尼敕令）
	220年，东汉灭亡。魏蜀吴三国分立
224	阿尔达希尔一世灭亡帕提亚，萨珊朝波斯兴起（—651）
235—284	军人皇帝时期
	239年，邪马台国女王卑弥呼遣使魏国
284	戴克里先即位
293	罗马帝国开始四帝共治
313	君士坦丁发布米兰敕令，承认基督教信仰自由
324	君士坦丁实现罗马帝国的统一
325	尼西亚会议，确立亚塔纳修派为正统，阿里乌斯派为异端
330	君士坦丁正都拜占庭（改称君士坦丁堡）

361	尤里安即位(361—363),试图恢复传统宗教
374	匈人渡过伏尔加河
375	西哥特人进入罗马领土,日耳曼民族大迁徙开始
392	狄奥多西皇帝全面禁止基督教以外的宗教
395	狄奥多西皇帝死亡,罗马帝国分裂东、西罗马
410	阿拉里克国王率领西哥特人掠夺罗马城
418	西哥特人在西班牙,法国南部建立王国
429	汪达尔人侵入北非,建立汪达尔王国
430	四大教父之一奥古斯丁去世
451	卡塔劳尼之战。罗马与日耳曼人联军击败匈奴。卡尔西顿会议确立基督教单性论为异端。阿提拉王去世,匈奴分裂
453	西罗马帝国灭亡
476	克洛维成为法兰克国王(墨洛温王朝,476—751)
约481	东西教会分裂
484	狄奥多克国王麾下的东哥特人打败奥多亚克,在意大利建立王国
493	西哥特制定罗马法典

391年,倭国军队渡海攻打百济、新罗	
400年,高句丽好大王支援新罗万大军,打败倭国军队	
420年,南朝宋建立	
421年,倭国向宋派遣使者	
439年,北魏统一北方,南北朝开始	

506	查士丁尼即位	
527	开始编撰《罗马法大全》	
529	创建蒙特·卡西诺修道院尼卡之乱	
532	查士丁尼灭亡汪达尔王国	
534	圣索菲亚大教堂建成	
537	查士丁尼去世	
565		589年,隋统一中国
		约610年,穆罕默德传播伊斯兰教
		645年,大化改新
1204	第四次十字军东征占领君士坦丁堡	
		1338年,足利尊氏成为征夷大将军,室町幕府开始
1453	奥斯曼土耳其攻陷君士坦丁堡	